AF634807

FUTH · EDV-Organisation

Band II

EDV-Organisation

Band II
Einführung eines EDV-Systems

von Dipl. Kfm. **Horst Futh**

Mit 66 Abbildungen

R. Oldenbourg Verlag München · Wien 1971

© 1971 R. Oldenbourg, München

Das Werk ist urheberrechtlich geschützt. Die dadurch begründeten Rechte, insbesondere die der Übersetzung, des Nachdrucks, der Funksendung, der Wiedergabe auf photomechanischem oder ähnlichem Wege sowie der Speicherung und Auswertung in Datenverarbeitungsanlagen, bleiben, auch bei nur auszugsweiser Verwertung, vorbehalten. Werden mit schriftlicher Einwilligung des Verlags einzelne Vervielfältigungsstücke für gewerbliche Zwecke hergestellt, ist an den Verlag die nach § 54 Abs. 2 UG zu zahlende Vergütung zu entrichten, über deren Höhe der Verlag Auskunft gibt.

Satz: R. & J. Blank, München
Druck: Poerschke & Weiner, München
Bindearbeiten: R. Oldenbourg, Binderei

Printed in Germany

ISBN 3-486-33171-X

Inhalt

Anhang

Vorwort zu Band 2

Dieses Buch enthält den zweiten Teil der *EDV-Organisation* und bildet eine Einheit mit dem im gleichen Verlag erschienenen Buch

EDV-Organisation

Band I

Entwicklung eines EDV-Systems

Während sich der erste Band mit den Fragen der Planung, der Problemanalyse, der Systementwicklung, der Maschinenauswahl und des Aufbaus der EDV-Abteilung befaßt, widmet sich dieses Buch den Umstellungsarbeiten bei der Einführung eines EDV-Systems. Nach einer Einführung in die Darstellungstechnik von Datenfluß- und Programmablaufplänen wird der Leser mit allen organisatorischen Tätigkeiten der Systemrealisierung vertraut gemacht. Hierzu gehören die Projektplanung, der Entwurf der Datenflußpläne, die Ausarbeitung der Datailorganisation mit Programmvorgaben und die Übernahme auf die EDV-Anlage einschließlich der Abschlußarbeiten.

Um die Probleme der EDV-Organisation erfolgreich studieren zu können, benötigt der Leser Grundkenntnisse der EDV-Technik. Diese vermittelt der Verfasser in seinem, im gleichen Verlag herausgegebenen, Buch

Die Technik der elektronischen Datenverarbeitung

Hardware – Software

Mein Dank gilt Herrn Dr. Heinrich, Professor an der Universität Linz, der die Gesamtausgabe einleitete, und meinen Mitarbeitern, Frau Behrens und Herr Katzsch, für ihre Unterstützung.

Wuppertal, im März 1971 *Horst Futh*

1. *Vorüberlegungen*

1.1 Gesamtkonzeption und Teilsysteme

Vor jeder Einführung oder Erweiterung einer EDV sollte zunächst eine Gesamtkonzeption entworfen werden, die alle EDV-Teilsysteme umschließt und die gegenseitigen Wechselbeziehungen des Daten- und Informationsflußes einbezieht. An die Stelle isolierter EDV-Insellösungen tritt also ein Gesamtsystem, das sich am gesamten Daten- und Informationsfluß des Unternehmens orientiert und die Verknüpfungspunkte zwischen den einzelnen Teilsystemen berücksichtigt. Eine solche gesamtheitliche Betrachtungsweise ist unabhängig davon, wann und in welcher Reihenfolge die einzelnen Teilsysteme dann auf die EDV umgestellt werden. Bild 1 *(Falttafel im Anhang)* zeigt noch einmal die Darstellung eines Gesamtsystems mit Unterteilung in Teilsysteme.

Bevor nun ein Gesamtsystem entworfen werden kann (dies sei aus Band I wiederholt), müssen die organisatorischen Tatbestände (der Ist-Zustand) sowie die Pläne und Zielsetzungen des Unternehmens bekannt sein. Hiervon ausgehend wird ein Gesamtsystem entwickelt, das den gesamten Daten- und Informationsfluß aufzeigt und das Gesamtsystem in Teilsysteme untergliedert. Grundlage eines solchen Gesamtsystems sollte eine moderne betriebswirtschaftlich-organisatorische Konzeption und die bestmögliche Nutzung der geplanten Mittel- und Verfahrenstechnik sein. Jedes Teilsystem bildet eine in sich geschlossene Einheit und wird in der Regel, unter Beachtung der Verbindungspunkte zu anderen Teilsystemen, geschlossen auf die EDV umgestellt. Teilsysteme können beispielsweise die Auftragsbearbeitung und Fakturierung, die Lohn- und Gehaltsabrechnung mit Führung der Personaldaten, das Rechnungswesen, die Aufgaben des Materialbereiches sowie die Fertigungsplanung und -steuerung sein.

1.2 Übersicht über die Einführung eines EDV-Teilsystems

Bild 2 zeigt eine Übersicht über die einzelnen Schritte bei der Einführung und Umstellung eines EDV-Teilsystems. Wie aus der Darstellung ersichtlich, wird zunächst der Projektantrag eingeleitet. Seiner Genehmigung folgt die Aufgaben- und Personalplanung. Die eigentlichen Tätigkeiten beginnen dann mit der Entwicklung der Datenflußpläne und der Ausarbeitung der Detailorganisation einschließlich der

EDV-Unternehmensberatung Futh	ÜBERSICHT ÜBER DIE EINFÜHRUNG EINES EDV-SYSTEMS				
Projektantrag und Detailplanung	Entwurf der Datenflußpläne	Ausarbeitung der Detailorganisation	Programmierung	Übernahme auf die EDV-Anlage	Abschlußarbeiten
- Projektidee - Ausarbeitung des Projektantrages - Projektentscheidung - Aufgabenplanung - Personalplanung - Aufgabenvergabe	- Grob- und Detailplan - Darstellung der Datenflußpläne	- Festlegung der Schlüssel - Aufbau der Ein- und Ausgabesätze - Festlegung der Speicherorganisation - Kontrolle und Datensicherung - Verarbeitungsregeln - Zusammenstellung der Programmvorgaben	- Programmierungsvorbereitung - Entwicklung der Programmablaufpläne - Programmverschlüsselung (Codierung) - Programmteste	- Systemteste - Planung und Vorbereitung der Übernahme, Personalschulung - Beginn der Praxisläufe	- Starthilfe - Dokumentation - Projektüberprüfung

Bild 2: Übersicht über die Einführung eines EDV-Teilsystems

Programmvorgaben. Der Programmierung schließt sich die Übernahme des Teilsystems auf die EDV-Anlage an. Die Aufgaben enden mit dem Anlaufen des neuen Verfahrens, der Ausarbeitung der Dokumentation und der Überprüfung der ursprünglichen Projektplanung.

2. *Einführung eines Teilsystems*

2.1 Darstellungstechnik

2.11 *Symboltechnik*

Für die schaubildliche Darstellung von Datenfluß- und Programmablaufplänen verwenden Organisator und Programmierer bestimmte Sinnbilder (Symbole), die in eine Schablone gestanzt sind. Die Sinnbilder kennzeichnen die Belege, den Datenfluß, die Arbeitsgänge sowie die verwendeten technischen Hilfsmittel. Der Fachnormenausschuß Informationsverarbeitung (FNI) im Deutschen Normenausschuß hat laut DIN-Anweisung 66001 (September 1966) die Sinnbilder für Datenfluß- und Programmablaufpläne vereinheitlicht.

Die *Datenflußpläne* zeigen den Fluß der Daten durch ein informationsverarbeitendes System. Sie bestehen im wesentlichen aus

Sinnbildern für das Bearbeiten

Sinnbildern für Datenträger

Sinnbildflußlinie (stets mit Pfeilspitze).

Einige weitere Sinnbilder, wie "Übergangsstelle" und "Bemerkung", dienen zur übersichtlichen Gestaltung der Flußpläne. Die Sinnbilder für Datenträger bezeichnen sowohl den betreffenden Datenträger selbst als auch, gemeinsam mit einer Flußlinie, das Eingeben, Umspeichern oder Ausgeben der Daten.

Die *Programmablaufpläne* beschreiben den Ablauf der Operationen in einem informationsverarbeitenden System, in Abhängigkeit von den jeweils eingegebenen Daten. Sie bestehen im wesentlichen aus

Sinnbildern für Operationen

dem Sinnbild Eingabe und Ausgabe

dem Sinnbild Ablauflinie.

Wie bei den Datenflußplänen, so dienen auch bei den Programmablaufplänen weitere Sinnbilder zur übersichtlichen Gestaltung der Programmabläufe. Die Größe der Sinnbilder darf der jeweiligen Darstellungsgröße entsprechend gewählt werden, jedoch sollten die vorgegebenen Seiten- und Winkelverhältnisse möglichst eingehalten werden. Es wird deshalb empfohlen, für das Zeichnen der Sinnbilder eine Schablone nach DIN 66001 zu benutzen. In den Bildern 3 und 4 sind die Sinnbilder für Datenflußpläne und Programmablaufpläne mit ihren Bedeutungen und englischen Bezeichnungen dargestellt.

EDV-Unternehmens-beratung Futh	SINNBILDER FÜR DATENFLUßPLÄNE NACH DIN 66001	Blatt: 1

Bearbeitung, allgemein (process)
insbesondere für jede Art des Bearbeitens, die nachfolgend nicht erfaßt ist, z.B. Rechnen

Ausführen einer Hilfsfunktion (auxiliary operation)
unter Verwendung maschineller Hilfsmittel, die nicht vom Leitwerk der Datenverarbeitungsanlage gesteuert werden, z.B. das manuelle Erstellen von Lochkarten und Lochstreifen

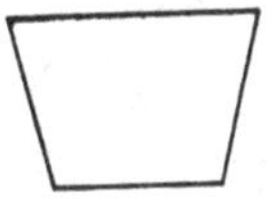

Eingreifen von Hand (manual operation)
ohne Verwendung maschineller Hilfsmittel, z.B. Eintragungen in eine Liste, Bandwechsel

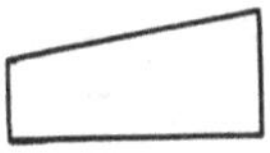

Eingeben von Hand (manual input)
in die Datenverarbeitungsanlage, z.B. das Eintasten des Tagesdatums

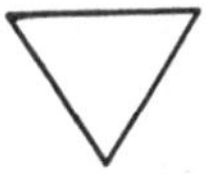

Mischen

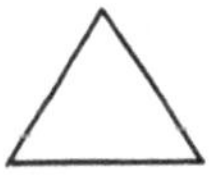

Trennen

Mischen mit gleichzeitigem Trennen (collate)

Sortieren

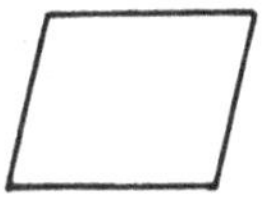

Datenträger, allgemein (input/output)
für Darstellungen, in denen der Datenträger nicht näher bestimmt werden soll, oder für alle Arten von Datenträgern, die nicht nachfolgend erfaßt sind

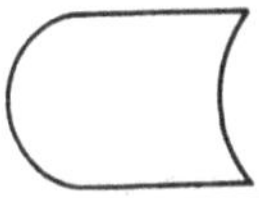

Datenträger, gesteuert vom Leitwerk der Datenverarbeitungsanlage (online storage)

Bild 3: Sinnbilder für Datenflußpläne (1)

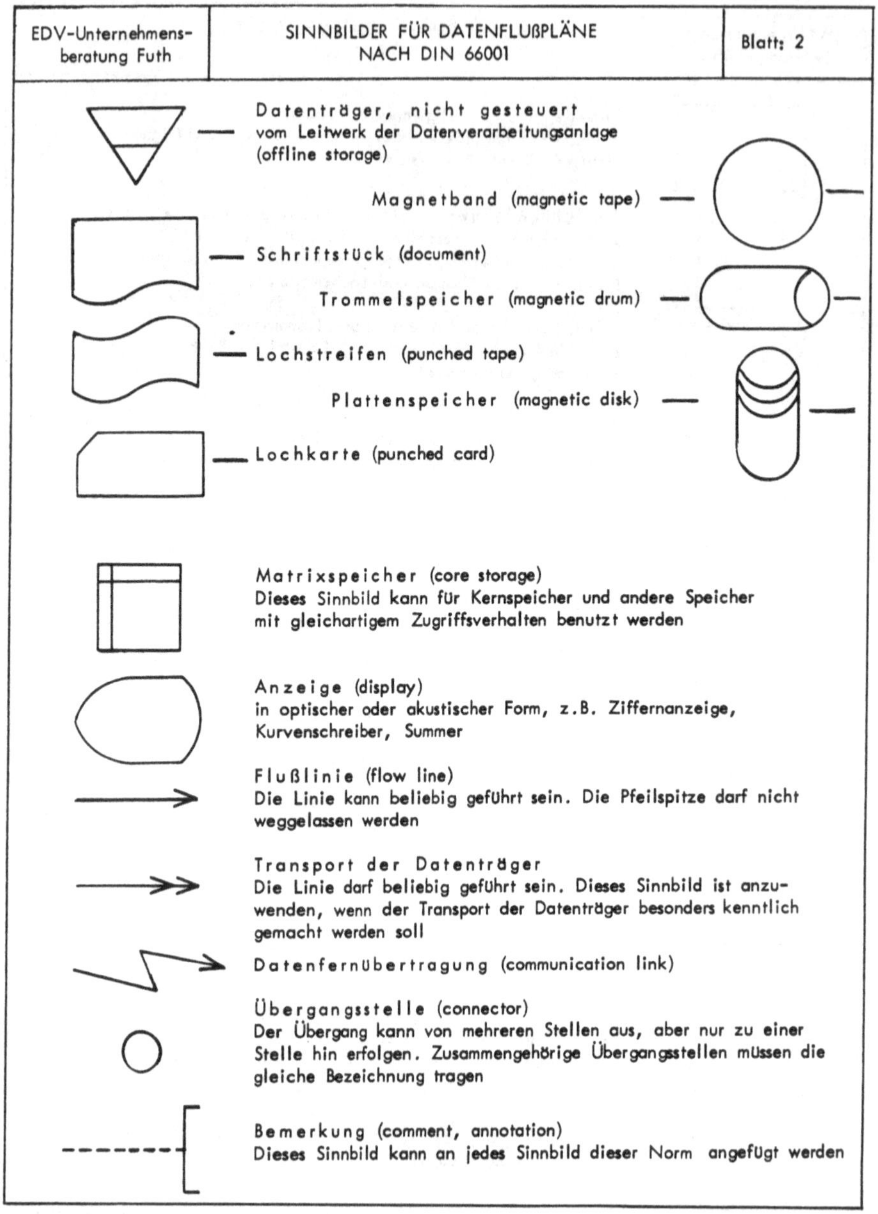

Bild 3: Sinnbilder für Datenflußpläne (2)

EDV-Unternehmens-beratung Futh	SINNBILDER FÜR PROGRAMMABLAUFPLÄNE NACH DIN 66001	
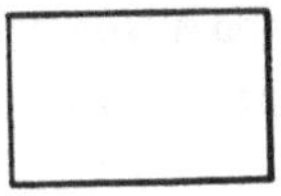	Operation, allgemein (process), insbesondere für Operationen, die nicht nachstehend besonders aufgeführt sind	
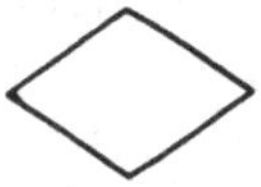	Verzweigung (decision) Ein Sonderfall der Verzweigung ist der programmierte Schalter	
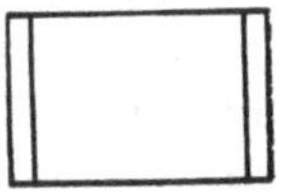	Unterprogramm (predefined process) Es können mehrere Eingänge und Ausgänge vorhanden sein	
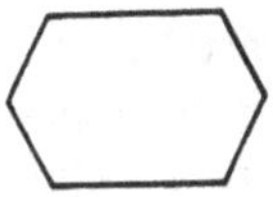	Programmodifikation (preparation), z.B. das Stellen von programmierten Schaltern oder das Ändern von Indexregistern	
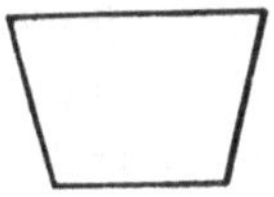	Operation von Hand (manual operation), z.B. Formularwechsel, Bandwechsel, Eingriff des Bedieners bei einer Prozeßsteuerung	
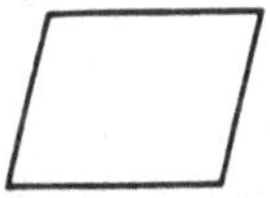	Eingabe/Ausgabe (input/output) Ob es sich um maschinelle oder manuelle Eingabe oder Ausgabe handelt, soll aus der Beschriftung des Sinnbildes hervorgehen	
	Ablauflinie (flow line), Vorzugsrichtungen sind: a) von oben nach unten b) von links nach rechts Zur Verdeutlichung des Ablaufs kann auf das jeweils nächstfolgende Sinnbild eine Pfeilspitze gerichtet sein, insbesondere bei Abweichungen von den Vorzugsrichtungen	
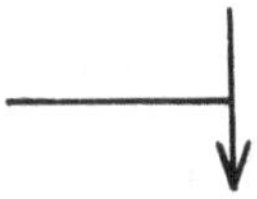	Zusammenführung (junction). Es ist hier zweckmäßig, den Ausgang durch eine Pfeilspitze zu kennzeichnen. Zwei sich kreuzende Ablauflinien bedeuten keine Zusammenführung	
	Übergangsstelle (connection). Der Übergang kann von mehreren Stellen aus, aber nur zu einer Stelle hin erfolgen. Zusammengehörige Übergangsstellen müssen die gleiche Bezeichnung tragen	
	Grenzstelle (terminal, interrupt) Für A kann z.B. Beginn, Ende, Zwischenhalt eingeschrieben werden	
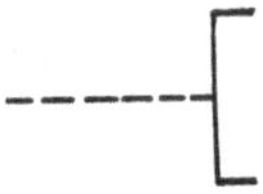	Bemerkung (comment, annotation) Dieses Sinnbild kann an jedes Sinnbild dieser Norm angefügt werden	

Bild 4: Sinnbilder für Programmablaufpläne

2.12 *Datenfluß- und Programmablaufpläne*

Wie im vorangegangenen Abschnitt erläutert, zeigt ein *Datenflußplan* den Fluß der Daten durch ein informationsverarbeitendes System. Dies bedeutet, daß von der Erfassung der Daten bis zur Auswertung der Ergebnisse alle wichtigen Einzelheiten in schaubildnerischer Form dargestellt werden. Hierbei handelt es sich um die kaufmännischen Urbelege, alle manuellen und lochkarten-maschinellen Arbeitsgänge sowie um die Verarbeitung auf der EDV-Anlage mit Angabe der einzugebenden Datenträger, der Arten und Anzahl der benötigten externen Speicher und der auszugebenden Formulare und Listen. Ein Datenflußplan ist immer so festzulegen, daß die EDV-Anlage mit ihrer Ausrüstung günstig genutzt wird. In der Regel werden die Datenflußpläne zum besseren Verständnis mit Kurztext versehen. Bild 5 zeigt das Beispiel eines Datenflußplanes.

Vom Datenflußplan unterscheidet sich der *Programmablaufplan.* Er stellt die zeitliche Aufeinanderfolge aller Programmschritte für die Eingabe, Speicherung, Bearbeitung und Ausgabe in der EDV-Anlage selbst dar. Der Entwurf eines Programmablaufplanes erfordert, daß der Programmierer die ihm gestellte Aufgabe analysiert und ihren Ablauf genau durchdenkt. Alle logischen Fehler und Unterlassungen beim Entwurf eines Programmablaufplanes führen zu Programmierungsfehlern, die später oftmals sehr schwer zu entdecken und zu beseitigen sind. Je umfangreicher und schwieriger eine Aufgabe ist, desto notwendiger erscheint es, daß der Programmierer zunächst einen groben Ablaufplan entwirft, der lediglich den Aufbau des ganzen Programms in übersichtlicher Form aufgezeigt. In der Regel stellt ein Symbol innerhalb des groben Programmablaufplanes nicht einen einzelnen Programmschritt, sondern eine zusammenhängende Gruppe von Instruktionen dar, die als Unterprogramm bezeichnet wird. Beim Grob-Programmablaufplan kommt es also weniger auf den Ausweis einzelner Programmoperationen als auf die Darstellung des Programmzusammenhangs der Unterprogramme an. Erst nach Aufstellung und Kontrolle des Grob-Programmablaufplanes wird der Programmierer die hierauf aufbauenden Fein-Programmablaufpläne fertigen. Ein solcher Fein-Programmablaufplan enthält dann üblicherweise für jeden einzelnen Programmschritt ein Symbol. Jedoch kann es auch hier vorkommen, daß der Programmierer mehrere Schritte, deren Auflösung bei der späteren Codierung völlig klar ist, zu einem gemeinsamen Symbol zusammenfaßt. Während also der Grob-Programmablaufplan mehr die Zusammenhänge und die Übersicht des Programms in den Vordergrund stellt, berücksichtigt der Fein-Programmablaufplan stärker die Gesichtspunkte der sich anschließenden Programmverschlüsselung. Bild 6 zeigt das Beispiel eines Grob-Programmablaufplanes.

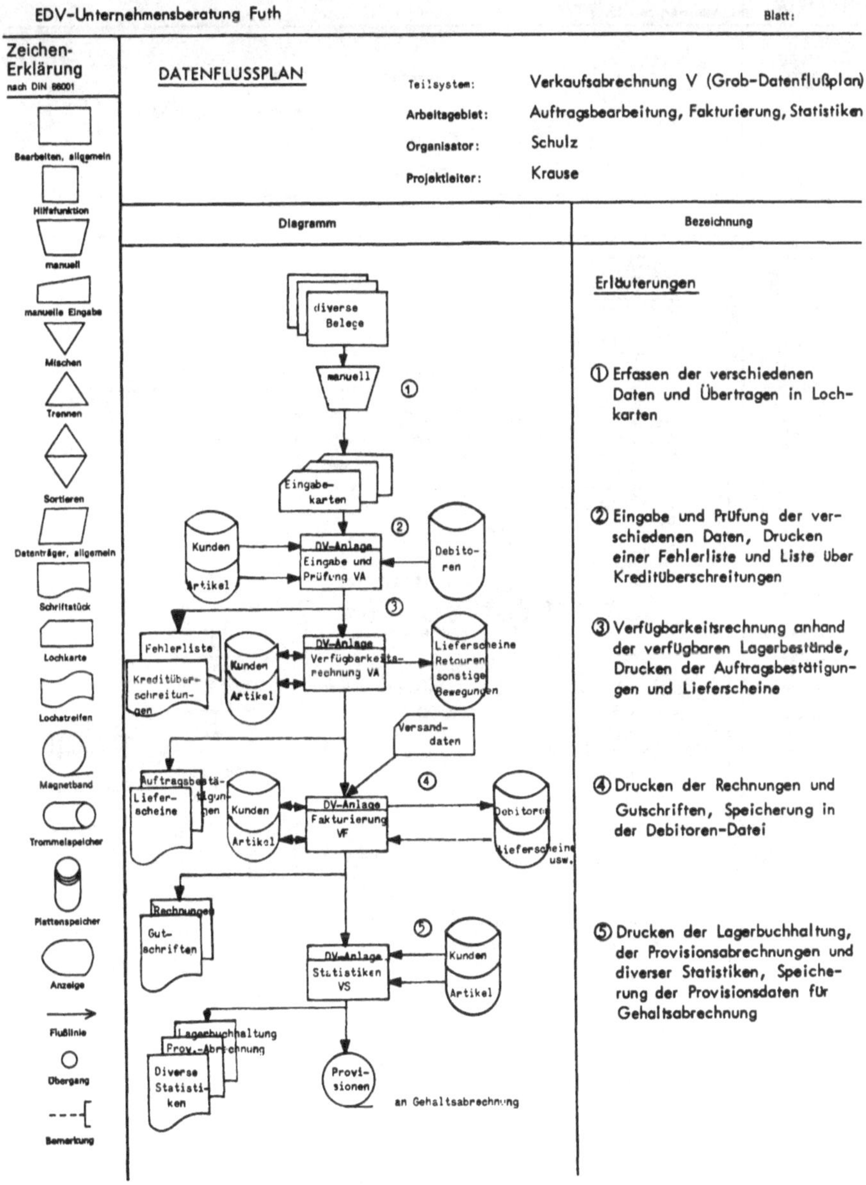

Bild 5: Beispiel eines Grob-Datenflußplanes

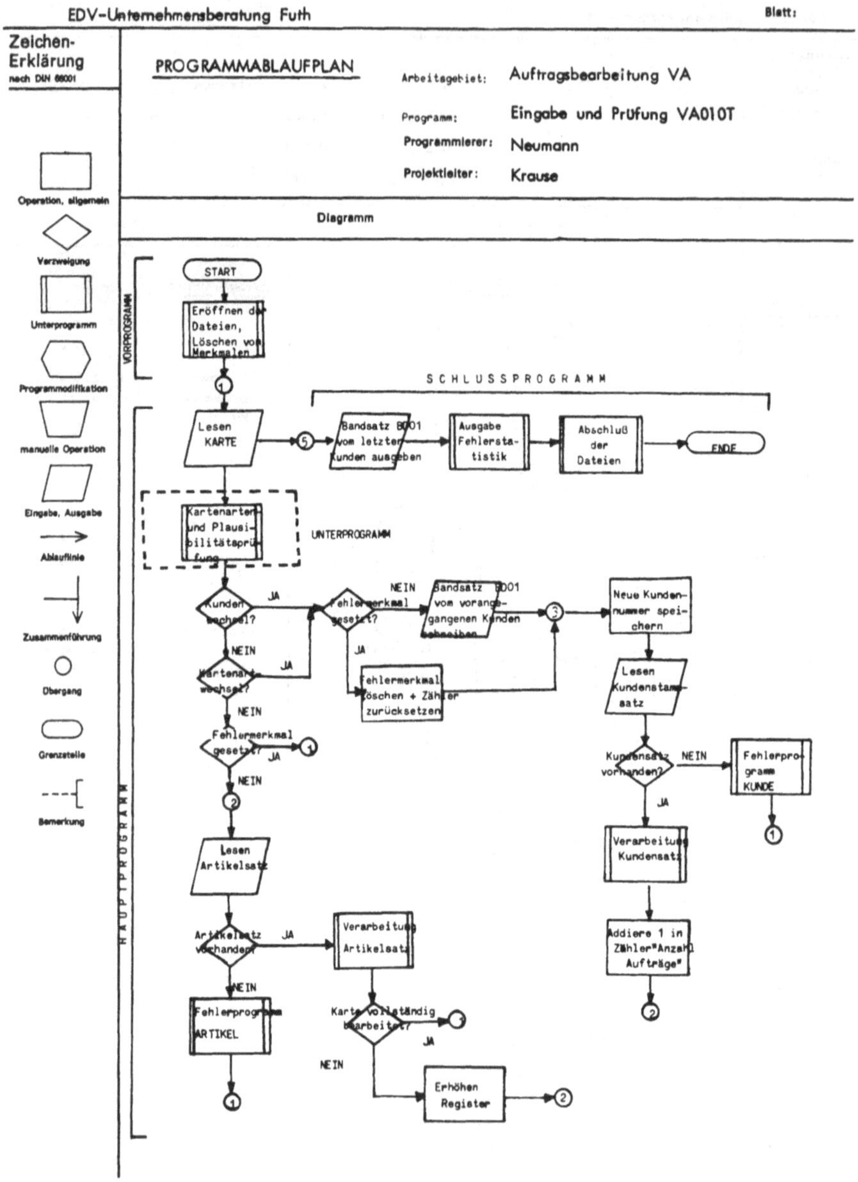

Bild 6: Beispiel eines Grob-Programmablaufplanes

2.2 Projektantrag und Detailplanung

2.21 *Abwicklung eines Projektantrages*

Die organisatorischen Auswirkungen einer EDV-Einführung und die hiermit verbundenen hohen Kosten, aber auch der Dienstleistungscharakter der EDV-Abteilung, erfordern die ordnungsgemäße Planung, Durchführung und Kontrolle jedes Umstellungsprojektes. Aus diesem Grunde ist es notwendig, vor der Umstellung eines Teilsystems einen Projektantrag auszuarbeiten, der dann der Geschäftsführung zur Genehmigung vorgelegt wird. Der Projektantrag entsteht durch Zusammenarbeit der EDV-Abteilung mit der Betriebsorganisation und den Fachabteilungen, die von der Umstellung unmittelbar betroffen sind. Er enthält alle wichtigen Einzelheiten für die Einführung oder Änderung eines EDV-Systems.

Die Abwicklung eines Projektverfahrens vollzieht sich in folgenden Stufen:

Projektidee

Die Idee für die Umstellung oder Änderung eines EDV-Arbeitsablaufes kann von jeder Stelle des Unternehmens ausgehen, d.h. sowohl von einer auftraggebenden Fachabteilung als auch von der Betriebsorganisation, der EDV-Abteilung oder der Unternehmensführung selbst. Die betreffende Fachabteilung, die Betriebsorganisation oder die EDV-Abteilung sollte ihre Idee kurz schriftlich niederlegen, um sich dann mit allen anderen beteiligten Abteilungen in Verbindung zu setzen. In einer gemeinsamen Diskussion werden alle wichtigen Einzelheiten des Projektantrages geklärt.

Formulierung des Projektantrages

Erscheint das Projekt technisch, organisatorisch und wirtschaftlich realisierbar, wird gemeinsam ein Projektantrag formuliert, der alle wichtigen Einzelheiten für die Genehmigung des Projektes durch die Geschäftsführung enthält. Hierzu gehören:

- die Beschreibung des Projektes
- die Aufzählung der Einsparungen und Vorteile
- das Ergebnis der Besprechung und die vorgeschlagene Lösung
- der geschätzte erforderliche Aufwand für Organisation und Programmierung
- die erwartete Belastung der EDV-Anlage.

Entscheidung der Geschäftsführung

Die Geschäftsführung wird den Projektantrag ablehnen oder genehmigen, wobei sie gewünschte Änderungen hinzufügt. Außerdem wird sie für die Verwirklichung des Projektes einen Vorrang festlegen.

Durchführung des genehmigten Projektes

Der genehmigte Projektantrag ist gleichbedeutend mit einem schriftlichen Organisationsauftrag der Geschäftsführung. Entsprechend diesem Auftrag hat der Leiter der EDV-Abteilung bzw. ein ernannter Projektleiter das Projekt verantwortlich abzuwickeln.

Bild 7 zeigt das Beispiel eines Projektantrages.

EDV-Unternehmens-beratung Futh	PROJEKT-ANTRAG	Blatt: 1

Aussteller: Müller **Abteilung:** Verkauf **Datum:** 6.5.1971

Beschreibung des Projektes/der Änderung:

Abwicklung der täglichen Auftragsbearbeitung, Fakturierung und Erstellung von Verkaufsauswertungen mit Hilfe der EDV

1. zur Auftragsbearbeitung

   Erstellung der Auftragsbestätigungen und Lieferscheinen mit Hilfe der EDV

2. zur Fakturierung

   Erstellung der Rechnungen mit Hilfe der EDV; dabei ist eine tägliche Fakturierung (Normalfall) und für bestimmte Kunden eine Dekaden-Fakturierung vorzusehen

3. zur Verkaufsauswertung

   monatlich sind folgende Verkaufsauswertungen mit Hilfe der EDV zu erstellen:

   a) Kunden-Statistik
   b) Vertreter-Statistik
   c) Abnehmergruppen-Statistik
   d) Artikel-Statistik
   e) Prov.-Abrechnung

Vorteile/Einsparungen:

1. Fortfall der manuellen Erstellung von Auftragsbestätigungen und Lieferscheinen
2. Fortfall der Fakturierung mit Hilfe des Fakturierautomaten
3. Fortfall der Kunden-Kartei, Artikel-Kartei und einer zusätzlichen Rechnungskopie für die Erstellung der Abnehmergruppen-Statistik
4. Die Angaben der Rechnungs-/Gutschriftskopie brauchen nicht mehr in die verschiedenen Karteien manuell übertragen und zu genannten Statistiken verdichtet zu werden.

Aus den oben genannten Vorteilen ergeben sich folgende Einsparungen:

Personal : 5 Personen = DM 100.000,-- p.a. (DM 20.000,-- p.a. pro Person)
Material (Karteikarten, Lieferscheine usw. = DM 5.000,-- p.a.
Fakturierautomat = DM 3.000,-- (Restwert)
nicht bewertbarer Vorteil: größere Aktualität der Informationen

gewünschter Fertigstellungstermin: 1.4.1972

Bild 7: Beispiel eines Projektantrages (1)

EDV-Unternehmens- beratung Futh	PROJEKT-ANTRAG	Blatt: 2

Ergebnis der Besprechung und vorgeschlagene Lösung:

Der Projektantrag fand die Zustimmung der Betriebsorganisation und Fachabteilungen mit folgender Ergänzung:

1. Im Rahmen der täglichen Abwicklung soll

   a) eine Kreditprüfung mit Erstellung von Kreditüberschreitungskarten
   b) eine Verfügbarkeitskontrolle

   eingeführt werden.

2. Darüber hinaus soll in dekadischen Abständen eine maschinelle Disposition mit maschineller Artikel-Bestellschreibung vorgenommen werden.

3. Auftragsbestätigungen sollen nur für solche Aufträge geschrieben werden, bei denen aufgrund der Verfügbarkeitskontrolle eine sofortige Lieferung möglich ist.

4. In den Monatsauswertungen der Kunden-, Vertreter-, Abnehmergruppen- und Artikelstatistik sollen sowohl Mengenangaben als auch Verkaufserlöse ausgewiesen werden. Dabei sind außer den Monatsangaben auch die Bis-Angaben seit Jahresbeginn anzuschreiben.

5. Die Ergebnisse aus der Fakturierung werden maschinell in das System der Kunden- und Finanzbuchhaltung übernommen.

Es wurde vereinbart, daß die Betriebsorganisation einen detaillierten Vorschlag über die einzelnen Auswertungen ausarbeitet und das Ergebnis mit den Fachabteilungen und der Geschäftsleitung abstimmt.

Arbeits-/Anwendungsbereich: Verkauf

vorliegender Antrag erfordert:

Neue Programme	☒
Programmänderungen:	☐
Prioritätsziffer	..1..

Sofortaktion ☐ mittelfristig ☒ langfristig ☐

Bild 7: Beispiel eines Projektantrages (2)

EDV-Unternehmens-beratung Futh	PROJEKT-ANTRAG	Blatt: 3

Schätzung des erforderlichen Aufwands:

Funktionen	Geschätzte Mann-Woch.	Anzahl Mitarbeiter	Geschätz-ter Termin	Geschätzte Kosten in DM
EDV-Organisation	74	6	30.12.71	55.000
Programmierung	82	4	15. 3.72	40.000
Übernahme	54	9	1. 4.72	35.000
Sonstiges	-	-		
Gesamt	210	9	1. 4.72	130.000

Stellungnahme und Empfehlung des Rechenzentrums:

- geschätzte Maschinenstunden für dieses Projekt: 50 Std. per Monat
- geschätzte Speicherkapazität: Magnetplatte 3 Mio. Bytes
- Einsparungen an Maschinenzeit (falls zutreffend): — Std. per
- Gibt es seitens des Rechenzentrums aufgrund der erforderlichen Maschinenzeit Einwendungen gegen dieses Projekt? nein

  Falls Einwendungen erhoben werden, bitte nachstehend erläutern:

Bild 7: Beispiel eines Projektantrages (3)

EDV-Unternehmens-beratung	PROJEKT-ANTRAG	Blatt: 4

GENEHMIGUNG		
	Datum	Unterschrift
Genehmigung des Antrages durch die Bereichsleiter der antragstellenden Abteilung und der betroffenene Abteilungen	1.6.71	Müller/Verkauf
	5.6.71	Schulze/Rechnungswesen
Genehmigung durch den Leiter der Betriebsorganisation	10.6.71	Franke
Genehmigung durch den Leiter der Revision	12.6.71	Krüger
Projektgenehmigung durch den EDV-Bereichsleiter	15.6.71	Meier

Änderungen/Ergänzungen der Geschäftsleitung zur vorgeschlagenen Lösung:

Die Kunden-Statistik, Abnehmer-Statistik und Artikel-Statitatik sollen außer den Jahres-Angaben auch die entsprechenden Vorjahres-Angaben (Menge, Netto-Erlös für Monat und kumulativ im Vorjahr) enthalten.

PRIORITÄT: 1

Genehmigung/Ablehnung durch die Geschäftsleitung	Datum	Unterschrift
	25.6.71	Krause

Bild 7: Beispiel eines Projektantrages (4)

2.22 *Aufgaben- und Personalplanung*

Vor dem Entwurf der Datenflußpläne und der Ausarbeitung der Detailorganisation ist eine Aufgaben- und Personalplanung auszuarbeiten, die, in Abstimmung mit der Gesamtplanung der EDV-Abteilung, in folgende Unterpläne aufgelöst werden sollte:

Aufgabenplanung (Bild 8)

Personalplanung (Bild 9)

Vorgabe Organisation (Bild 10)

Vorgabe Programmierung (Bild 11).

Liegt der Umstellungstermin eines Projektes aufgrund einer Entscheidung der Geschäftsführung bereits fest, so wird eine retrograde Zeitrechnung ergeben, wieviele Organisatoren und Programmierer für das Projekt einzusetzen sind. Muß demgegenüber (was die Regel ist) von einem vorhandenen Personalbestand ausgegangen werden, so kann man nur über eine progressive Zeitrechnung den voraussichtlichen Fertigstellungstermin errechnen. In jedem Falle sollten aber für die einzelnen Phasen der Umstellung realistische, durch Umfang und Schwierigkeitsgrad des Projektes bestimmte, Termine geplant werden. Denn nicht selten gerät man bereits dadurch in eine kritische Situation, daß sowohl der Fertigstellungstermin als auch die verfügbaren EDV-Organisatoren und Programmierer feste Größen sind, die nicht miteinander in Einklang gebracht werden können.

Für die Errechnung des Zeitbedarfs für Organisation und Programmierung gibt es keine speziellen Verfahren. Deshalb muß der Leiter der EDV-Abteilung oder der Projektleiter für jedes Projekt eine Zeitbedarfsrechnung aufstellen, wozu ihm Erfahrungsgrößen aus dem eigenen oder aus anderen Unternehmen als Durchschnittswerte dienen können. Als Richtgrößen für eine solche Zeitbedarfsrechnung seien die nachfolgenden Prozentsätze genannt:

Vorbereitung und Entwurf der Datenflußpläne = ca. 15 %

Ausarbeitung der Detailorganisation = ca. 30 %

Programmierung einschließlich Programmteste = ca. 45 %

Übernahme auf die EDV-Anlage und Abschlußarbeiten = ca. 10 %.

Bei den genannten Größen handelt es sich nur um Richtwerte, die sich je nach Umfang und Schwierigkeitsgrad eines Projektes schwerpunktmäßig zur Detailorganisation oder Programmierung verschieben können. Auch sollte der Zeitbedarf für die Umschulung der Mitarbeiter und die Einführung des neuen Systems in den Fachabteilungen nicht unterschätzt oder gar vergessen werden. Außerdem muß berücksichtigt werden, daß sich die Anzahl der Organisatoren und Programmierer für ein Projekt nicht frei erhöhen läßt, da die einzelnen Aufgaben nicht beliebig teilbar sind.

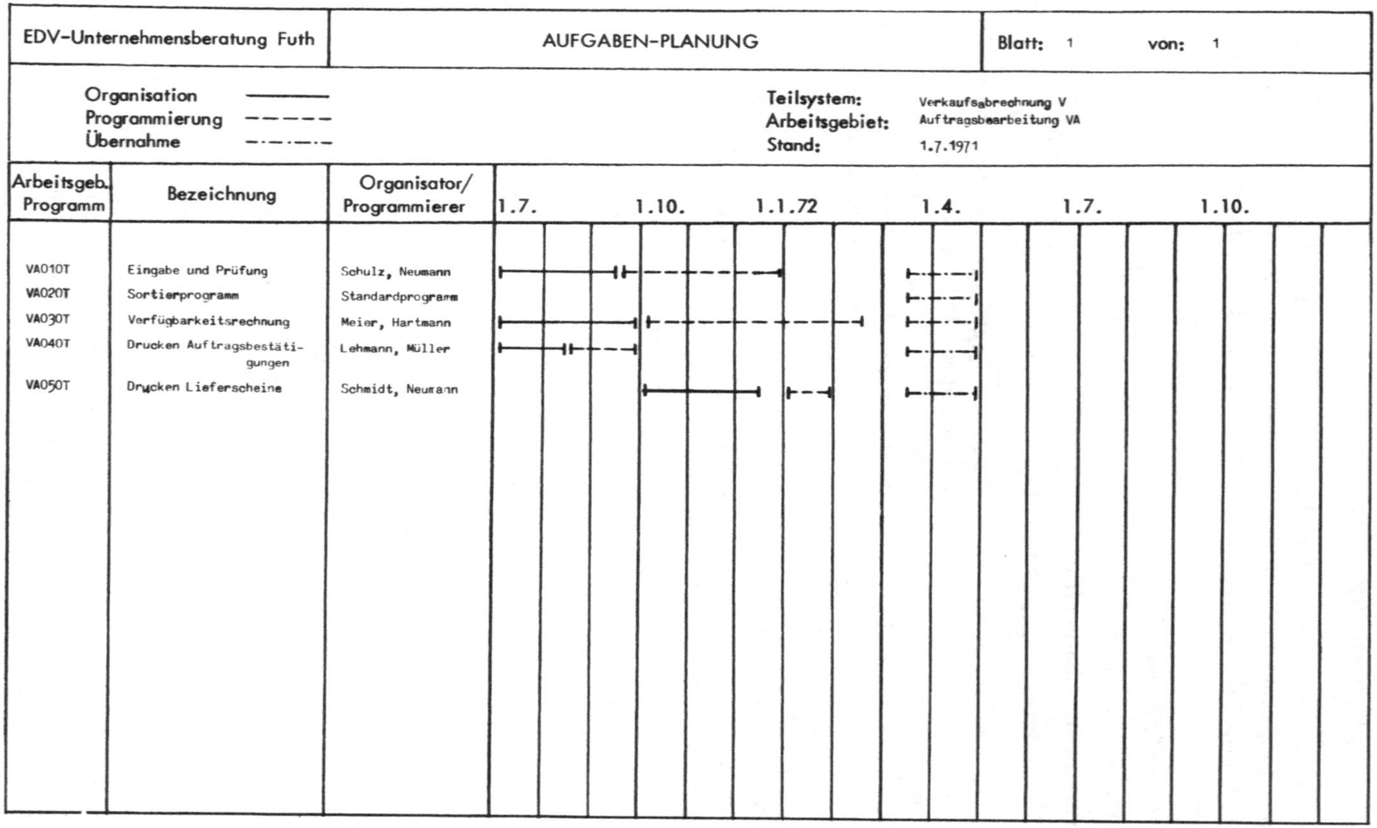

Bild 8: Aufgabenplanung

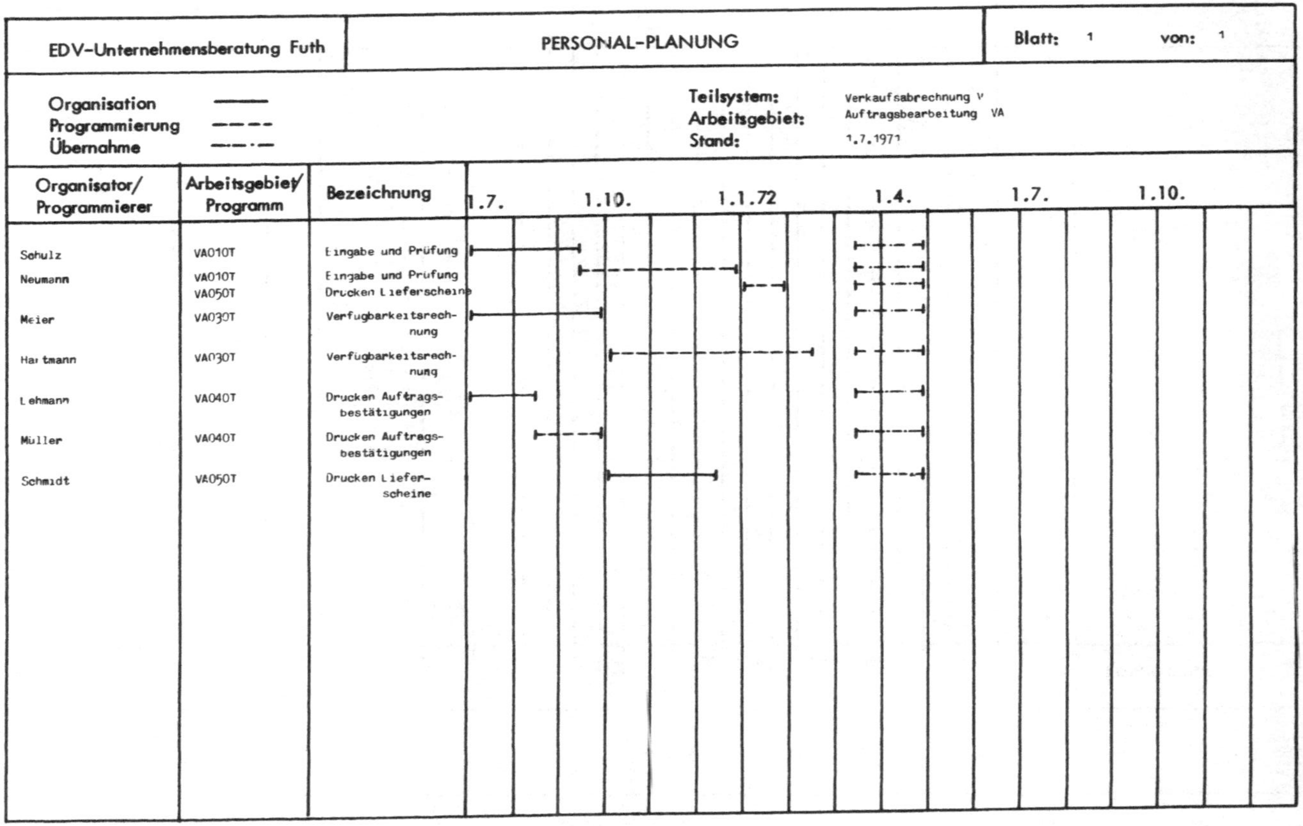

Bild 9: Personalplanung

EDV-Unternehmensberatung Futh	VORGABE ORGANISATION	Blatt: 1 von: 1

Teilsystem: Verkaufsabrechnung V **Name:** Meier, Org.
Arbeitsgebiet: VA030T Verfügbarkeitsrechnung

Aufgaben	Vorgabe SOLL Anf.Termin	Wochen	End-Termin	Woche IST 27	28	29	30	31	32	33	34	35	36	37	38	39	40	41	42	43	44	45	Bemerkungen
1. Entwurf Datenflußpläne	1.7.71	2	9.7.71	X	X																		
2. Detailorganisation Ein-/Ausgabe Speicherorganisation Verarbeitungsregeln Datensicherung Testbeispiele	12.7.71	12	30.9.71			X	X	X	X	X	X	X	X	X	X	X	X						
3. Übernahme Systemtest Planung und Vorbereitung Durchführung	15.3.72	6	30.4.72																				
4. Abschlußarbeiten Starthilfe Dokumentation Überprüfung Projekt	15.3.72	6	30.4.72																				

Bild 10: Vorgabe Organisation

EDV-Unternehmensberatung Futh	VORGABE PROGRAMMIERUNG	Blatt: 1 von: 1
Teilsystem: Verkaufsabrechnung Arbeitsgebiet: VA030T Verfügbarkeitsrechnung	Name: Hartmann, Prog.	

Aufgaben	Vorgabe SOLL			Woche IST																										Bemerkungen
	Anf.-Termin	Wochen	End-Termin	41	42	43	44	45	46	47	48	49	50	51	52	53	01	02	03	04	05	06	07	08	09	10	11	12	13	
1. Programm-Vorbereitungen Ergänzen der Vorgabe Entwickeln der Programmstruktur	4.10.71	1	8.10.71	X																										
2. Programmierung Programmabläufe Verschlüsselung Schreibtischtest Testvorbereitungen Maschinentests	11.10.71	19	18.2.72		X	X	X	X	X	X	X	X	X	X	X	X	X	X	X	X	X	X	X							
3. Übernahme Systemtest Planung und Vorbereitung Durchführung	13.3.72	7	28.4.72																								X	X	X	bis Woche 17
4. Abschlußarbeiten Starthilfe Dokumentation	13.3.72	7	28.4.72																								X	X	X	bis Woche 17

Bild 11: Vorgabe Programmierung

Wie bereits angedeutet, fordert die Vielfältigkeit der Aufgaben bei der Umstellung den Einsatz von verschiedenen Gruppen des Unternehmens, weil sich die schwierigen und differenzierten Probleme der EDV nur in gemeinsamer Arbeit von Spezialisten und Fachkräften der auftraggebenden Abteilungen lösen lassen. Hierbei hat es sich bewährt, Mitarbeiter aus der EDV, der Betriebsorganisation und den Fachabteilungen zu einem Umstellungsteam zusammenzufassen. An der Spitze eines jeden Umstellungsteams sollte ein Projektleiter stehen, der sowohl aus der EDV-Abteilung, der Betriebsorganisation als auch aus der Fachabteilung stammen kann, meist jedoch ein besonders qualifizierter EDV-Organisator ist. Während die Mitarbeiter des Umstellungsteams disziplinarisch weiterhin ihren bisherigen Vorgesetzten unterstellt sind, erhalten sie ihre fachlichen Anweisungen vom Projektleiter. Nach Abschluß der Umstellungsarbeiten wird das Projektteam aufgelöst, und die einzelnen Mitglieder übernehmen neue Aufgaben.

Bei der Aufstellung eines Projektteams muß man unbedingt auf eine klare Trennung der Aufgaben und Funktionen achten und sicherstellen, daß alle sachlichen Anordnungen nur von einem einzigen Vorgesetzten erteilt werden. Die Anzahl und Zusammensetzung der Mitglieder hängt einerseits vom Umfang, dem Schwierigkeitsgrad und den Terminen der Umstellungsarbeiten ab und wird zum anderen durch die Fähigkeiten und Erfahrungen der einzelnen Mitarbeiter bestimmt. Um die notwendige Kommunikation zwischen den EDV-Spezialisten und den delegierten Mitarbeitern der Fachabteilungen sicherzustellen, müssen die Mitarbeiter der Fachabteilungen in den Grundzügen der EDV und den Praktiken der Umstellungsarbeiten ausreichend geschult sein. Außer der Hauptaktivität des Projektteams werden je nach Bedarf weitere Sachbearbeiter und die Führungskräfte der umzustellenden Fachabteilungen zu Gesprächen und Auskünften herangezogen.

2.3 Entwurf der Datenflußpläne

Im Gegensatz zum Entwurf des Gesamtsystems, bei dem es um die Darstellung einer Rahmenkonzeption geht, sind bei der Ausarbeitung der Datenflußpläne alle Einzelheiten des neuen Arbeitsablaufs aufzuführen: Von der Erfassung der Daten über ihre Eingabe, Bearbeitung, Speicherung und Ausgabe bis hin zur Auswertung der Ergebnisse ist jeder Vorgang graphisch und verbal darzustellen. Diese Tätigkeit setzt nicht nur voraus, daß die EDV-Organisatoren mit allen Einzelheiten des zu lösenden Problems vertraut sind, sie müssen auch eine genaue Kenntnis von Aufbau und Ausrüstung der eingesetzten oder geplanten EDV-Anlage besitzen. Denn nur so können die neuen Arbeitsabläufe sowohl problemgerecht als auch im Hinblick auf ihre maschinelle Durchführung bestmöglich festgelegt werden.

Bei der Entwicklung der Datenflußpläne geht man in der Regel so vor, daß man – ausgehend von der Rahmenkonzeption des Gesamtsystems (Bild 1) – zunächst einen Grob-Datenflußplan (Bild 5) eintwirft. Ein Grob-Datenflußplan ist vor allem dann dienlich, wenn es sich um ein umfangreiches, kompliziertes Teilsystem handelt. Erst im Anschluß an den Grob-Datenflußplan werden dann die Fein-Datenflußpläne entwickelt, die jetzt bereits alle Einzelheiten einschließlich der zu diesem Teilsystem gehörenden Maschinenprogramme enthalten. Dies bedeutet, daß der betreffende Teil des Gesamtsystems, der dort noch einen hohen Abstraktionsgrad besitzt, über den Grob-Datenflußplan in Fein-Datenflußpläne unter Ausweis aller Einzelheiten und Vorgänge aufgelöst wird; hierzu gehören auch alle der EDV vor- und nachgelagerten Tätigkeiten. Die Methodik einer solchen Auflösung wird, dargestellt am Beispiel einer Verkaufsabrechnung, in Bild 12 gezeigt.

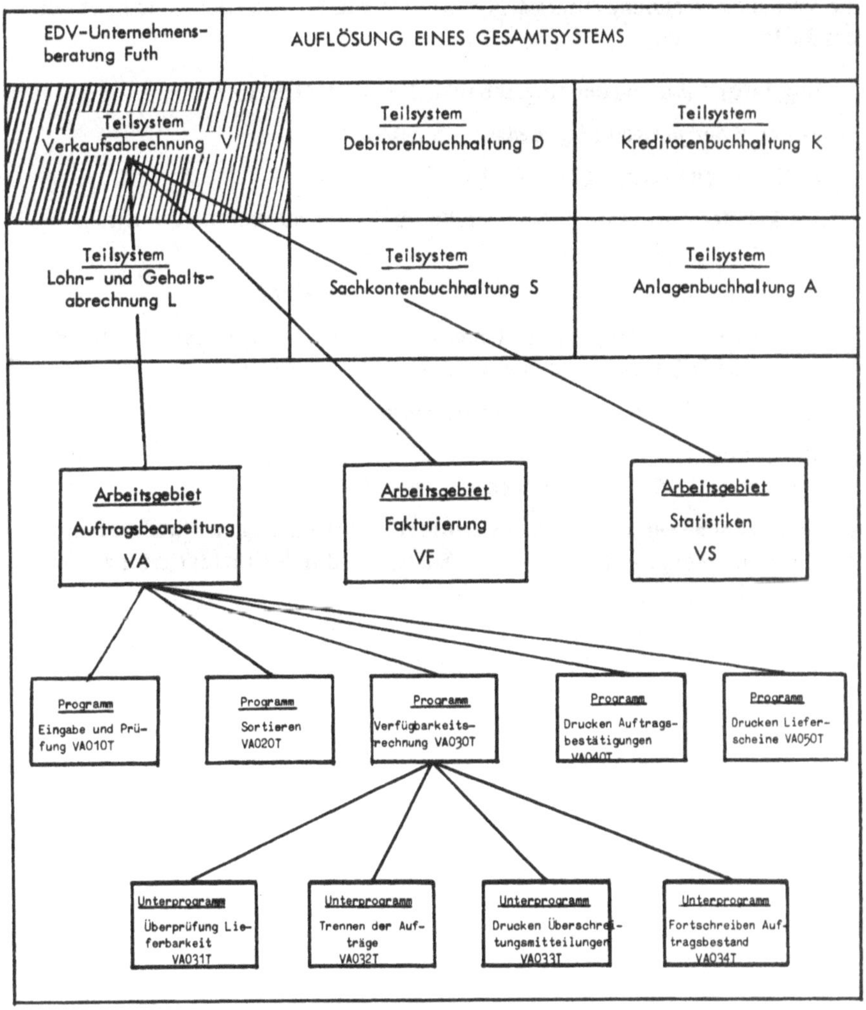

Bild 12: Auflösung eines Gesamtsystems

In Anknüpfung an den Grob-Datenflußplan in Bild 5 sind in Bild 13 die entsprechenden Fein-Datenflußpläne des Beispiels der Verkaufsabrechnung dargestellt. Wie ersichtlich, erhalten alle aufgeführten Programme und Dateien Kurzbezeichnungen. So ist beispielsweise zu entnehmen, daß im Programm VA020T die Dateien

P3 (= gültige, unsortierte Eingabesätze auf Magnetplatte)

P4 (= Sortierbereich auf Magnetplatte)

BD01 (= sortierte Datensätze auf Magnetband)

verwendet werden. Außerdem ist in Bild 13 zu erkennen, welche Programme für die Verkaufsabrechnung ausgearbeitet werden müssen. Hiernach handelt es sich um die Programme:

Eingabe und Prüfung der eingegebenen Daten (VA010T)

Sortieren der gültigen Eingabedaten (VA020T)

Verfügbarkeitsrechnung (VA030T)

Drucken der Auftragsbestätigungen für zur Zeit nicht lieferbare Aufträge (VA040T)

Drucken der Lieferscheine für lieferbare Aufträge (VA050T)

Fakturierung und Ausgabe der Datensätze für das Drucken der Rechnungen und für die Debitorenbuchhaltung (VF010T)

Drucken der Rechnungen und Gutschriften (VF020T)

Drucken der Lagerbuchhaltung und Provisionsabrechnung sowie der fortgeschriebenen Artikel- und Kundenstatistiken (VS010M).

Soweit es zum besseren Verständnis erforderlich scheint, kann – wie im Beispiel des Bildes 13 gezeigt – die graphische Darstellung durch Kurztext ergänzt werden.

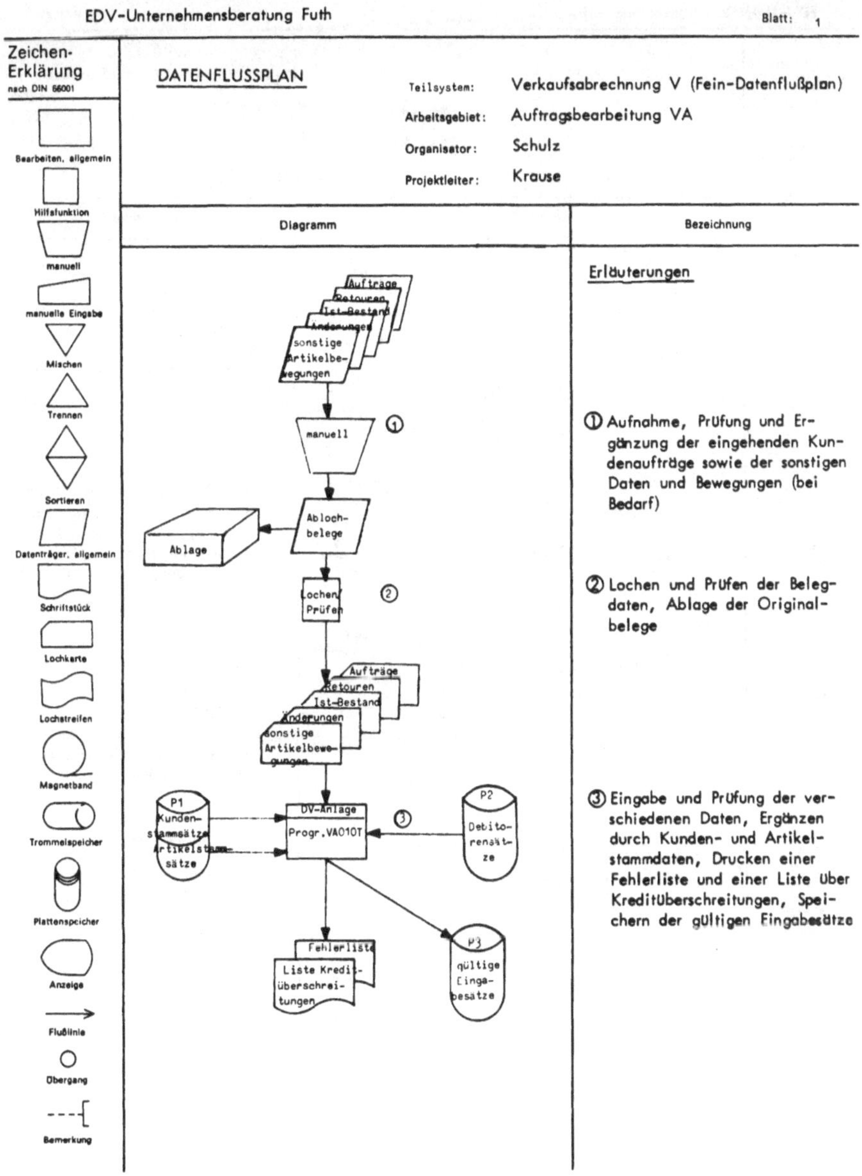

Bild 13: Beispiel eines Fein-Datenflußplanes (1)

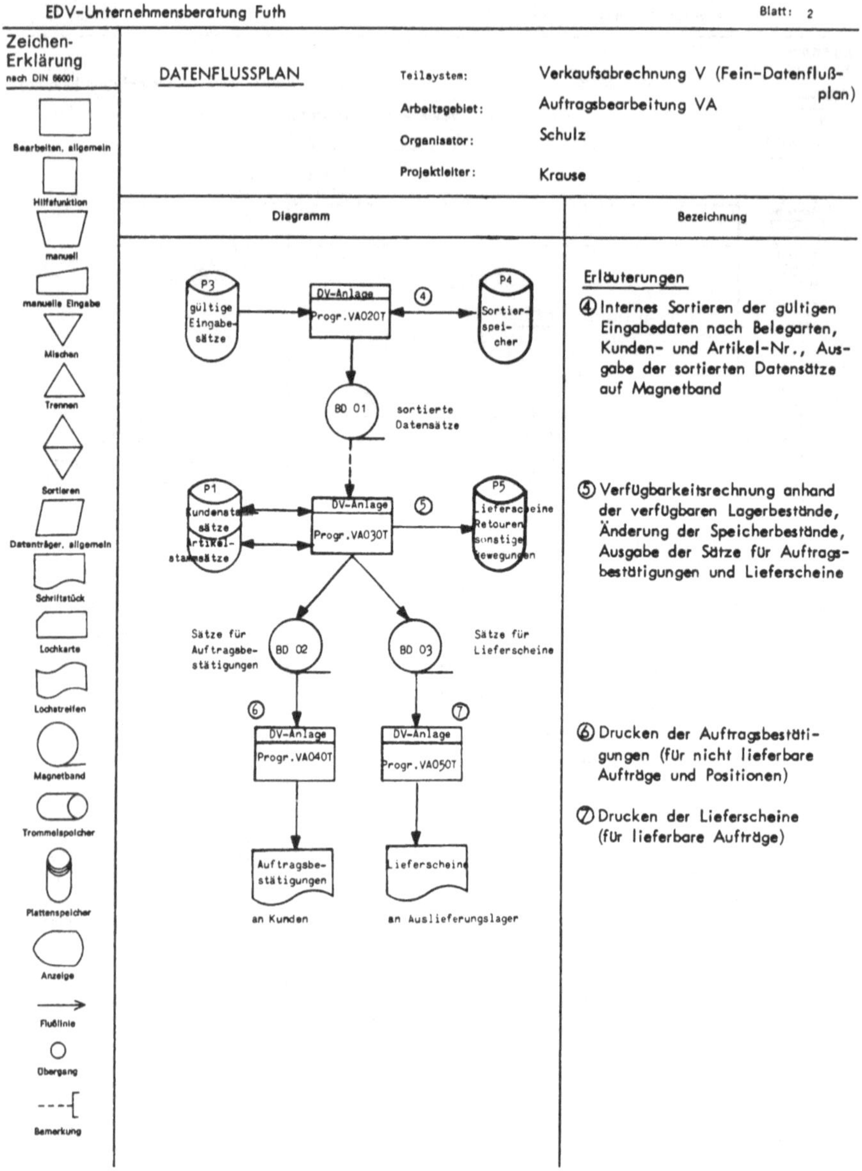

Bild 13: Beispiel eines Fein-Datenflußplanes (2)

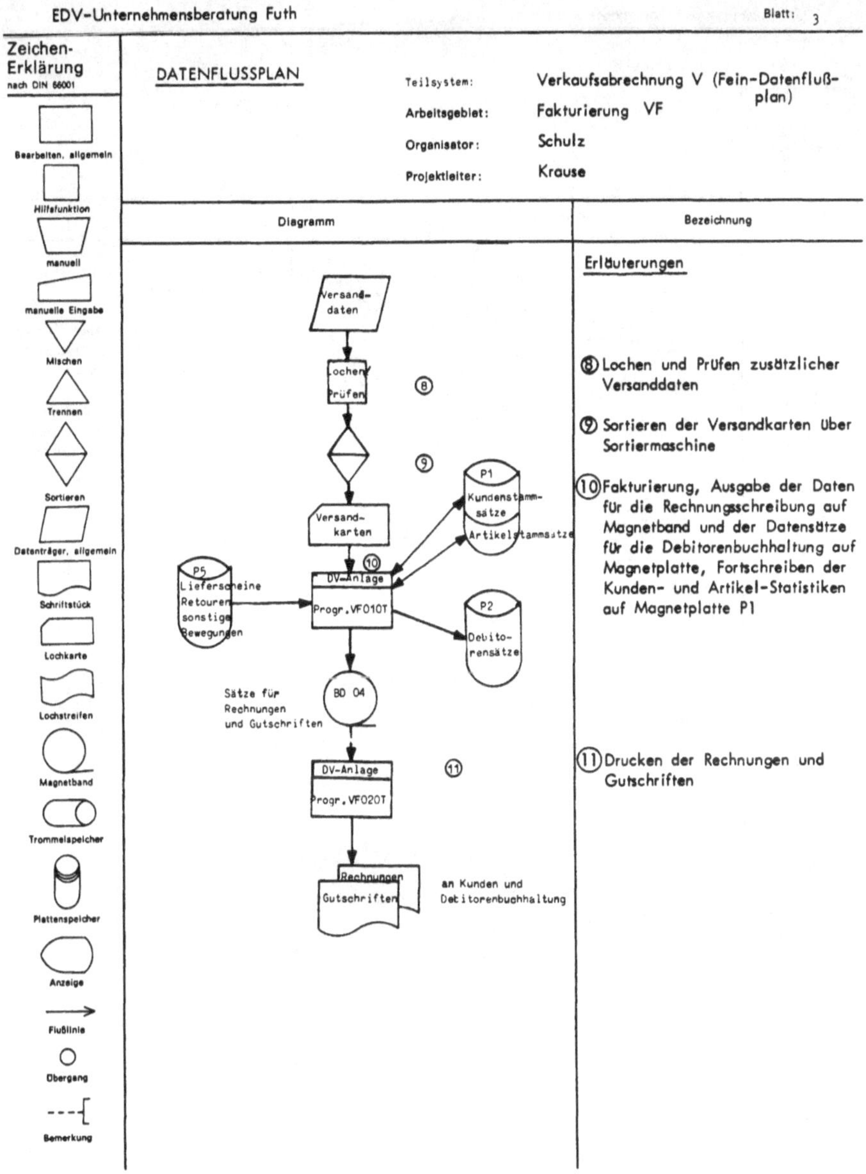

Bild 13: Beispiel eines Fein-Datenflußplanes (3)

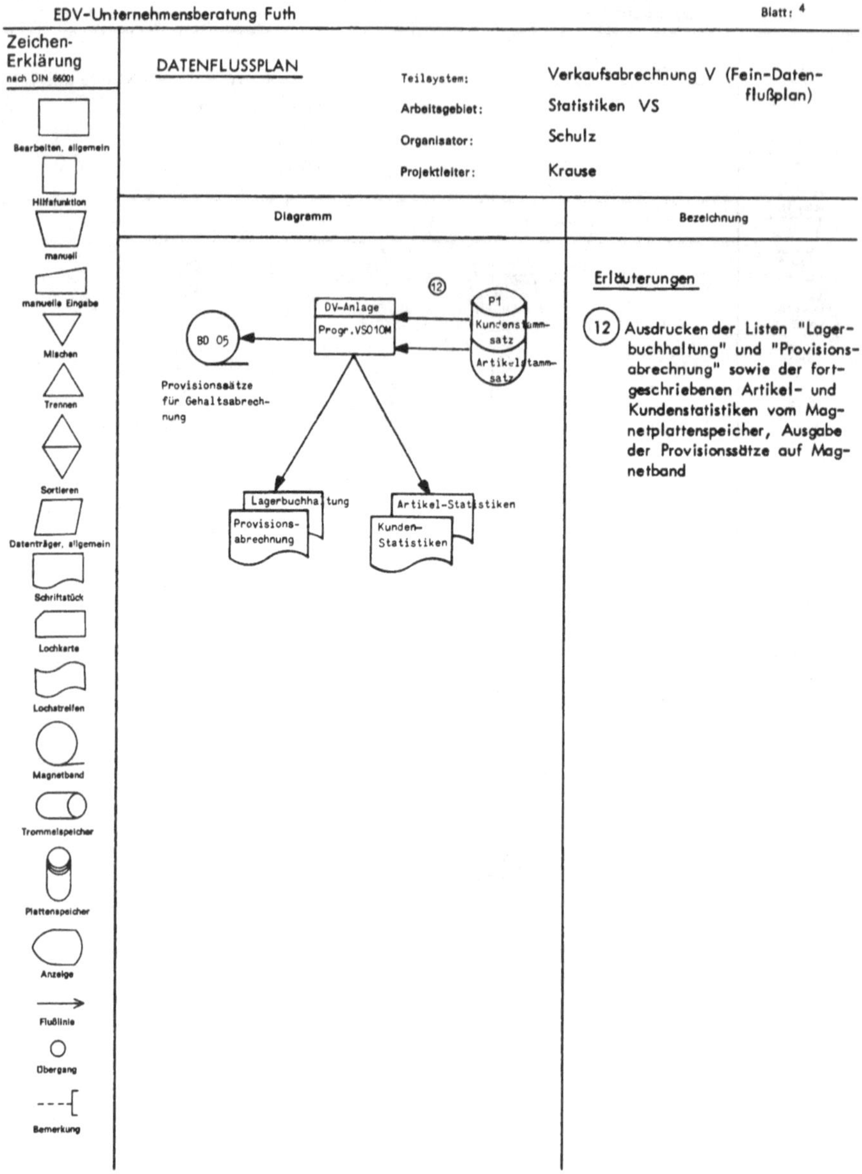

Bild 13: Beispiel eines Fein-Datenflußplanes (4)

2.4 Detailorganisation mit Ausarbeitung der Programmvorgaben

Die Detailorganisation gehört neben der Programmierung zu den zeit- und kostenaufwendigsten Arbeiten bei der Einführung eines EDV-Teilsystems: Nachdem die in den neuen Arbeitsabläufen verwendeten Schlüssel festgelegt sind, müssen die Datensätze für die Ein- und Ausgabe aufgebaut und die Speicherorganisation mit Satzaufbauten und Dateibeschreibungen bestimmt werden. Zur Detailorganisation tion zählen auch die Festlegung der Kontrollen und Datensicherung, die Ausarbeitung der Verarbeitungsregeln und die Zusammenstellung der sich hieraus ergebenden Programmvorgaben. Programmvorgaben sind für jedes einzelne Programm auszuarbeiten und enthalten detaillierte Beschreibungen aller problembezogenen Einzelheiten. Eine Programmvorgabe bildet die sachliche Grundlage für jeden Programmierungsauftrag. Zur Detailorganisation im weiteren Sinne gehören auch die beschriebenen Datenflußpläne (als Ablauf- und Programm-Übersicht), die Zusammenstellung der Beispiele für die Abschlußteste und die Festlegung aller dem EDV-Ablauf vor- und nachgelagerten Tätigkeiten einschließlich der Beleg- und Formularentwürfe.

2.41 *Schlüsselsysteme*

2.411 Aufbau von Schlüsseln

Der Sinngehalt einer Information muß stets in einer Form vorliegen, die eine Verständigung zwischen Mensch und Mensch oder Mensch und Maschine möglich macht. Optische und akustische Zeichen oder Signale, aber auch unsere Sprache und Schriftzeichen können einen Sinngehalt wiedergeben. Da die Wiedergabe des Sinngehaltes einer Information nicht immer eindeutig ist, kommt es zusätzlich darauf an, daß durch normierte Kurzbezeichnungen Doppeldeutigkeiten und Mißverständnisse ausgeschlossen werden. Denn nur eindeutige und systematisch gegliederte Informationen können maschinell verarbeitet werden. Sie müssen deshalb in einer festgelegten Form und Folge von Zeichen (wie beispielsweise Buchstaben und Ziffern) und Gliederungsmittel (wie beispielsweise Punkte, Kommata, Striche und Schreibleerstellen) dargestellt sein. Eine solche eindeutige, übersichtlich gegliederte, kurze und merkfähige, leicht lesbare und maschinell-verarbeitbare Darstellung einer Information wird *Schlüssel* oder auch Nummer genannt. Immer dort, wo eine EDV-Anlage eingesetzt wird, ist die eindeutige und kurze Verschlüsselung einer Information unbedingte Voraussetzung zur einwandfreien Erkennung, Speicherung und Bearbeitung.

Ein *Schlüsselsystem* ist nun immer so festzulegen, daß eine genaue Bestimmung und Gliederung der Schlüsselmerkmale möglich ist. Aus der Praxis der Informationsverarbeitung haben sich bestimmte Anforderungen ergeben, die durch ein Schlüsselsystem erfüllt werden müssen.

Die Grundforderung nach eindeutiger und unverwechselbarer Bezeichnung ist erfüllt, wenn durch eine oder mehrere Stellen innerhalb des Schlüssels (= identifizierender Schlüsselteil) oder ausschließlich durch den Schlüssel selbst (= identifizierender Schlüssel) der Sinngehalt einer Information jederzeit klar zu erkennen ist. Die Identifizierung von Informationen ist also dann gesichert, wenn der identifizierende Schlüssel nicht verändert wird. *Identifizierende Schlüssel* haben den Vorteil, daß sie sehr kurz sind, weil ja nicht für jeden Schlüsselteil, sondern nur für den Gesamtschlüssel die höchstmögliche Stellenzahl berücksichtigt werden muß. Kurzschlüssel sind einprägsam und klar. Sie sparen Schreib- und Locharbeiten sowie Speicherplatz und eignen sich außerdem besonders gut für die Erweiterung durch eine Prüfziffer. Bild 14 zeigt das Beispiel eines Datensatzes mit identifizierendem Schlüssel.

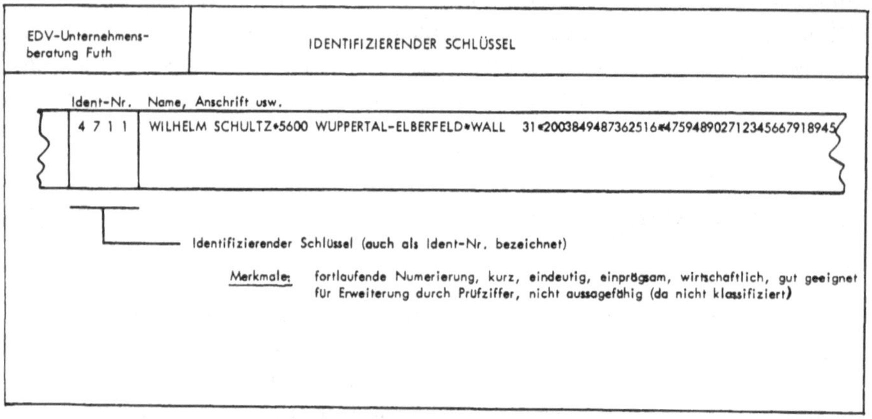

Bild 14: Vertreter-Stammsatz mit identifizierendem Schlüssel

Nachteilig wirkt sich bei einem identifizierenden Schlüssel aus, daß aus ihm keinerlei Gruppierungsmerkmale ersichtlich sind. Für die manuelle Verwendung eines solchen Schlüssels umgeht man diesen Nachteil dadurch, daß man zusätzlich zum Schlüssel textliche Angaben auf Belege und Formulare druckt, die die Gruppierung des betreffenden Datensatzes deutlich machen.

Ein Schlüssel muß aber auch dem Wunsch nach vielseitiger maschineller Informationsverarbeitung Rechnung tragen. Denn erst die Einteilung von Informationen nach bestimmten Gesichtspunkten und logischen Zusammenhängen erschließt der Informationsverarbeitung die Möglichkeit, Auswertungen nach den verschiedensten Merkmalen vorzunehmen. Diese Anforderung ist dann erfüllt, wenn den einzelnen Nummernstellen innerhalb eines Schlüssels eine bestimmte Bedeutung zugeordnet wird. Eine solche Zuordnung oder Klassifizierung unterschiedlicher Merkmale setzt voraus, daß die Aussagen der Nummernstellen festgelegt sind.

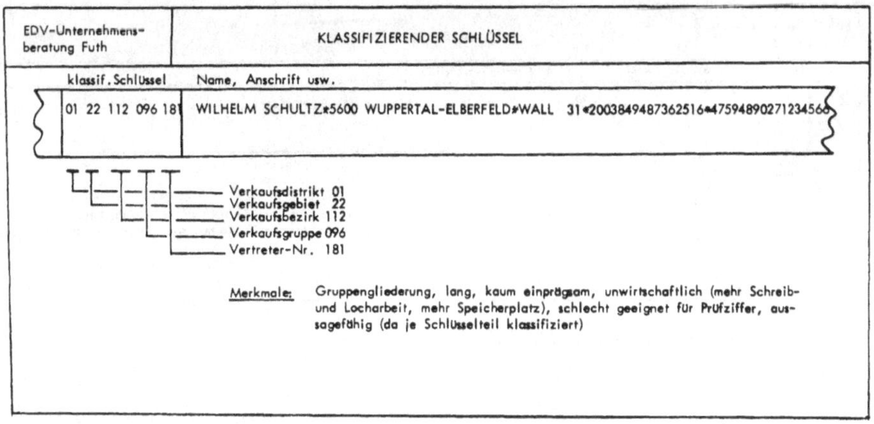

Bild 15: Vertreter-Stammsatz mit klassifizierendem Schlüssel

Der in Bild 15 dargestellte Vertreterschlüssel ist nach den Gruppierungsmerkmalen

Verkaufsdistrikt

Verkaufsgebiet

Verkaufsbezirk

Verkaufsgruppe

Vertreternummer

eingeteilt (klassifiziert). Jeder Teil eines *klassifizierenden Schlüssels* ist also ein Unterschlüssel, der eine eigene Aussagekraft besitzt und einen selbständigen Teil innerhalb des Gesamtschlüssels darstellt. Der Vorteil eines klassifizierenden Schlüssels besteht darin, daß alle Gruppierungsmerkmale aus ihm sofort erkennbar sind und jederzeit maschinelle Auswertungen aufgrund des Schlüssels vorgenommen werden können. Nachteilig wirkt sich dagegen die Länge des Schlüssels aus, weil für jede einzelne Untergruppe die höchstmögliche Anzahl Stellen einschließlich einer Reserve freigehalten werden muß. Hinzu kommt, daß bei Erreichung der Kapazitätsgrenze eines Unterschlüssels (wenn beispielsweise die Anzahl der Verkaufsgebiete 99 übersteigt) das ganze System geändert werden muß.

Um die Nachteile identifizierender und klassifizierender Schlüssel zu vermeiden, benutzt man in der Praxis der EDV meist eine *Kombination der beiden Systeme.* Dies bedeutet, daß jeder Datensatz sowohl einen indentifizierenden als auch einen klassifizierenden Schlüssel erhält. Während der identifizierende Schlüssel die eindeutige Beziehung zu einem bestimmten Datensatz aufweist, dient der klassifizierende Schlüssel lediglich als Zuordnungsmerkmal. Datensätze, die mit beiden Schlüsseln ausgestattet sind, lassen sich jederzeit durch Umsortierung nach beiden Merkmalen auswerten. Bild 16 zeigt das Beispiel eines Datensatzes mit identifizierendem und klassifizierendem Schlüssel.

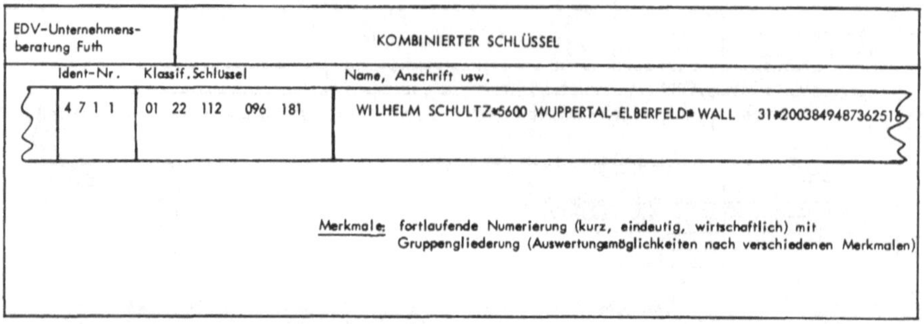

Bild 16: Vertreter-Stammsatz mit kombiniertem Schlüssel

Die Vorteile einer solchen kombinierten Verschlüsselung sollen noch einmal am Beispiel des in Bild 16 dargestellten Vertreter-Stammsatzes gezeigt werden. Sobald ein Vertreter in das Unternehmen eintritt, erhält er die nächste freie identifizierende Schlüsselnummer. Sie wird ihm unabhängig von der Zuordnung zu einer bestimmten Verkaufsorganisation zugeteilt. Gleichzeitig erhält er den klassifizierenden Schlüssel, der seine Zugehörigkeit zu einer Verkaufsgruppe, einem Verkaufsbezirk, einem Verkaufsgebiet und einem Verkaufsdistrikt zuweist. Wechselt der Vertreter jetzt im Laufe seiner Tätigkeit seine Verkaufsgruppe, wird der klassifizierende Schlüssel entsprechend geändert, während der identifizierende Schlüssel (selbst noch einige Zeit nach seinem Ausscheiden) gleichbleibt. Auf diese Weise ist es möglich, sowohl Gesamtauswertungen im Bezug auf einen bestimmten Vertreter als auch hinsichtlich seiner jeweiligen Zuordnung zur Verkaufsorganisation vorzunehmen. Jede Änderung eines Datensatzes wird allein über die identifizierende Nummer vorgenommen.

Bei der Festlegung der Schlüsselgröße muß der Organisator eine Reserve für die Vergabe neuer Nummern berücksichtigen. Er muß sich beispielsweise darüber im klaren sein, daß ein und dieselbe Nummer ein zweites Mal nur dann vergeben werden kann, wenn eine Verwechselung völlig ausgeschlossen ist. So sollte beispielsweise die Nummer eines ausgelaufenen Artikels erst dann für einen neuen Artikel vergeben werden, wenn eindeutig feststeht, daß der alte Artikel unter dieser Nummer nicht mehr geführt wird; diese Sicherheit muß auch Lagerbestände, Ersatzteilhaltung und Anfragen einschließen.

Abschließend sei noch einmal auf die Wichtigkeit einer sicheren, eindeutigen und wirtschaftlichen Zuordnung der Datensätze bei der maschinellen Verarbeitung hingewiesen. Eine sichere Speicherorganisation ist nur dann möglich, wenn Verwechselungen der Schlüssel völlig ausgeschlossen sind. Deshalb muß der Organisator der Entwicklung neuer Schlüsselsysteme bzw. der Änderung vorhandener Schlüssel seine besondere Aufmerksamkeit widmen. Er muß die Unternehmensführung davon überzeugen, wie wichtig eine klare Trennung und Gliederung der Informationen für die Auswertung ist. Eine spätere Änderung des Schlüsselsystems in der EDV bereitet außerordentliche Schwierigkeiten, weil Schlüssel nicht nur Gruppierungsmerkmale, sondern zugleich Suchbegriffe für die Speicherung und Verarbeitung in der EDV-Anlage sind.

Bevor ein neuer Schlüssel eingeführt wird, ist zu prüfen, ob ein gleicher Schlüssel bereits besteht und eine manuelle und maschinelle Verwechslung gleicher oder ähnlicher Schlüssel zu befürchten ist. Grundlage hierfür sollte ein zentral geführtes Schlüsselverzeichnis sein, das dazu dient, alle vergebenen Schlüssel festzuhalten, um Doppelnumerierungen zu vermeiden und die Belegung der Schlüssel zu überwachen. Nach dem Aufbau bzw. der Einführung ist der neue Schlüssel in das Verzeichnis einzutragen. Für jeden Schlüssel wird ein getrenntes Blatt verwendet, wie im Beispiel des Bildes 17 dargestellt. Wird ein gleicher Schlüssel in verschiedenen Arbeitsgebieten und Programmen benutzt, so werden die Nummern der Arbeitsgebiete und Programme, die diesen Schlüssel benutzen, mit entsprechenden Erläuterungen in der Tabelle auf der unteren Hälfte des Formulars eingetragen. Reicht der vorhandene Platz für die Eintragung nicht aus, so sind weitere Blätter für einen Schlüssel anzulegen.

2.412 Selbstprüfende Schlüssel (Prüfziffernverfahren)

Bei der manuellen und maschinellen Erfassung und Übertragung von Daten treten häufig folgende Fehlerarten auf:

Veränderung einer Datenstelle

Fehlen einer oder mehrerer Datenstellen

Vertauschen benachbarter Datenstellen

Vertauschen nicht benachbarter Datenstellen

Mischform aus anderen Fehlern

Um solche Fehler, vor allem bei Schlüsseln, zu erkennen und damit eine Verbuchung auf falschen Datenkonten auszuschließen, haben sich in der Praxis Prüfziffernverfahren außerordentlich bewährt. Bei diesen Verfahren handelt es sich um maschinelle, mit geringem Aufwand verbundene und sichere Kontrollmethoden: Ein Schlüssel wird bei der Einführung durch eine, aus den Datenstellen des Schlüssels auf bestimmte Weise errechnete, Prüfziffer ergänzt. Bei jeder Eingabe des Datensatzes wird dann die Prüfziffer nach demselben Rechenverfahren gewonnen und mit der eingegebenen Prüfziffer auf Übereinstimmung verglichen. Bild 18 zeigt diesen Vorgang noch einmal in einer graphischen Darstellung.

Bei Prüfziffernverfahren wird jede Datenstelle der Schlüsselnummer mit einem jeweils der Datenstelle entspechenden Faktor multipliziert. Die Summe bzw. Quersumme der für jede Datenstelle errechneten Produkte wird durch einen festgelegten Divisor, Modulus genannt, dividiert. Der Divisionsrest oder die Differenz aus dem Quotienten und der mit Null endenden nächsthöheren Zahl oder die Differenz aus Modulus und Divisionsrest ergeben dann die Prüfziffer. Buchstaben werden wie Ziffernkombinationen behandelt. Eine mathematische Untersuchung der Fehleraufdeckung ergab, daß die Sicherheit bei den genannten Fehlern noch gesteigert werden kann, wenn für die einzelnen Datenstellen unterschiedliche Faktoren gewählt werden und für den Modulus eine möglichst große Primzahl festgelegt wird.

EDV-Unternehmensberatung Futh	SCHLÜSSELVERZEICHNIS		Schlüssel-Kennzeichen: Vertreter-Nr. Blatt:
Schlüsselaufbau	Beschreibung	Kapazität	Belegung
xxxxP	5stellige Ident-Nr., letzte Stelle Prüfziffer P nach Modulo 11	von 0001P bis 9999P = ca. 10.000 ./. ca. 10% wegen Prüfziffer	bei Einführung waren 4.000 Vertreter beschäftigt
xx xx xxx xxx xxx	13stelliger klassif. Schlüssel		
xx xx xxx xxx xxx	Verkaufsdistrikt Verkaufsgebiet Verkaufsbezirk Verkaufsgruppe Vertreter-Nr.	von 01 bis 99 von 01 bis 99 von 001 bis 999 von 001 bis 999 von 001 bis 999	Belegung vergleichsweise zur Kapazität gering

Verwendung in Programm	Schlüsselabhängige Programmsteuerung
VA010T	Eingabe und Prüfung der Auftragsdaten: Prüfung der mit eingegebenen Vertreter-Ident-Nr. nach Prüfziffernverfahren Modulo 11
VS010M	Ausgabe der Provisionssätze auf Magnetband, ohne Sortierung nach Vertreter-Ident-Nr.
LG010M	Zusammenmischen und Sortieren der Bänder mit Provisionssätzen nach Ident-Nr.
LG060M	Monatliche Auswertungen nach klassifizierendem Schlüssel = Vertreter- und Verkaufsorganisation-Statistik

4.4.71	[illegible]	1.5.71
Datum	EDV-Organisator	eingeführt ab

Bild 17: Schlüsselverzeichnis

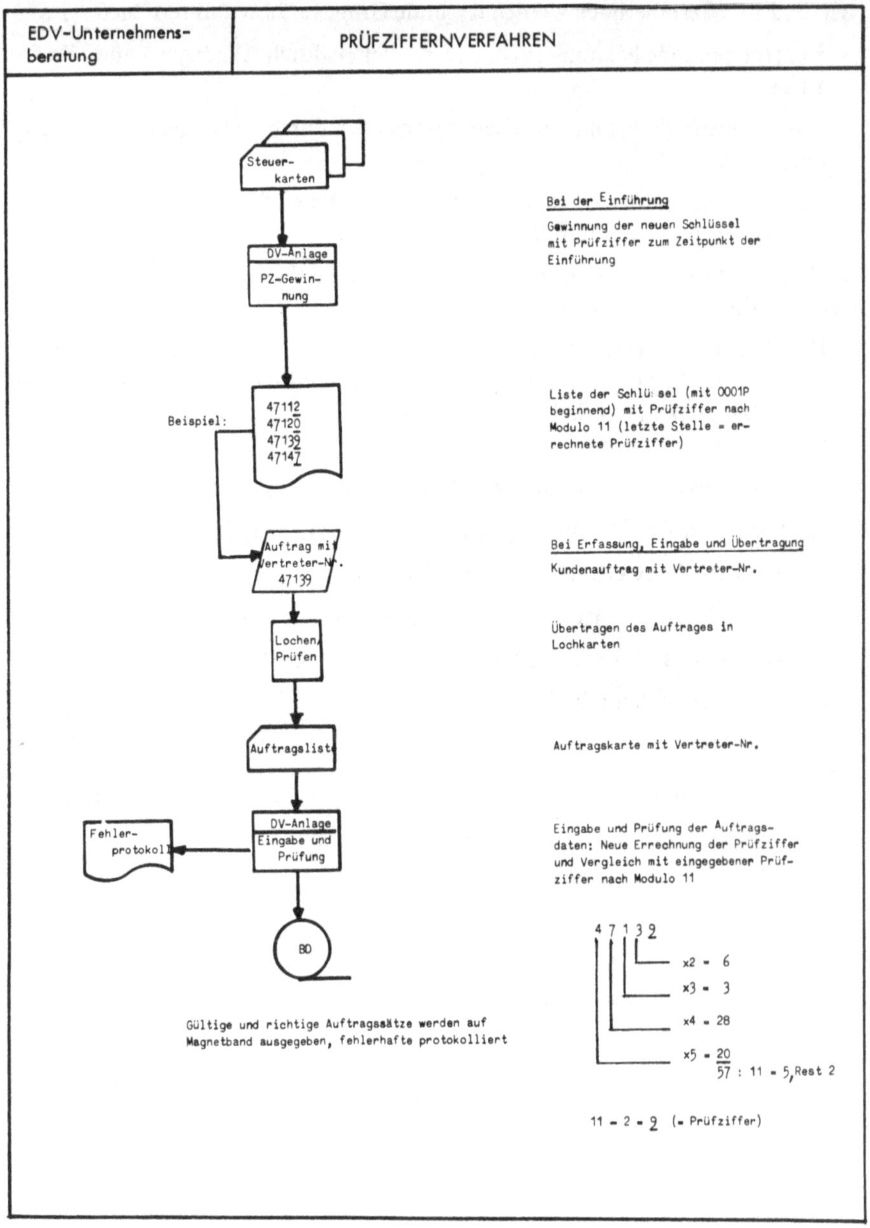

Bild 18: Prüfziffernverfahren

Bei der Prüfziffernmethode werden folgende Grundverfahren unterschieden:

Kontrollmethode bei numerischen Datenstellen durch Anhängung einer Prüfziffer

Kontrollmethode bei numerischen Datenstellen durch Anhängung eines Prüfbuchstabens

Kontrollmethode bei alphanumerischen Datenstellen durch Anhängung einer Prüfziffer bzw. eines Prüfbuchstabens

Die Prüfziffer nach dem *Verfahren Modulo 11* (in der Praxis überwiegend verwendet) wird folgendermaßen errechnet:

Den Stellen einer jeden Ziffer werden von rechts nach links, mit 2 beginnend, in aufsteigender Folge die Faktoren 2, 3, 4 usw. fest zugeordnet. Hat eine Zahl mehr als 6 Stellen, so erhalten von der siebenten Ziffer ab die Stellen wieder die Faktoren 2, 3, 4 usw.

Jede Ziffer wird dann mit dem zugehörigen Faktor multipliziert

Die Ergebnisse der einzelnen Multiplikationen werden addiert

Die auf diese Weise gebildete Summe der Produkte wird durch 11 dividiert

Ergibt sich kein Rest, ist die Prüfziffer gleich Null

Ist der Divisionsrest ungleich Null, so wird dieser von 11 subtrahiert

Die Differenz ist dann die Prüfziffer.

Beispiel:
Prüfziffernerrechnung nach Modulo 11 [bisherige Schlüssel-Nr. (ohne PZ) 1302769]

1 3 0 2 7 6 9

9 → x2 = 18
6 → x3 = 18
7 → x4 = 28
2 → x5 = 10
0 → x6 = 0
3 → x7 = 21
1 → x2 = 2

97 : 11 = 8, Rest 9

11 – 9 = 2 (= Prüfziffer)

neue Schlüssel-Nr. (mit PZ) 13027692

Durch das Modulo 11-Verfahren werden sämtliche Zahlendreher und Substitutionsfehler in einer Datenstelle aufgedeckt. Bei mehrfachen Substitutionen benachbarter oder entfernter Datenstellen bleiben nur diejenigen Fehler unerkannt, die einen Ausgleich der Produktdifferenz ergeben oder bei denen die Summe der Produkte ein ganzes Vielfaches von 11 ergibt. Zahlen, bei denen der Divisionsrest 1 ist, können nicht nach dieser Methode geprüft werden, da hier die Differenz 11 – 1 = 10 eine zweistellige Zahl ergeben würde. Bei der Verwendung des Prüfziffernverfahrens nach Modulo 11 kann also kein lückenloses Nummernsystem benutzt werden, weswegen die Ergänzung klassifizierender Schlüssel mit einer Prüfziffer nach diesem Verfahren nicht möglich ist.

Ist dagegen ein lückenloses Nummernsystem notwendig oder erwünscht, so kann das *Modulo 10-Verfahren* für die Prüfziffernerrechnung verwendet werden. Bei diesem Verfahren wird die Prüfziffer nach folgender Methode errechnet:

Von der Einerstelle ausgehend, wird jede in einer ungeraden Stelle der Grundzahl stehende Ziffer mit 2 multipliziert

Aus jedem zweistelligen Produkt wird die Quersumme gebildet

Dann werden die Ergebnisse der Multiplikation und die Ziffern in den geraden Stellen addiert

Die Summe wird von der nächsthöheren, auf Null endenden, Zahl subtrahiert

Die ermittelte Differenz ist die Prüfziffer.

Beispiel:
Prüfziffernerrechnung nach Modulo 10 [bisherige Schlüssel-Nr. (ohne PZ) 4218]

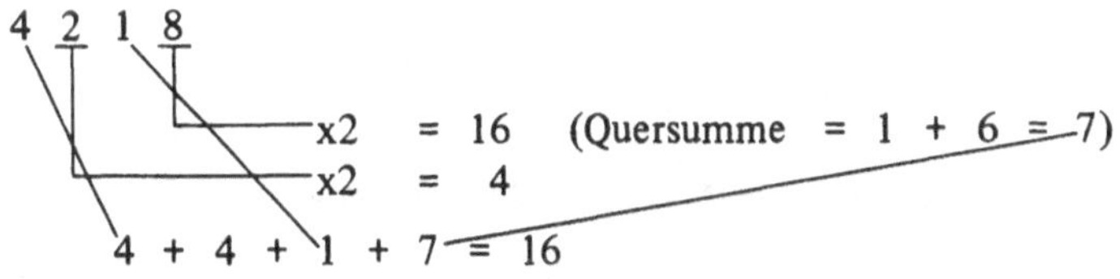

20 – 16 = 4 (Prüfziffer)
neue Schlüssel-Nr. (mit PZ) 42184

Statistische Untersuchungen haben ergeben, daß bei Verwendung dieses Zahlenprüfverfahrens 97% aller Fehler (gegenüber 99,99% beim Modulo 11-Verfahren) erkannt werden. Diese Prozentzahl bezieht sich auf typische Lochfehler, die Substitution einer Zahl oder Zahlendreher.

Sofern das Unternehmen nicht einen Austausch von Datenträgern mit anderen Unternehmen oder Instituten beabsichtigt, kann der EDV-Organisator allein von der Zweckmäßigkeit her das Prüfziffernverfahren wählen. Will sich das Unternehmen dagegen beispielsweise dem Klarschriftleseverfahren der Deutschen Bundespost anschließen, so muß der EDV-Organisator das von der Deutschen Bundespost vorgeschriebene Prüfziffernverfahren verwenden.

2.42 *Der EDV-Prozeß*

Ohne auf technische Einzelheiten einzugehen, sollen noch einmal die organisatorischen Zusammenhänge eines EDV-Prozesses deutlich gemacht werden. Vergleichbar mit dem manuellen Verfahren, bei dem der Sachbearbeiter die auf dem Urbeleg erfaßten Daten mit Hilfe von Angaben aus einer Kartei nach festgelegten Regeln verarbeitet und die Ergebnisse seiner Auswertung in Formulare oder Listen schreibt, arbeitet auch ein EDV-System: Wie in Bild 19 zeichnerisch dargestellt, werden die Daten aus dem Urbeleg in einen maschinell lesbaren Beleg (Datenträger) übertragen, sofern nicht der Urbeleg selbst Datenträger ist (direkt lesbare Belege). Die so erfaßten Daten werden in die EDV-Anlage eingegeben und nach Maßgabe des gespeicherten Programms verarbeitet. In der Regel werden die eingegebenen Daten noch durch gespeicherte Stamm- oder Bestandsdaten ergänzt. Nach Verarbeitung werden die Ergebnisse entweder auf Speicher zurückübertragen oder aber auf Formulare oder Listen ausgedruckt. Die Datenausgabe kann auch in Lochkarten oder Lochstreifen (für eine maschinelle Weiterverarbeitung) oder über Bildschirmgeräte oder Telefon erfolgen. Soweit dies im Einzelfall notwendig und wirtschaftlich ist, wird zwischen Datenerfassung und Dateneingabe bzw. Datenverarbeitung und Datenausgabe noch eine Datenfernübertragung über Fernschreib-, Fernsprech- oder Sonderleitung eingeschaltet.

Wir hielten es für erforderlich, auf diese Weise nochmals auf den an sich bekannten Vorgang von der Datenerfassung bis zur Datenausgabe hinzuweisen, um Verständnis und Aufmerksamkeit für die sich anschließenden Abschnitte über die Dateneingabe, die Datenausgabe, die Datenspeicherung und die Datenverarbeitung zu wecken.

2.43 *Dateneingabe*

2.431 Datenerfassung, Datenträger und Dateneingabe

Ohne auf technische Einzelheiten der Datenerfassung und Dateneingabe eingehen zu wollen *), soll kurz über die Zusammenhänge von Datenerfassung, Datenträger und Dateneingabe berichtet werden.

Wie aus der Darstellung in Bild 20 hervorgeht, lassen sich die Verfahren der Datenerfassung unterteilen nach:

- dem Lochkartenverfahren
- dem Lochstreifenverfahren
- der direkten Magnetbanderfassung
- der direkten Beleglesung
- der beleglosen Direkteingabe.

---

*) Vgl. Futh, Die Technik der elektronischen Datenverarbeitung, Hardware – Software, R. Oldenbourg-Verlag 1970

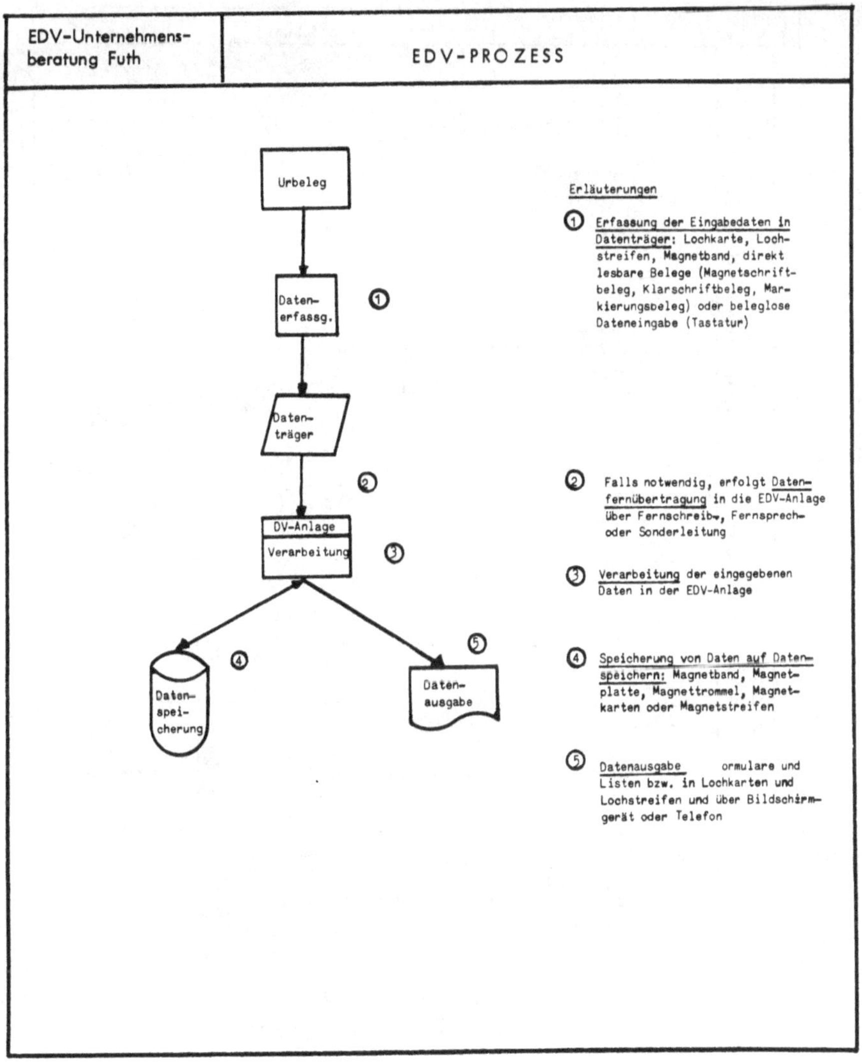

Bild 19: Erfassung, Übertragung, Eingabe, Speicherung, Verarbeitung, Ausgabe

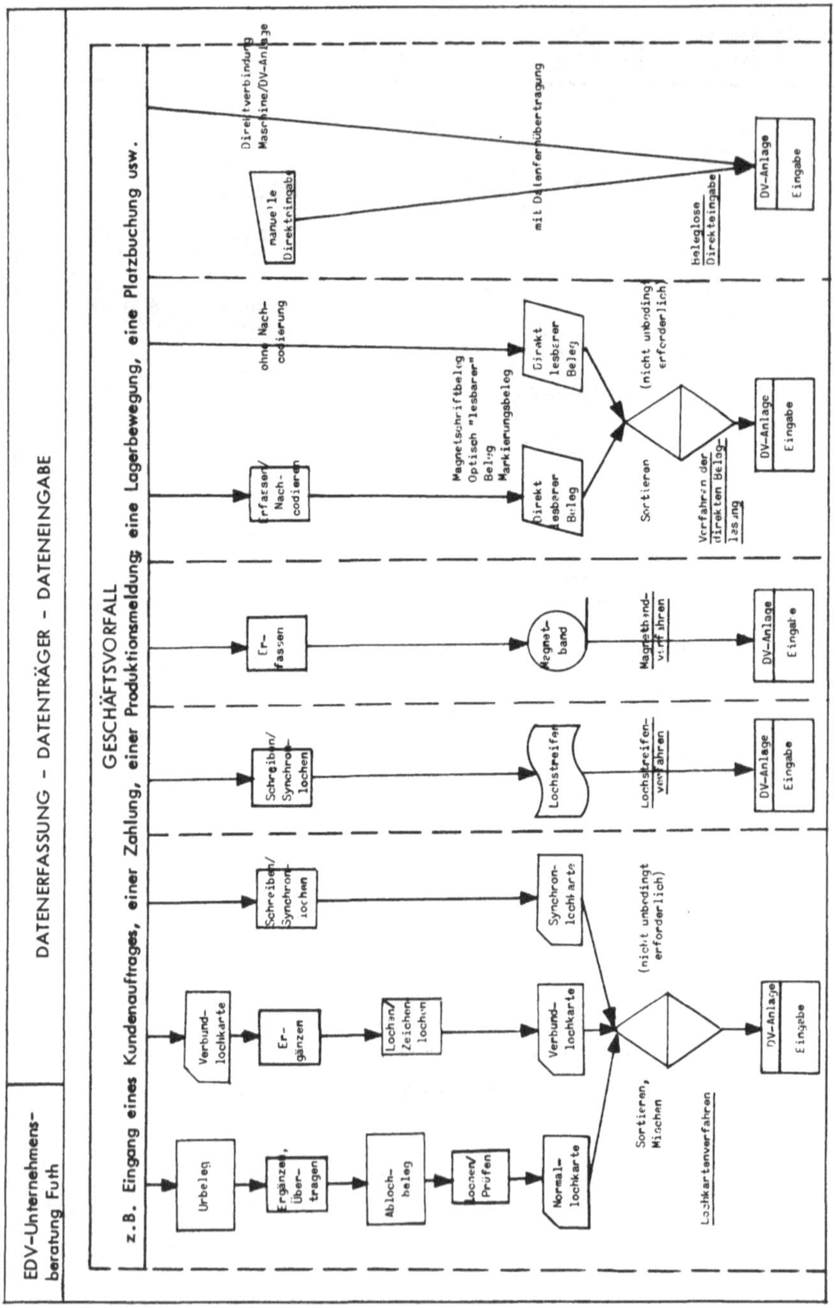

Bild 20: Datenerfassung, Datenträger, Dateneingabe

Bei der Datenerfassung über Lochkarten ist zusätzlich zu trennen nach dem Normallochkarten-Verfahren, dem Verbundlochkarten-Verfahren und der synchronen Lochkartengewinnung. Noch stärker zu unterscheiden sind die Verfahren der direkten Beleglesung, bei denen der Organisator zwischen dem Magnetschriftbeleg, dem optisch lesbaren Beleg und dem Markierungsbeleg unterscheiden kann. Bei der beleglosen Direkteingabe kommt es schließlich darauf an, ob die Daten von Hand in die DV-Anlage eingegeben werden oder aber eine direkte Verbindung zwischen Maschine (z.B. Produktionsmaschinen, automatische Erfassungsgeräte usw.) und der DV-Anlage besteht. Bild 21 zeigt noch einmal die technisch-organisatorischen Merkmale der einzelnen Datenerfassungsverfahren, die Vor- und Nachteile der verwendbaren Datenträger und die auf diese Datenträger zugeschnittene Dateneingabe in die DV-Anlage.

Wovon hängt nun die Wahl des sich für ein Unternehmen am besten eignenden Datenerfassungs-Verfahrens ab? Und welche Anforderungen werden an ein Datenerfassungs-Verfahren gestellt? Beginnen wir mit der letzten Frage, so läßt sich feststellen, daß jedes Datenerfassungs-Verfahren folgenden Anforderungen genügen muß:

Das Verfahren muß so ausgelegt werden können, daß die anfallenden Datenmengen je erforderliche Zeiteinheit erfaßt werden

Das Verfahren muß sicher und einfach zu handhaben sein

Das Verfahren muß wirtschaftlich sein.

Da die Wahl des Datenerfassungs-Verfahrens von den besonderen Problemen eines Unternehmens und seinen Datenmengen je Zeiteinheit abhängt und deshalb nicht generell bestimmt werden kann, wollen wir umgekehrt vorgehen und die typischen Einsatzmerkmale der einzelnen Verfahren herausstellen; dies soll in organisatorischer, technischer und wirtschaftlicher Hinsicht entsprechend der in Bild 21 dargestellten Verfahren erfolgen. Bild 22 zeigt die Einsatzmerkmale.

EDV-Unternehmensberatung Futh	DATENTRÄGER-ÜBERSICHT		
Verfahren	**Datenerfassung**	**Datenträger**	**Eingabe**
1. Lochkartenverfahren	a) Normalverfahren: Urbeleg - Ergänzen/Übertragen - Ablochbeleg - Lochen - Prüfen in Lochkarte b) Verbundverfahren: Vorgestanzte Normal- oder Zeichenlochkarte - manuelle Ergänzungen - Nachlochen oder Zeichenlochen - Lochkarte c) Synchronverfahren: Schreiben/Buchen/Fakturieren mit Lochkarten-Synchrongewinnung	**Lochkarte** Vorteile: - preisgünstige Datenerfassung - Daten durch Lochschriftübersetzung lesbar - als manuelle Kartei verwendbar - bei Verbundkarten kein weiterer Beleg erforderlich - sortierfähig - sichere Datenerfassung durch Lochen und Prüfen Nachteile: - nicht wiederverwendungsfähig - relativ hoher Platzbedarf - feste, begrenzte Satzlänge (80 Spalten) - niedrige Ein- und Ausgabegeschwindigkeit	über Lochkartenlesegerät (Ø 24.000 bis 60.000 Karten/Std.), mit oder ohne externe Gruppierung (Sortieren, Mischen)
2. Lochstreifenverfahren	Synchrone Gewinnung durch Kopplung eines Lochstreifenlochers mit einer Rechen-, Schreib-, Buchungs-, Fakturier oder Produktionsmaschine	**Lochstreifen** Vorteile: - preisgünstige Datenerfassung - variable Feld- und Satzlänge - leichte Transportierbarkeit - geringer Platzbedarf - Übermittlungsmöglichkeit über Fernschreiben (5-Kanal-Streifen) Nachteile: - nicht wiederverwendungsfähig - nicht sortierfähig - keine lesbare Darstellung möglich	über Lochstreifenlesegerät (Ø 250 bis 1.000 Zeichen/Sekunde), oder nach Umwandlung Lochstreifen in Lochkarte über Lochkartenlesegerät
3. Direkte Datenerfassung auf Magnetband oder Magnetbandkassette	Vergleichbar mit dem normalen Lochkartenverfahren: Übertragen vom Urbeleg bzw. Erfassungsbeleg direkt auf Magnetband; Prüfen wie beim Lochkartenverfahren möglich	**Magnetband/Magnetbandkassette** Vorteile: - schnellere Datenerfassung (30-40% höher als bei Lochkarten) - wiederverwendungsfähig, Korrekturmöglichkeit - sichere, geräuschlose Erfassung - variable Feld- und Satzlänge - hohe Eingabegeschwindigkeit Nachteile: - teurer als Lochkarten- und Lochstreifenerfassung - keine lesbare Darstellung	über normale Bandeinheit (Ø 30.000 bis 100.000 Zeichen/Sek.) oder über zusätzliches Magnetbandkassetten-Eingabegerät

Bild 21: Datenträger-Übersicht (1)

EDV-Unternehmens-beratung Futh	DATENTRÄGER-ÜBERSICHT		
Verfahren	**Datenerfassung**	**Datenträger**	**Eingabe**
4. Verfahren der direkten Beleglesung (Magnetschrift-, Klarschrift und Markierungsverfahren)	a) Voll-Erfassung: (i.d.R. nur bei Markierungsbeleg): Handschriftliche Markierung aller zu erfassenden Daten b) Nachcodierung: Ergänzen der vorgedruckten (festen) Daten durch handschriftliches oder maschinelles Nachcodieren der variablen Daten (bei allen drei Belegarten) c) Ohne: Eingabe der (meist durch die DV-Anlage) vorgedruckten Daten (Beispiel: Postscheckverfahren) ohne Nachcodierung (i.d.R. nur beim Klarschriftverfahren)	**Magnetschriftbelege** Vorteile: - Urbeleg-Direkteingabe - hohe Sicherheit, keine Falschlesung durch Verschmutzung Nachteile: - geringe Zeichendichte je Beleg - hohe Anforderung an Druckqualität - fest Lesezeile - zusätzliche Aufmagnetisierung Verfahren: CMC - 7, E13 - B, Siemag	über Magnetschriftlesegerät (60.000 bis 90.000 Belege/Std.)
		Klarschriftbelege (optisch lesbare Belege) Vorteile: - Urbeleg-Direkteingabe - gebräuchliche Zeichen von Schnelldrucker oder Schreibmaschine - handschriftliche Zeichenlesung möglich Nachteile: - Verschmutzungsgefahr der Belege - hohe Anforderungen an Belege und Erfassung - sehr teures Verfahren Verfahren: OCR-A, IBM 1418, CZ-13, Handschriftleser IBM 1287/1288	über Klarschriftlesegerät (60.000 bis 100.000 Belege/Std.)
		Markierungsbelege Vorteile: - Urbeleg-Direkteingabe - einfache Handhabung - billiges Verfahren Nachteile: - begrenzte Anpassungsfähigkeit - aufwendige manuelle Erfassung (Strichmarkierung) Verfahren: Keine Normung	über Markierungslesegerät mit Direkteingabe, oder über Lochkartenumwandlung mit Lochkarteneingabe

Bild 21: Datenträger-Übersicht (2)

EDV-Unternehmens-beratung Futh	DATENTRÄGER-ÜBERSICHT			
Verfahren	**Datenerfassung**		**Datenträger**	**Eingabe**
5. Beleglose Direkteingabe	a) Manuelle Direkteingabe:	Direkte Eingabe von Daten in die DV-Anlage über Tastatur (Bildschirmgerät, Schreibmaschine, Telefon und sonstige Geräte)	ohne Datenträger	über Fernschreib-, Fernsprech- oder Sonderleitung direkt in die DV-Anlage (5 bis 200.000 Zeichen/Sekunde)
	b) Automatische Direkteingabe:	Direkte Eingabe von Daten in die DV-Anlage ohne manuelle Eingriffe (= Kopplung mit anderen DV-Anlagen, Produktionsmaschinen usw.)		

Bild 21: Datenträger-Übersicht (3)

EDV-Unternehmens-beratung Futh	EINSATZMERKMALE DER DATENERFASSUNGSVERFAHREN		
Verfahren	**Organisatorische Merkmale**	**Technische Merkmale**	**Wirtschaftliche Merkmale**
1. Lochkartenverfahren a) Normalverfahren	- zentrale Datenerfassung (Lochraum), kann aber Engpaß werden - Trennung von Ur- bzw. Ablochbeleg und Lochkarte - nach Lochschriftübersetzung als Karteikarte verwendbar - einfache Handhabung - hohe Sicherheit durch Prüfverfahren - großer Zeitaufwand durch Lochen und Prüfen sowie Korrekturen - Satzlänge (80 Spalten) muß genügen	- Einsatz von Loch- und Prüfgeräten - keine Zusatzeinrichtung bei der DV-Anlage, da Lochkarterlesegerät grundsätzlich erforderlich (wegen Steuerkarten)	- Lochkarte = billiger Datenträger - Locher und Prüfer = verhältnismäßig billig - keine Zusatzeinrichtung bei der DV-Anlage
b) Verbundverfahren	- Stanzen der festen Angaben über DV-Anlage - Ergänzen der variablen Daten (möglichst max. 20 - 30 Stellen) über Normalschrift oder Zeichenmarkierung (Zeichenlochkarte) - Lochkarte = kfm. Urbeleg (= Verbundkarte) - dezentrale Datenerfassung, aber zentrale Vorgabe; gute Arbeitsverteilung - Sicherheit kann bei Zeichenlochkarten durch falsche oder mangelhafte Markierung gefährdet werden - als Karteikarte verwendbar (Ziehkartei) - maschinelle Vergabe fester Daten muß möglich sein	- geringer Einsatz von Loch- und Prüfgeräten (= normale Verbundkarten) bzw. Einsatz eines Zeichenlochautomaten (Zeichenlochkarte) - keine Zusatzeinrichtung bei der DV-Anlage	- wie oben - zusätzlich: Einsparung von Loch- und Prüfgeräten, Einsparung von Ur- und Ablochbelegen
c) Synchronverfahren	- dezentrale, synchrone Gewinnung über Büromaschine - soweit nicht Karteikartenverwendung erforderlich, fast nur Nachteile gegenüber synchroner Lochstreifengewinnung - Sicherheit über Maschinenbeleg-Kontrolle	- Kopplung von Büromaschine mit Kartenlocher - keine zusätzlichen Loch- und Prüfgeräte - keine Zusatzeinrichtung bei der DV-Anlage	- wie oben (Normalverfahren), aber keine Prüfgeräte erforderlich - zusätzlich: keine zusätzliche Übertragung Beleg-Lochkarte

Bild 22: Einsatzmerkmale der Datenerfassungsverfahren (1)

EDV-Unternehmens-beratung Futh	EINSATZMERKMALE DER DATENERFASSUNGSVERFAHREN		
Verfahren	**Organisatorische Merkmale**	**Technische Merkmale**	**Wirtschaftliche Merkmale**
2. Lochstreiferverfahren	- dezentrale synchrone Gewinnung über Büromaschine (= Voraussetzung) - gute Transportierbarkeit - Sicherheit über Maschinenbeleg-Kontrolle, keine Lochschriftübersetzung - gut für größere, variable Satzlängen geeignet.	- Kopplung von Büromaschine mit Streifenlocher - Lochstreifenleser an DV-Anlage erforderlich, oder aber vorher Umwandlung Lochstreifen in Lochkarte (sehr zeitaufwendig, nicht allzu hohe Sicherheit)	- Lochstreifen = billiger Datenträger - billiger Streifenlocher - Zusatzeinrichtung an DV-Anlage, aber relativ billig
3. Direkte Datenerfassung auf Magnetband oder Magnetbandkassette	- meist zentrale Gewinnung (wegen besserer Ausnutzung) - Übertragung vom Erfassungsbeleg - einfache Handhabung - konkurriert mit Normallochkarten-Verfahren, aber schneller - gut geeignet für größere, variable Satzlängen	- keine getrennten Erfassungs- und Prüfgeräte - Voraussetzung: DV-Anlage mit Magnetbandgeräten bzw. zusätzlichem Kassettengerät	- Magnetband = billiger Datenträger, da wiederverwendbar - Erfassungsgerät ist 2 bis 3 mal so teuer wie Locher (aber schneller) - Magnetbandgeräte an DV-Anlage (zusätzlich, doch meist sowieso vorhanden)
4. Direkte Beleglesung a) Magnetschriftverfahren	- nur für spezielle Aufgaben bei Banken (Scheckverkehr), Versicherungen u.a. geeignet - Vordruck der festen Daten, zentrale Nachcodierung der variablen Angaben - nur 1 Codierzeile möglich (= geringe Datenzahl)	- Codiergeräte erforderlich - zusätzlicher Belegleser erforderlich (Off-Line = nur Sortieren, On-Line = Eingabe in DV-Anlage)	- setzt größere Belegmengen voraus - Codiergeräte billig - Belegleser relativ teuer - Belege teurer als normale Belege, doch Ausgleich durch Fortfall zusätzlicher Datenträger

Bild 22: Einsatzmerkmale der Datenerfassungsverfahren (2)

EDV-Unternehmensberatung Futh	EINSATZMERKMALE DER DATENERFASSUNGSVERFAHREN		
Verfahren	Organisatorische Merkmale	Technische Merkmale	Wirtschaftliche Merkmale
b) Klarschriftverfahren	- große Belegmengen vorausgesetzt bzw. Teilnahme an Gemeinschaftslösungen (z.B. Postscheckverfahren der BP) - Belege müssen sauber bleiben (sonst Gefahr von Lesefehlern) - begrenzte Anzahl von Zeichen je Beleg - meist nur interessant bei Anwendungen ohne oder mit geringer Nachcodierung	- Aufbringung durch Schnelldrucker oder Spezialschreibmaschinen (Ausnahme: Handschriftenlesung) - Anschluß eines optischen Beleglesers erforderlich	- keine zusätzlichen Datenträger - evtl. zusätzliche Codiermaschinen - sehr teurer Belegleser - Belege sind verhältnismäßig teuer
c) Markierungsverfahren	- dezentrale Belegmarkierung - wegen begrenzter Datenanzahl eingeschränkte Einsatzmöglichkeit - Möglichkeit des Vordruckes fester Daten - visuelle Überprüfung der markierten Angaben erforderlich	- zusätzlicher Markierungsleser (Off-Line oder On-Line) erforderlich	- sehr billig, da keine Loch- und Prüfgeräte - billiger Markierungsleser - Belege billig
5. Beleglose Direkteingabe	- dezentrale Direkteingabe, meist mit Ausgabe (Bildschirm, Schreibmaschine) gekoppelt - meist nur im Zusammenhang mit Real-Time-Verarbeitung und Auskunftserteilung von Interesse, z.B. für Flugplatzbuchung, Kontrollaufgaben und Sofortdisposition	- Terminals (Tastatur, Bildschirmgerät, Schreibmaschine usw.) erforderlich - meist zusätzlicher erheblicher Hardware- und Software-Aufward	- Wirtschaftlichkeit hängt stark vom Einsatzgebiet und dem Hardware- und Software-Aufwand ab

Bild 22: Einsatzmerkmale der Datenerfassungsverfahren (3)

Bevor sich der EDV-Organisator nun mit dem Entwurf von Belegen und Datenträgern beschäftigen kann, muß er zunächst eine Untersuchung durchführen, um folgende Fragen zu klären:

Ist schon ein geeigneter Datenträger vorhanden oder muß ein neuer entworfen werden?

Wo entstehen die Ursprungsdaten?

Welche Datenmengen fallen pro Zeiteinheit höchstens, durchschnittlich und mindestens an?

Welche Zeit steht zwischen Entstehung der Ursprungsdaten und Maschineneingabe zur Verfügung?

Können die Daten bei der Entstehung sofort auf maschinengerechte Datenträger, mindestens jedoch auf ablochgerechte Belege gebracht werden?

Welcher Datenträger eignet sich am besten für die Datenerfassung?

Welche Daten können auf einem gemeinsamen Datenträger zusammengefaßt werden?

Wieviele Daten umfaßt ein Datensatz, und wie muß die Anordnung der Daten aussehen?

Können oder müssen die Daten direkt in die DV-Anlage eingegeben werden?

Gewährleistet der vorgesehenen Datenträger eine schnelle, sichere, einfache und wirtschaftliche Datenerfassung, und eignet er sich gut für einen rationellen Datenfluß?

Sind alle betroffenen Abteilungen bei der Art, dem Inhalt und der Anordnung des Datenträgers berücksichtigt?

Ist die eindeutige Kennzeichnung des Datenträgers und die klare Verschlüsselung des darin enthaltenen Datensatzes sichergestellt?

Ist eine zentrale oder dezentrale Datenerfassung vorgesehen?

Dient der Datenträger nur als maschinell-lesbarer Beleg, oder muß er auch für eine manuelle Kartei verwendbar sein?

Welche Daten sind fest und welche variabel?

Ist eine synchrone Datenträger-Gewinnung möglich?

2.432 Leitsätze für den Belegentwurf

Sind alle Voraussetzungen und Anforderungen an die Datenerfassung geklärt und kennt der EDV-Organisator die Einzelheiten des betreffenden Arbeitsgebietes, so kann er die Belege für die Erfassung der Daten entwerfen. Unter Erfassungsbelege werden alle Belege und Formulare verstanden, die selbst nicht Datenträger sind, jedoch zur Aufnahme der Erfassungsdaten dienen. Von ihnen werden die Daten in Lochkarten, in Lochstreifen oder auf Magnetband übertragen.

Auf welche Einzelheiten muß der EDV-Organisator nun bei der Gestaltung der Erfassungsbelege (oder der Ablochbelege, wie sie in der Praxis meist genannt werden) achten? Grundsätzlich ist jeder Erfassungsbeleg so zu gestalten, daß er einmal leicht, einfach und sicher auszufüllen ist, zum anderen aber für die maschinelle Erfassung bestmöglich geeignet ist. Dies bedeutet, daß die Daten auf dem Beleg mit einem Minimum an Zeit und einem Maximum an Sicherheit in Lochkarten und Lochstreifen oder auf Magnetband übertragen werden müssen.

Im einzelnen sind folgende Punkte beim Entwurf eines Datenerfassungsbeleges zu beachten:

- Es sollen nach Möglichkeit keine Belege verwandt werden, die größer als DIN A 4 sind, weil diese Belege keinen ausreichenden Platz auf dem Ablageplatz des Datenerfassungsgerätes haben
- Die Reihenfolge der zu erfassenden Daten aus dem Belegvordruck soll mit der Reihenfolge des Eintastens bei der Datenerfassung übereinstimmen
- Die zu erfassenden Daten sollen sich von den übrigen Angaben auf dem Beleg deutlich abheben
- Die einzelnen Stellen und Felder auf dem Beleg sollen entsprechend den Feldern im Datenträger numeriert sein
- Um dem Ausfüllenden zu einer deutlichen und sauberen Schreibweise zu erziehen, empfiehlt es sich, auf dem Beleg Stellen-Einteilungen vorzudrucken
- Für die Aufnahme von Dezimalwerten sollte auf dem Beleg auch die Kommastelle vorgedruckt sein, damit der Ausfüllende die Daten stellengerecht einträgt
- Die Kennzeichnung der Karten- und Satzart sollte, soweit sie nicht für eine Belegart veränderlich ist, ebenfalls vorgedruckt sein.

Je klarer, eindeutiger und übersichtlicher ein Erfassungsbeleg aufgebaut ist, umso höher wird die Übertragungsleistung und desto geringer die Fehlerquote sein. Bild 23 zeigt ein Beispiel für die zweckmäßige Gestaltung eines Erfassungsbeleges.

2.433 Leitsätze für den Datenträger-Entwurf

Der heute mit Abstand in der EDV immer noch am meisten verwendete Datenträger ist die Lochkarte, gefolgt vom Magnetband. Aus diesem Grunde soll sich dieser Abschnitt auf den Entwurf von Lochkarten beschränken, während der Satzaufbau beim Magnetband später bei der Datenspeicherung behandelt wird. Die Gestaltung von Belegen für die Direkteingabe (Magnetschrift-, Klarschrift- und Markierungsbelege) hängt mehr vom eingesetzten Eingabegerät ab. Für den Entwurf solcher Belege geben alle Hersteller entsprechende Hinweise heraus.

Jede Lochkarte muß ganz allgemein so gestaltet sein, daß das Ablochen einfach, schnell und sicher erfolgen kann und die Daten später in der EDV-Anlage mit möglichst geringem Aufwand verarbeitet werden können. Um diese Anforderungen zu erfüllen, sind zwei Grundregeln zu beachten:

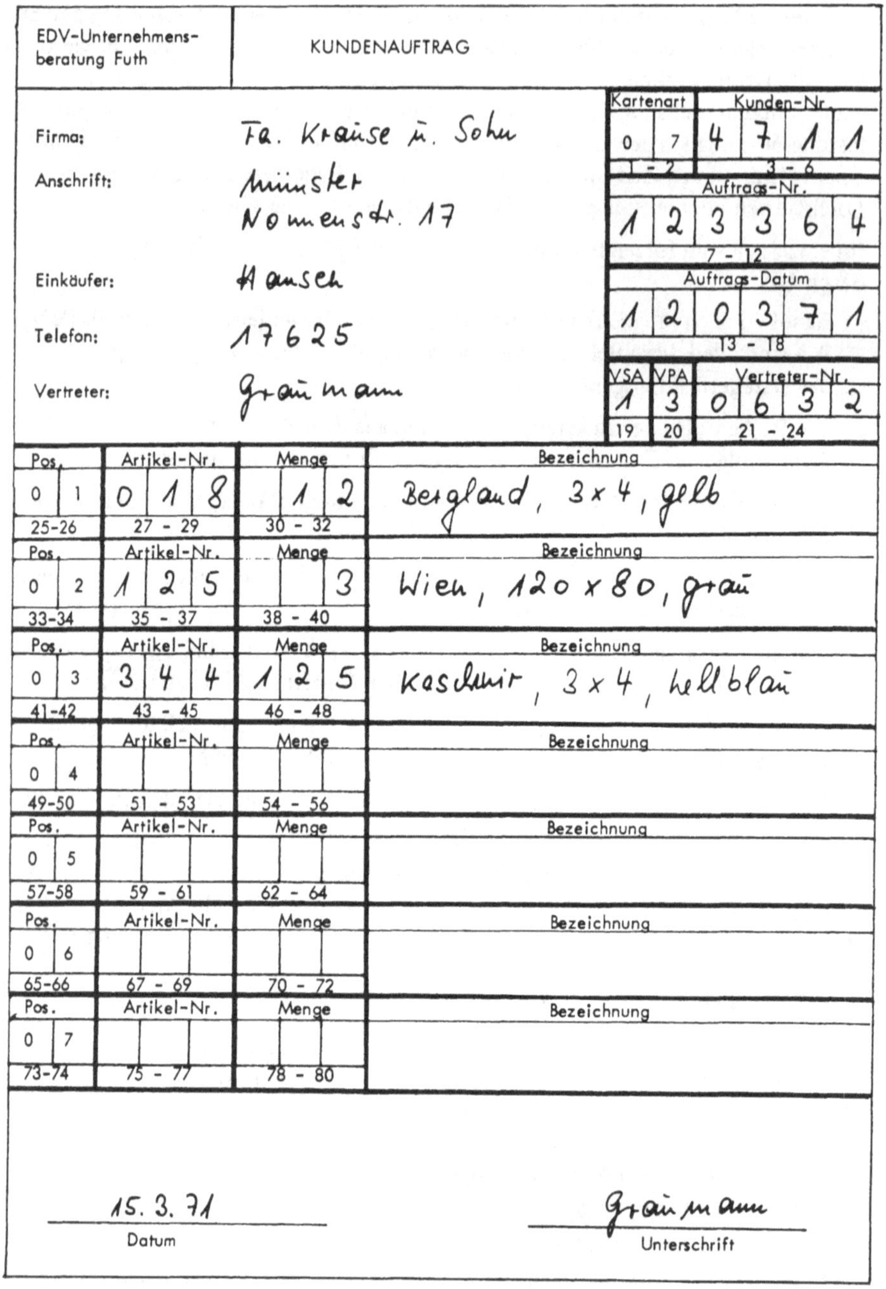

EDV-Unternehmens-beratung Futh

KUNDENAUFTRAG

Firma: Fa. Krause u. Sohn
Anschrift: Münster, Nomensstr. 17
Einkäufer: Hansch
Telefon: 17625
Vertreter: Graumann

Kartenart		Kunden-Nr.			
0	7	4	7	1	1
1 - 2		3 - 6			

Auftrags-Nr.					
1	2	3	3	6	4
7 - 12					

Auftrags-Datum					
1	2	0	3	7	1
13 - 18					

VSA	VPA	Vertreter-Nr.			
1	3	0	6	3	2
19	20	21 - 24			

Pos.	Artikel-Nr.	Menge	Bezeichnung
0 1 (25-26)	0 1 8 (27 - 29)	1 2 (30 - 32)	Bergland, 3 x 4, gelb
0 2 (33-34)	1 2 5 (35 - 37)	3 (38 - 40)	Wien, 120 x 80, grau
0 3 (41-42)	3 4 4 (43 - 45)	1 2 5 (46 - 48)	Kaschmir, 3 x 4, hellblau
0 4 (49-50)	(51 - 53)	(54 - 56)	
0 5 (57-58)	(59 - 61)	(62 - 64)	
0 6 (65-66)	(67 - 69)	(70 - 72)	
0 7 (73-74)	(75 - 77)	(78 - 80)	

15. 3. 71 — Datum

Graumann — Unterschrift

Bild 23: Beispiel eines Erfassungsbeleges

1. Beim Entwurf der Lochkarte sollten die Felder so angeordnet werden, daß die konstanten und teilkonstanten Daten im linken Teil der Lochkarte untergebracht sind, damit sie durch Duplizieren in Folgekarten übernommen werden können; rechts folgen dann die Felder für die variablen Daten, die bei jeder Karte neu einzutasten sind.

2. Gleichartige Daten (Kennzeichnungen, Schlüssel usw.) sollten bei allen unterschiedlichen Kartenarten in den gleichen Feldern untergebracht werden. Diese Maßnahme führt nicht nur zur Vereinfachung bei den Lochkartenentwürfen, sondern bietet auch eine gute Grundlage für die Vereinfachung oder Standardisierung bei der Programmierung von Datenerfassungsgeräten und der DV-Anlage.

Der EDV-Organisator muß sich mit folgenden Merkmalen beim Entwurf von Lochkarten beschäftigen:

Festlegung der Feldlängen

Anordnung der Felder

Bezeichnung der Felder

Anbringung von Sichtmerkmalen

Festlegung der Feldlängen

Sobald mehrstellige Angaben dargestellt werden müssen, faßt der Organisator mehrere Lochspalten zu Lochfeldern zusammen, wobei die Feldlänge abhängig von der Art und Länge der Daten eines Begriffes ist. Die Angaben in der Karte selbst lassen sich in folgende Gruppen unterteilen:

Hinweisdaten (z.B. Belegnummer), die eine direkte Beziehung zwischen Ur- bzw. Ablochbeleg und Datenträger herstellen

Gruppierungsdaten, d.h. Schlüsselmerkmale, die die Grundlage für Gruppenauswertungen darstellen und zugleich Suchmerkmale für die entsprechenden Speicherdaten sind

Rechendaten (Mengen, Zeiten, Beträge usw.), die der eigentlichen Datenbearbeitung dienen.

Die Feldlängen der Hinweis- und Gruppierungsdaten sind abhängig von der notwendigen Kapazität und der Art der Numerierungsmerkmale. Die Feldlängen der Rechendaten müssen so bemessen sein, daß alle auftretenden Höchstwerte darin berücksichtigt sind. Bei Textangaben können folgende Erfahrungswerte benutzt werden:

Personen- und Straßennamen = bis 18 Spalten

Firmen-, Städte- und Ländernamen = bis 20 Spalten

Anordnung der Felder

Bei der Anordnung der Felder auf der Lochkarte unterscheiden wir:

Lochfelder

Schreibfelder

Signierfelder

Druck- und Stempelfelder

Sprungfelder

Duplizierfelder

Felder für die Lochschriftübersetzung

Die Anordnung der Lochfelder sollte möglichst durch den arbeitstechnischen Ablauf bestimmt werden, wofür sich folgende Regeln aufstellen lassen:

Zur Vermeidung von Blicksprüngen sollte die Reihenfolge der Feldanordnung von Ablochbeleg und Lochkarte übereinstimmen

Alle Felder, die in verschiedenen Kartenarten gleich sind, sollten nach Möglichkeit die gleichen Lochspalten umfassen

Werden nicht alle Spalten einer Lochkarte benötigt, so sind die Lochfelder im linken Teil der Lochkarte unterzubringen

Kommen in einer Karte mehrere gleichartige Felder vor (Alphabet-, Sprung- und Duplizierfelder), so legt man sie nach Möglichkeit zusammen, um zusätzliche Tastaturwechsel zu vermeiden

Duplizier- und Sprungfelder sollten nicht aufeinander folgen

In der Regel werden Hinweisdaten links, Gruppierungsdaten in der Mitte und Rechendaten rechts auf der Lochkarte untergebracht

Schreibfelder (bei Verbundkarten) müssen so angebracht sein, daß sie beim Lochen und Prüfen im Blickfeld liegen und nicht durch Lochungen unlesbar werden; wichtige Schreibfelder sollten möglichst abseits der Lochstellen stehen

Die Felder für die Lochschriftübersetzung sind so anzubringen, daß die Beschriftung für eine manuelle Bearbeitung möglichst vorteilhaft untergebracht ist; bei der Festlegung der Schreibfeldgröße ist ferner darauf zu achten, daß bei einigen Lochschriftübersetzern nur max. 60 Zeichen in eine Zeile geschrieben werden können. Alle Hersteller bieten außer den normalen Lochern auch Schreiblocher an, mit denen eine 1 zu 1 Beschriftung während des Lochvorganges vorgenommen werden kann.

Bezeichnung der Felder

Für die Festlegung der Feldbezeichnungen lassen sich folgende Regeln aufstellen:

Lochfeldüberschriften sind im allgemeinen am oberen Kartenrand (zwischen Nullzone und Kartenrand) anzubringen; sind Lochschriftübersetzungen vorgesehen, so wird die Bezeichnung der Lochfelder zweckmäßigerweise am unteren Kartenrand aufgedruckt

Die Feldbezeichnungen sollten mit denen im Erfassungsbeleg übereinstimmen

Bezeichnungen sollten waagerecht aufgebracht und nach Möglichkeit nicht abgekürzt werden

Die Lochfelder sollten zusätzlich numeriert sein und, wenn dies vorgesehen ist, mit der Numerierung auf dem Erfassungsbeleg übereinstimmen.

Anbringung von Sichtmerkmalen

Zur weiteren, visuellen Unterscheidung von Lochkarten sind folgende Hilfen möglich:

Verwendung von Lochkarten mit und ohne Eckenabschnitt

Verwendung von Karten aus farbigem Karton oder mit Farbstreifen

Aufdruck der Kartenbezeichnung

Aufbringung von Stempeldruck.

Die Bilder 24 bis 26 zeigen ein Hilfsformular für den Lochkartenentwurf, ein Lochkartenentwurfsblatt und das Beispiel einer Lochkarte mit Aufdruck. Die vorliegende Lochkarte wird im Beispiel von dem Ablochbeleg "Kundenauftrag" im normalen Loch- und Prüfverfahren gewonnen. Zum Aufbau der Lochkarte kann sich der Organisator des in Bild 24 dargestellten Hilfsformulars für den Lochkartenentwurf bedienen. Hierbei bedeuten die einzelnen Spalten des Formulars:

Feld 1: Daten (Angabe der Begriffe für die einzelnen Lochfelder)

Feld 2: A,N, S (A = alphabetische Angaben, N = numerische Angaben, S = alphanumerische Angaben aufgrund eines Schlüssels)

Feld 3: Anzahl Spalten (Angabe der Spaltenzahl je Lochkartenfeld)

Feld 4: Ablochbeleg (Name des betreffenden Ablochbeleges)

Feld 5: Reihenfolge im Beleg (Angabe der Reihenfolge auf dem abzulochenden Beleg)

Feld 6 und 7: gleiche Angaben in anderen Karten (Angabe, nach Kartenart und Spalten, ob die gleichen Angaben in anderen Kartenarten vorkommen)

Feld 8: Datengruppen H, G, R (H = Hinweisdaten, G = Gruppierungsdaten, R = Rechendaten)

Feld 9: Erfassungsgerät (Angabe des Lochkartenerfassungsgerätes, wie numerischer Locher, Alphalocher, Schreiblocher, Stanzer, Synchronlocher usw.)

Feld 10: Spalten (Angabe der Spalten, in denen die genannten Begriffe gelocht werden)

EDV-Unternehmensberatung Futh	HILFSFORMULAR FÜR LOCHKARTENENTWURF												
Kartenart: Normalkarte							Kartenbezeichnung: Auftragskarte KA 07						
Daten	A N S	Anzahl Spalten	Ablochbeleg	Reihenfolge im Beleg	Gleiche Angaben in anderen Karten: Kartenart	Gleiche Angaben in anderen Karten: Spalten	Datengruppen H, G, R	Erfassungsgerät	Spalten	Schreibfelder	Stellen V S	Stellen LSÜ	Zeilen LSÜ
1	2	3	4	5	6	7	8	9	10	11	12	13	14
Kartenart	N	2	Kundenauftrag	1	-	-	G	Numerischer Locher	1 - 2	LSÜ	-	1 - 2	1
Kunden-Nr.	N	4	Kundenauftrag	2	02	3 - 6	G	Numerischer Locher	3 - 6	LSÜ	-	3 - 6	1
Auftrags-Nr.	N	6	Kundenauftrag	3	-	-	H	Numerischer Locher	7 - 12	LSÜ	-	7 - 12	1
Auftrags-Datum	N	6	Kundenauftrag	4	-	-	H	Numerischer Locher	13 - 18	LSÜ	-	13 - 18	1
Versandart	S	1	Kundenauftrag	5	-	-	H	Numerischer Locher	19	LSÜ	-	19	1
Verpackungsart	S	1	Kundenauftrag	6	-	-	H	Numerischer Locher	20	LSÜ	-	20	1
Vertreter-Nr.	N	4	Kundenauftrag	7	-	-	G	Numerischer Locher	21 - 24	LSÜ	-	21 - 24	1
Positions-Nr.	N	2	Kundenauftrag	8	-	-	G	Numerischer Locher	25 - 26	-	-	-	-
Artikel-Nr.	N	3	Kundenauftrag	9	-	-	G	Numerischer Locher	27 - 29	-	-	-	-
Menge	N	3	Kundenauftrag	10	-	-	R	Numerischer Locher	30 - 32	-	-	-	-
(6 Wiederholungen von Positions-Nr., Artikelnr. und Menge bis Spalte 80)													

Bild 24: Hilfsformular für den Lochkartenentwurf

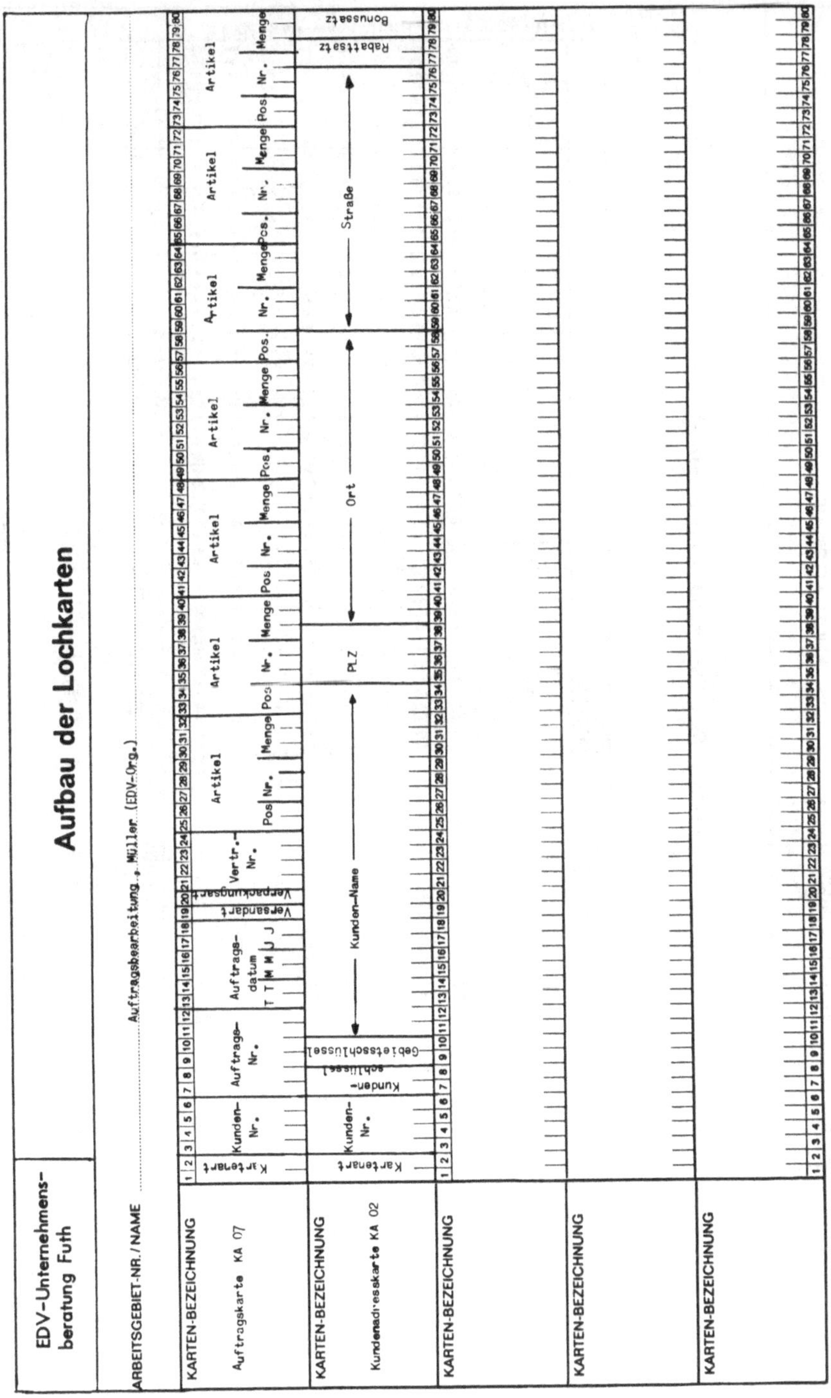

Bild 25: Lochkartenentwurfsblatt

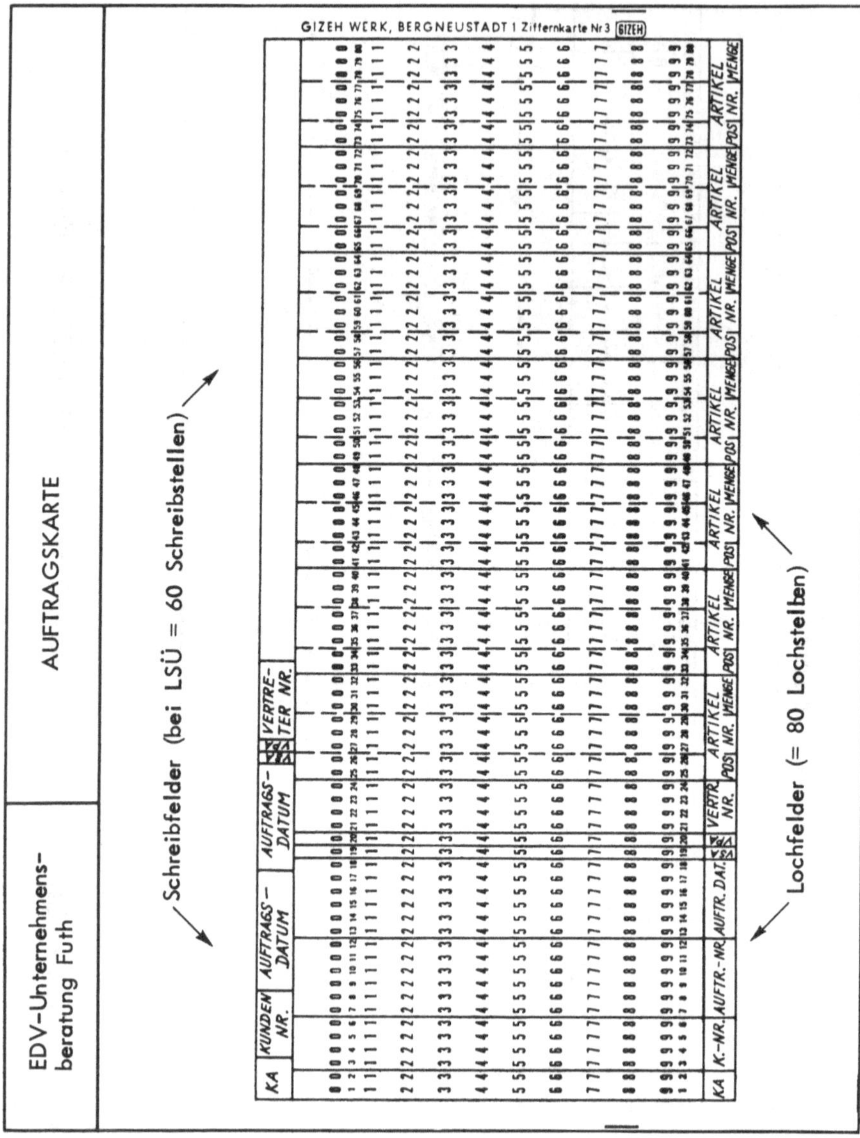

Bild 26: Beispiel einer Lochkarte

Feld 11: Schreibfelder (Angabe der Begriffe, die durch Schreiblocher oder Lochschriftübersetzer in Klarschrift übersetzt werden)

Feld 12: Stellen V, S (V = Schreibfeld für Verbundkarten, S = Signierfeld)

Feld 13: Stellen LSÜ (Angabe der LSÜ-Schreibstellen, wobei zu beachten ist, daß bei den meisten Lochschriftübersetzern den 80 Lochspalten nur 60 Schreibstellen gegenüberstehen)

Feld 14: Zeilen LSÜ (Angabe, in welche Schreibzeilen die Lochschriftübersetzung erfolgen soll.

In Bild 25 ist neben dem, aus dem Hilfsformular in Bild 24 entwickelten, Aufbau der Auftragskarte (Kartenart 07) auch der Aufbau der für die Auftragsbearbeitung benötigten Kundenadresskarte (Kartenart 02) dargestellt. Bild 26 zeigt schließlich den Vordruck der beschriebenen Auftragskarte. Soweit eine Lochkarte mit Hilfe eines Lochschriftübersetzers beschriftet werden soll, ist es ratsam, den Aufdruck für die Lochfelder am unteren Rand der Lochkarte und den Aufdruck für die Schreibfelder am oberen Rand der Karte aufzubringen. Die Unterscheidung von Loch- und Schreibfeldern bei der Lochschriftübersetzung ist deshalb erforderlich, weil die meisten Lochschriftübersetzer gegenüber den 80 Lochspalten nur 60 Schreibstellen besitzen. Der Grund hierfür liegt darin, daß die Schriftzeichen für eine manuelle Bearbeitung der Karten eine gewisse Größe haben müssen und zum anderen selten (wie im vorliegenden Beispiel) die Lochschriftübersetzung aller gelochten Angaben erforderlich ist. Sollte dies jedoch der Fall sein, so können alle 80 Lochstellen in zwei Schreibzeilen übersetzt werden, wozu jedoch zwei Durchläufe auf dem Lochschriftübersetzer erforderlich sind.

2.44 *Datenausgabe*

2.441 Verfahren der Datenausgabe

Bevor sich der EDV-Organisator mit dem Fragenkomplex der Formulargestaltung und des Druckbildes beschäftigen kann, muß er sich mit den Grundlagen und Verfahren der Datenausgabe bei EDV-Anlagen befassen. Aufgrund einer Analyse der Datenausgabe muß er zunächst prüfen und entscheiden, ob die beim maschinellen Verarbeitungsprozess anfallenden Ergebnisse später maschinell weiterverarbeitet werden (= Datenspeicherung) oder der Kommunikation Maschine-Mensch (= Datenausgabe) dienen sollen.

Während es sich im ersten Fall um die Ausgabe von Verarbeitungsergebnissen auf Datenträger (Lochkarte, Lochstreifen) und Datenspeicher (Magnetband, Magnettrommel, Magnetplatte, Magnetkarte und -streifen) handelt, die Gegenstand der Datenspeicherung sind, haben wir es im zweiten Fall mit der Ausgabe von Daten und Nachrichten an den Menschen zu tun.

Obwohl heute noch die Mehrzahl aller Daten und Informationen über Formulare und Listen ausgegeben wird, darf der Organisator nicht auf die Prüfung der Einsatzmöglichkeiten von optischen (Bildschirm-) und akustischen (Telefon-) Ausgabegeräten verzichten. Fast alle EDV-Anlagen von mittlerer Größe an besitzen die Möglichkeit des Anschlußes akustischer, insbesondere aber optischer, Ausgabegeräte.

Die Tabelle in Bild 27 zeigt die organisatorischen, technischen und wirtschaftlichen Einsatzmerkmale aller bekannten Datenausgabeverfahren. Während bei der Ausgabe für eine spätere maschinelle Wiederverarbeitung nach Ausgabe in Lochkarten und Lochstreifen (über Stanzgeräte), Drucken von direkt lesbaren Belegen und Datenspeicherung (auf alle externen Datenspeicher) unterschieden wird, muß die Datenausgabe zur Kommunikation Maschine-Mensch nach der visullen, der akustischen und der Druckausgabe getrennt werden. Wegen der bisher noch verhältnismäßig geringen Anwendung von Ausgabe-Telefonen und -Bildschirmgeräten, wollen wir uns auf die diesbezüglichen Hinweise in der genannten Tabelle beschränken und uns im nachfolgenden mit allen Einzelheiten der Datenausgabe über Schnelldrucker befassen.

2.442 Fragen der Formulargestaltung

Die hohe Geschwindigkeit der Schnelldrucker (zwischen 20.000 und 120.000 Zeilen je Stunde), ihre große Zeilenbreite (zwischen 120 und 150 Druckstellen) und die freie Programmierbarkeit der Druckausgabe gestatten dem Organisator eine bestmögliche Anpassung von Formular- und Zeichenanordnung an die jeweilige Verwendung. Da Schnelldrucker aber trotz ihrer hohen Geschwindigkeit zu den langsamsten Einheiten einer DV-Anlage gehören, muß der Organisator danach trachten, durch eine zweckmäßige Formulargestaltung Druck- und Rüstzeiten zu senken. Die gute Übersichtlichkeit des Formulars, die zweckmäßige Anordnung des Drucks und die wirtschaftliche Gewinnung der Formulare und Listen bilden deshalb die Grundprinzipien jeder Formulargestaltung.

Welche Einzelheiten hat der Organisator nun bei der Gestaltung von Formularen zu beachten? Ausgehend von den vorgesehenen Ausgabedaten und dem Zweck der Formularverwendung muß er zuerst festlegen, ob ein Vordruck verwendet werden muß oder aber ob Blankopapier genügt. Für die Entscheidung zugunsten eines Formular-Vordruckes gibt es drei Gründe:

1. Der Vordruck ist gesetzlich oder rechtlich vorgeschrieben (Steuererklärungen, statistische Berichte, Mahnungen usw.)

2. Der Vordruck entspricht dem üblichen externen Geschäftsverkehr (Rechnungen, Lieferscheine, Zahlkarten, Lohnabrechnungen, Kontoauszüge usw.)

3. Der Vordruck wird aus wirtschaftlichen Gründen gewählt (bessere Übersichtlichkeit, spätere Verwendung als Ablochbeleg, Notwendigkeit zusätzlicher Hinweistexte usw.)

EDV-Unternehmensberatung Futh	EINSATZMERKMALE DER DATENAUSGABEVERFAHREN		
Verfahren	**Organisatorische Merkmale**	**Technische Merkmale**	**Wirtschaftliche Merkmale**
1. Ausgabe auf Datenträger und -speicher			
1.1 Stanzen von Lochkarten und -streifen	Lochkartenausgabe, wenn eingesetzte DV-Anlage ohne externe Speicher oder die Lochkarten als Kartei dienen. Lochstreifenausgabe in der Regel nur für die Steuerung von anderen Geräten und Maschinen.	- Lochkartenstanzgerät (Ø 6.000 bis 20.000 Karten/Stunde) - Lochstreifenstanzgerat (Ø 50 bis 150 Zeichen/Sekunde)	im Vergleich zu externen Speichern = unwirtschaftliche Datenspeicherung
1.2 Drucken von direkt lesbaren Belegen	Einsatz nur im Zusammenhang mit magnetischer oder optischer Beleglesung	Schnelldrucker müssen mit (ggfs. auswechselbaren) Zeichenträgern für magnetischen oder optischen Sonderzeichendruck ausgerüstet sein	Die Wirtschaftlichkeit hängt allein vom Einsatz der Verfahren der direkten Beleglesung ab
1.3 Datenspeicherung	siehe Abschnitt "Datenspeicherung"	siehe Abschnitt "Datenspeicherung"	siehe Abschnitt "Datenspeicherung"

Bild 27: Einsatzmerkmale der Datenausgabeverfahren (1)

EDV-Unternehmens-beratung Futh	EINSATZMERKMALE DER DATENAUSGABEVERFAHREN		
Verfahren	**Organisatorische Merkmale**	**Technische Merkmale**	**Wirtschaftliche Merkmale**
2. Datenausgabe zur Kommunikation Maschine-Mensch			
2.1 Visuelle Datenausgabe	- Ausgabe von Einzeldaten und -informationen über Bildschirmgerät, meist mit Eingabe verbunden - keine Vorlage eines schriftlichen Beleges - hauptsächliche Ausgabe von Informationen zur Steuerung und Disposition oder zur Kontrolle von Daten bei der manuellen Eingabe	Bildschirmgerät, meist mit Eingabetastatur verbunden; Datenfernübertragung	als Ausgabegerät in der Regel nur dort wirtschaftlich einsetzbar, wo unmittelbare Auskunft und Reaktion erforderlich oder sinnvoll
2.2 Akustische Datenausgabe	Ausgabe nur ganz weniger Einzeldaten über Telefongerät; seltener als Bildschirmgerät	Telefon mit Anschlußgerät für Datenfernübertragung; nur an wenige DV-Anlagen anschließbar	wie visuelle Datenausgabe
2.3 Druckausgabe	- Ausgabe von Einzeldaten (über Schreibmaschine) oder Massendaten (über Schnelldrucker) - Hauptanwendungsfall der Datenausgabe für die Kommunikation Maschine-Mensch - Verwendung von Endlos-Vordrucken oder Blankopapier	Anschluß von Schreibmaschine (Ø 15 - 25 Zeichen/Sekunde) oder Schnelldrucker (Ø 24.000 bis 120.000 Zeilen/Stunde); beide Geräte ohne oder mit Datenfernübertragung; Schreibmaschine gleichzeitig als Eingabegerät verwendbar	verhältnismäßig billige Geräte für die Ausgabe gedruckter Einzel- und Massendaten

Bild 27: Einsatzmerkmale der Datenausgabeverfahren (2)

Die Berücksichtigung dieser drei genannten Gründe bedeutet umgekehrt, daß sich der Organisator immer dann für Blankopapier entscheiden sollte, wenn nicht rechtliche und verkehrsübliche Gründe oder eine technisch-wirtschaftliche Rechtfertigung zur Verwendung von Vordrucken vorliegen. Die Verwendung von Blankodruckpapier bedeutet jedoch im allgemeinen eine Erhöhung der Druckzeit, weil Überschriften und Hinweistexte sowie horizontale und vertikale Abgrenzungen mitgedruckt werden müssen. Auf der anderen Seite können, vor allem bei geringer Formularanzahl je Druckgang, erhebliche Rüstzeiten gespart werden, weil der Drukker nicht bei jedem Formularwechsel umgerüstet werden muß. Aus den genannten Gründen wird man vor allem bei innerbetrieblicher Verwendung, soweit nicht die Übersichtlichkeit darunter leidet und nicht allzu viele Texthinweise notwendig sind, zu Blankopapier greifen, um Vordruck-Kosten sowie wertvolle Computerzeit (für das Umrüsten) zu sparen. Muß der Aufbau eines Formulars irgendwann geändert werden, so ist auch hier die Verwendung von Blankopapier von Vorteil. Die gegenüber dem Vordruck schlechtere Übersicht beim Blankopapier kann dadurch verbessert werden, daß man den Druck etwas großzügiger anordnet und zusätzliche Zeilen- und Formularbegrenzungen vorsieht.

Doch auch bei Vordrucken lassen sich die Zeiten für das Umrüsten von einem Formular auf das nächste reduzieren, indem man den Vordruck so gestaltet, daß mehrere, ähnliche Zwecke mit dem gleichen Vordruck erfüllt werden. Die Zusammenfassung von Rechnung und Lieferschein auf einem Vordruck oder ein gleicher Beleg für Normal- und Stornobuchungen sind Beispiele hierfür. Die unterschiedliche Bezeichnung des Beleges ist dann entweder vorgedruckt (und wird durch die DV-Anlage entsprechend gestrichen) oder aber wird durch den Computer selbst eingesetzt.

Als nächstes hat der Organisator das Formular-Format zu wählen. Hierbei sollte er immer versuchen, ein Format so festzulegen, daß

DIN-Größen verwendet werden

die Formate verschiedener Belege für geschlossene Ablagen zusammenpassen (Beispiel: Auftragsbestätigung, Lieferschein und Rechnungen für die Kundenakte)

Belege für den Versand in genormten Versandtaschen ohne zusätzlichen Aufwand untergebracht werden können.

Schließlich muß der Organisator in Zusammenarbeit mit den betreffenden Fachabteilungen festlegen, wieviele Kopien zu drucken sind. Die Frage der Kopienanzahl ist meist ein sehr lästiges Problem bei der Formulargestaltung, weil einerseits Schnelldrucker nur eine begrenzte Anzahl gebrauchsfähiger Durchschläge (durchschnittlich zwischen 3 und 5) liefern und auf der anderen Seite noch immer das alte System besteht, wonach möglichst jeder Interessierte eine eigene Kopie erhält. Hier sollte eine Wandlung an der Wurzel beginnen, zumal DV-Anlagen weitaus bessere und wirtschaftlichere Möglichkeiten einer ersatzweisen, notwendigen Information bieten. Zum anderen würde es in vielen Fällen genügen, wenn mehrere Mitarbeiter oder Abteilungen Zugriff zu einer Zentralablage hätten und deshalb nicht eigene Kopien benötigten. Der Organisator sollte aus diesem Grunde immer erst einmal prüfen, ob nicht ganz oder wenigstens teilweise auf mehrere Kopien verzichtet werden kann. Abgesehen von den erhöhten Formularkosten und den Arbeitskosten für das Trennen der Kopien, fallen in den Fachabteilungen weitere Kosten durch die Ablage und das Verwalten zusätzlicher Exemplare an.

Natürlich gibt es echte Gründe dafür, daß in vielen Fällen auf Kopien nicht verzichtet werden kann. Hier ist zunächst die Anzahl der Kopien festzulegen, wobei auf technische und wirtschaftliche Tatbestände möglichst Rücksicht genommen werden sollte. Diese Tatbestände liegen vor allem

in der Formularherstellung (Art des Kopierverfahrens: Kohle- oder chemischgetränktes Papier; Festigkeit des Formularsatzes: Wahl der Formularheftung; Wahl der preisgünstigsten Formathöhen und -breiten)

in der günstigsten Gewinnung auf der DV-Anlage

in kostengünstiger Separierung des Kohlepapiers und Kopientrennung.

Die Zeilenbreite von durchschnittlich 132 bis zu 150 Zeichen vieler Schnelldrukker ermöglicht die Herstellung zusätzlicher Kopien durch Paralleldruck. Hierbei wird der gleiche Text ohne Zeitverlust zweimal nebeneinandergedruckt, wenn die genannte Druckbreite für die Herstellung zweier Parallelformulare ausreicht. Eine gleiche oder zusätzliche Wirkung ist auch durch Wiederholungsdruck zu erzielen, bei dem der gleiche Inhalt zweimal nacheinander gedruckt wird. Dies gilt vor allem für den Fall, daß die Formularbreite für einen Paralleldruck nicht ausreicht. In diesem Zusammenhang sei darauf verwiesen, daß eine Reihe von Schnelldrukkern mit geteilter Papierbahn und zweifachem Papiervorschub ausgestattet werden kann, wodurch die gleichzeitige Beschriftung verschiedener Formulargrößen in einem Druckgang möglich ist. Genügt die Kopienanzahl im Parallel- oder Nacheinanderdruck noch immer nicht für die Anzahl der benötigten Exemplare, so kann man mit jedem Schnelldrucker auch kopier- oder druckfähige Originale beschriften, von denen dann mit Hilfe einer der gebräuchlichen Vervielfältigungsgeräte oder Druckmaschinen die gewünschte Anzahl von Kopien hergestellt werden kann. Bei allem Streben nach Wirtschaftlichkeit sollte der Organisator aber nicht soweit gehen, die Anzahl der Maschinendurchschläge bis zur Fast-Unleserlichkeit heraufzusetzen. Die Hersteller von DV-Anlagen lassen zwar meist zwischen 6 und 8 Durchschläge zu, was jedoch in den meisten Fällen bei mehr als 3 bis 4 Kopien zu Unübersichtlichkeit, Rückfragen und Lesefehlern bei den letzten Kopien führen kann.

2.443 Leitsätze für den Druckbildentwurf

Ganz gleich, ob es sich um einen Vordruck oder um Blankopapier handelt, immer muß der Organisator das Druckbild zunächst auf einem Formular-Entwurfsblatt darstellen, wie es in den Bildern 28 und 29 gezeigt wird. Ein solches Entwurfsblatt dient einmal zur Festlegung der Druckstellen und -zeilen als Bestandteil der Programmvorgabe, zum anderen – im Falle des Formular-Vordrucks – als Unterlage für die Vordruckherstellung.

Bei Entwurf eines Druckbildes geht der Organisator nun so vor, daß er zunächst die – im vorhergehenden Abschnitt behandelten – Fragen

des Formats

der Kopienanzahl und

der Ausführung (Vordruck oder Blankopapier)

festlegt, wobei er natürlich die Technik des eingesetzten Druckers, insbesondere aber die Zeilenbreite, berücksichtigen muß. Als nächstes teilt er den zu druckenden Text ein nach

Überschriftszeilen

Kopfzeilen

Postenzeilen

Zwischensummenzeilen

Gesamtzeilen

Übertragszeilen und

Fußzeilen.

Erst nach diesen Vorbereitungsarbeiten entwirft er das Druckbild, wobei er das Format am einfachsten abgrenzt, indem er beispielsweise ein Blatt DIN A 4 auf das Formular-Entwurfsblatt legt, wie in den Bildern 28 und 29 gezeigt. Als nächstes werden dann die beschriebenen Zeilenarten auf dem Entwurfsblatt so angeordnet, daß der verfügbare Raum übersichtlich aufgeteilt wird.

Sollen in den einzelnen Zeilen konstante Werte (wie beispielsweise Überschrifts- und Kopfzeilen) erscheinen, so sind diese in der entsprechenden Form einzutragen. Numerische Werte werden dagegen durch eine oder mehrere Neunen dargestellt, zum Beispiel 9999,99. Die Anzahl der Neunen stellt zugleich den höchsten Wert dar, der in diesem Feld erscheinen kann. Alphabetische Felder sind durch A zu kennzeichnen: z.B. AAAA.

Vorzeichen sind folgendermaßen anzugeben (falls sie gedruckt werden sollen):

Beispiele	Vorzeichen:	links oder	rechts
+ oder –		± 999,99	999,99 ±
nur + (leer wenn minus und Null)		+ 999,99	999,99 +
nur – (leer wenn plus und Null)		– 999,99	999,99 –

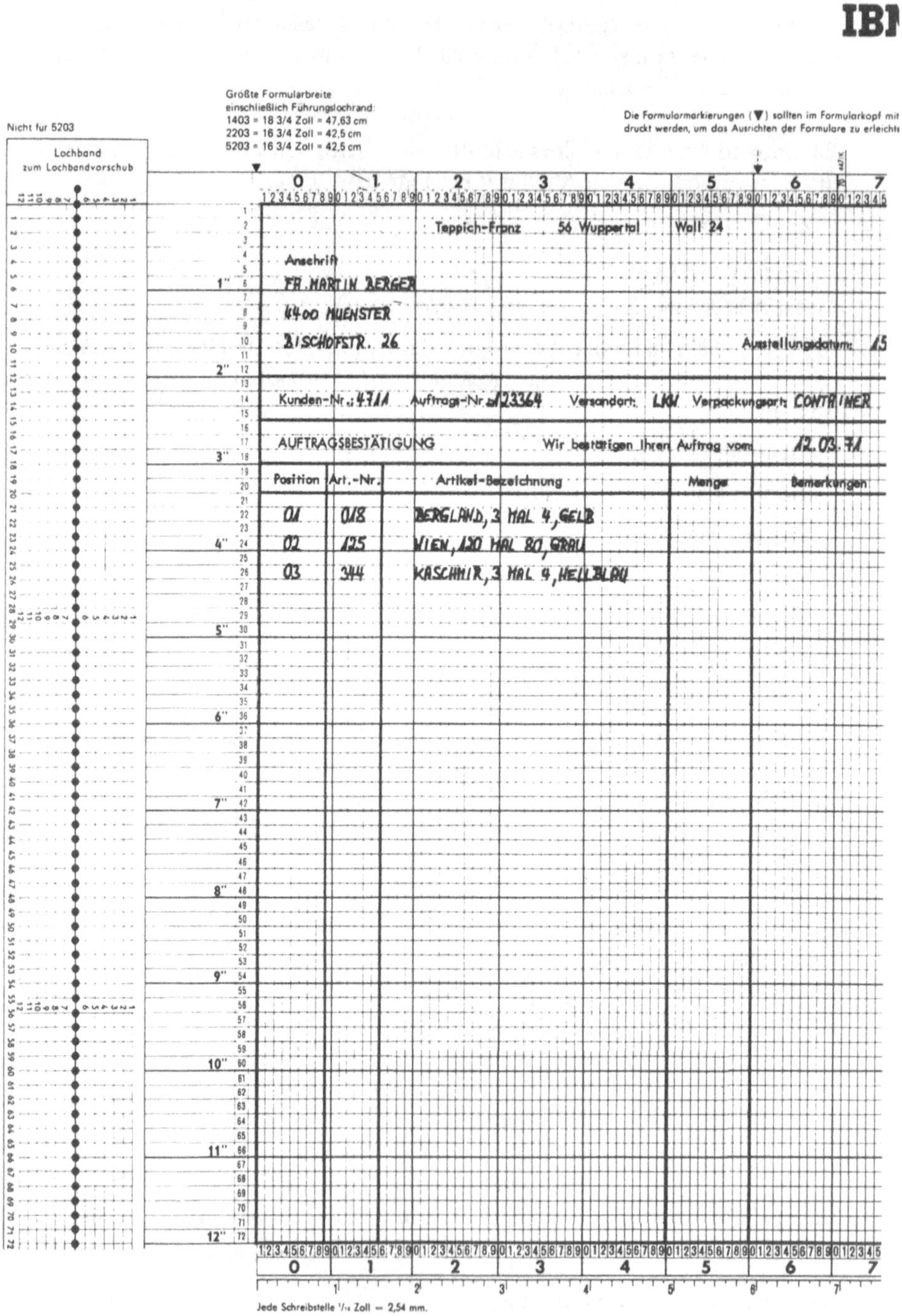

Bild 28: Druckbild-Entwurf mit Vordruck und Beispiel

IBM Drucker
Formular-Entwurfsblatt

IBM Form 76 057-3

Vermerk für den Drucker: Diese Vorlage wurde maßhaltig gedruckt; durch Witterungseinflüsse können jedoch Veränderungen eingetreten sein. Alle Abmessungen sind daher nicht der Zeichnung zu entnehmen, sondern aus den eingezeichneten Maßen zu errechnen.

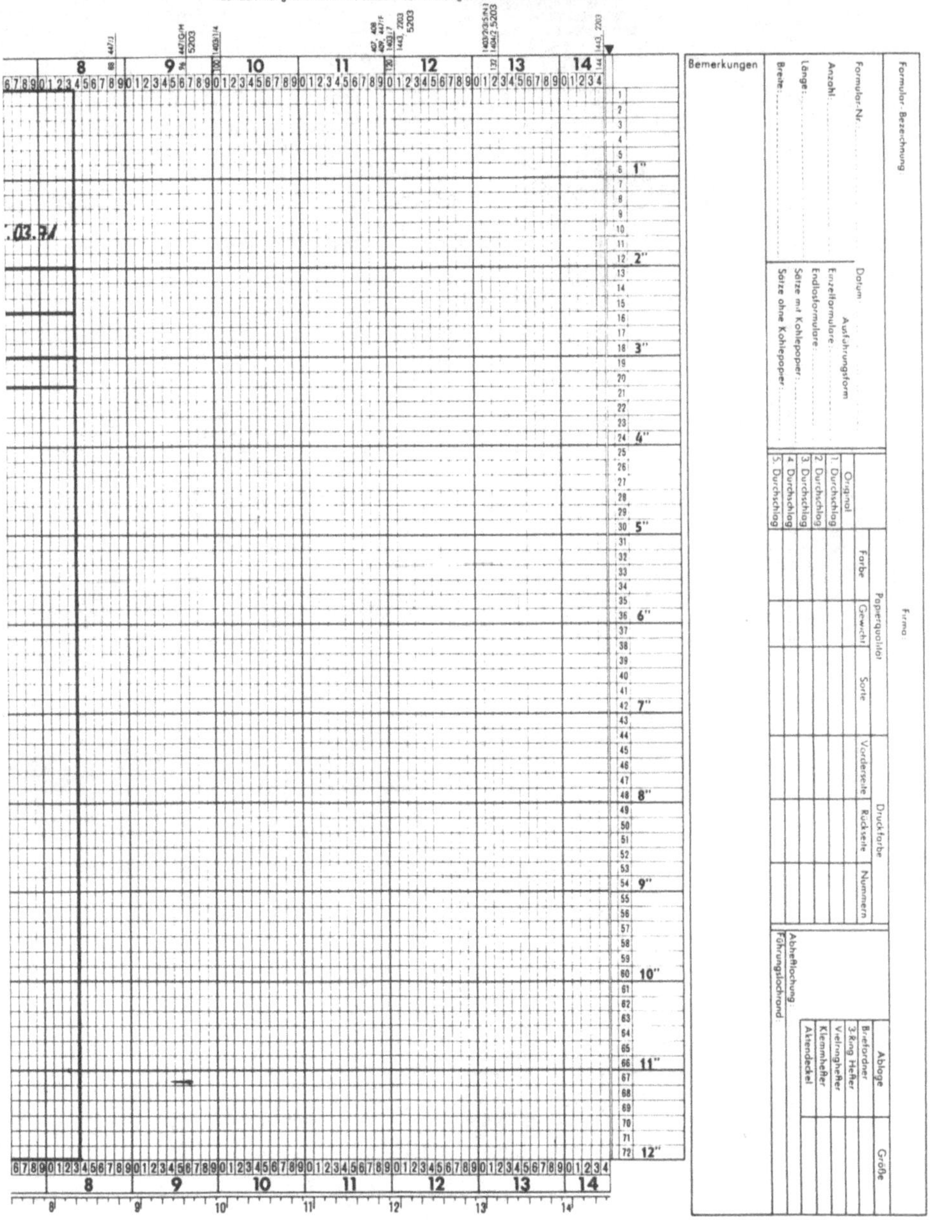

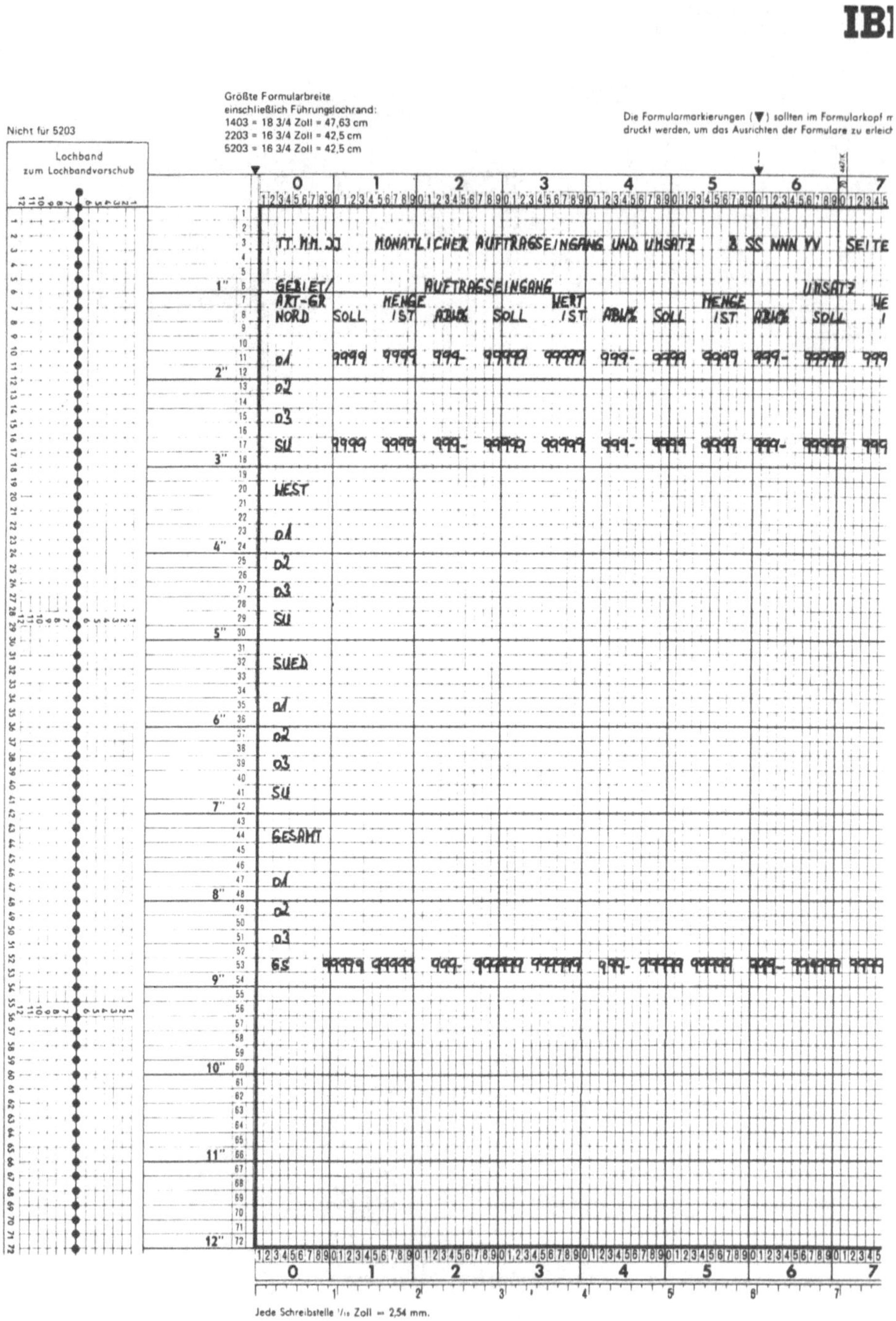

Bild 29: Beispiel eines Druckbild-Entwurfs für Blankopapier

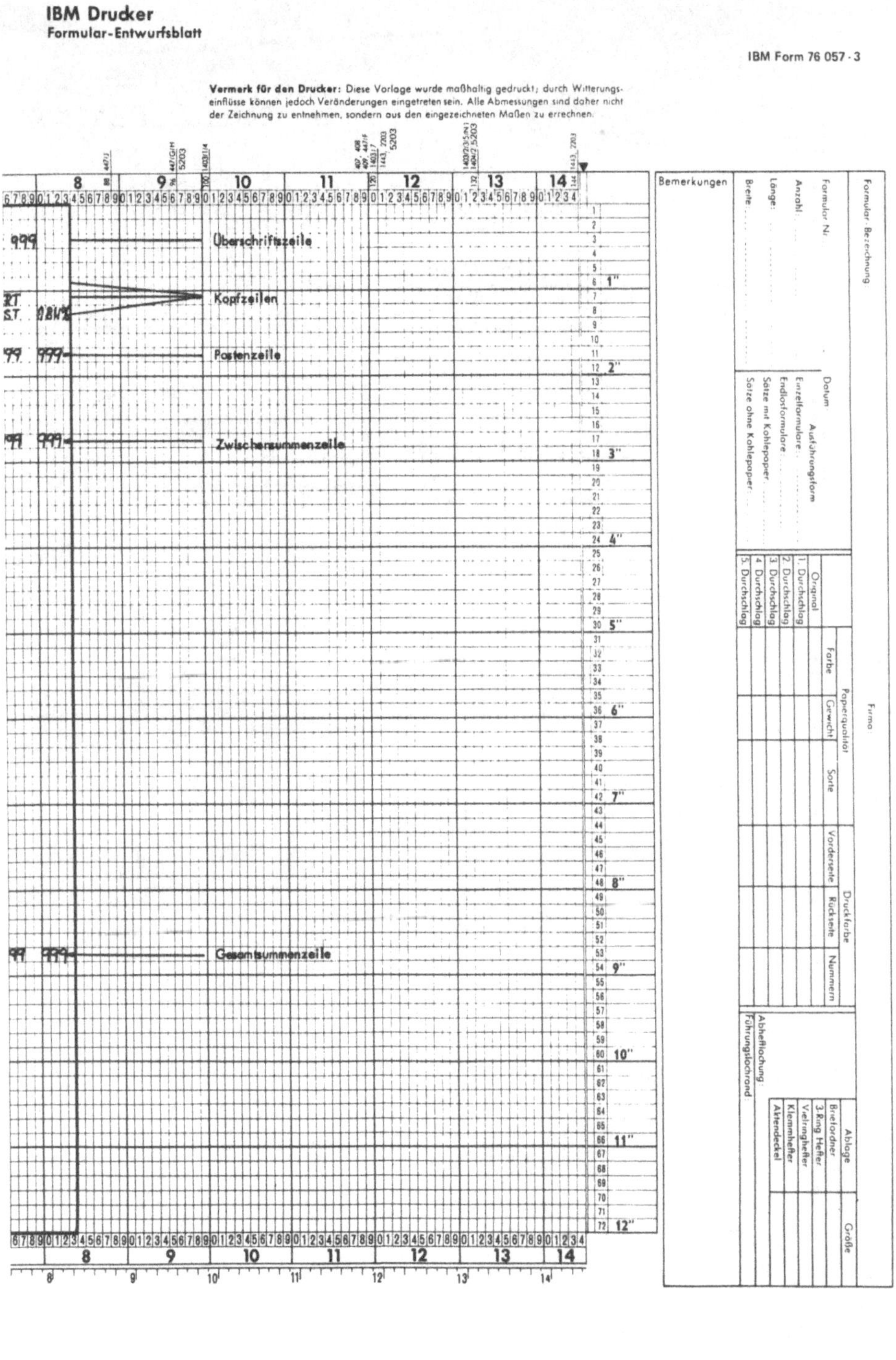
IBM Drucker
Formular-Entwurfsblatt
IBM Form 76 057-3
Vermerk für den Drucker: Diese Vorlage wurde maßhaltig gedruckt; durch Witterungseinflüsse können jedoch Veränderungen eingetreten sein. Alle Abmessungen sind daher nicht der Zeichnung zu entnehmen, sondern aus den eingezeichneten Maßen zu errechnen.
Überschriftszeile
Kopfzeilen
Postenzeile
Zwischensummenzeile
Gesamtsummenzeile
Bemerkungen
Formular-Bezeichnung
Formular Nr.
Anzahl
Länge
Breite
Datum
Ausführungsform
Einzelformulare
Endlosformulare
Sätze mit Kohlepapier
Sätze ohne Kohlepapier
Original
1. Durchschlag
2. Durchschlag
3. Durchschlag
4. Durchschlag
5. Durchschlag
Papierqualität
Farbe
Gewicht
Sorte
Firma
Druckfarbe
Vorderseite
Rückseite
Nummern
Abheftlochung
Führungslochrand
Ablage
Briefordner
3-Ring Hefter
Vielringhefter
Klemmhefter
Aktendeckel
Größe

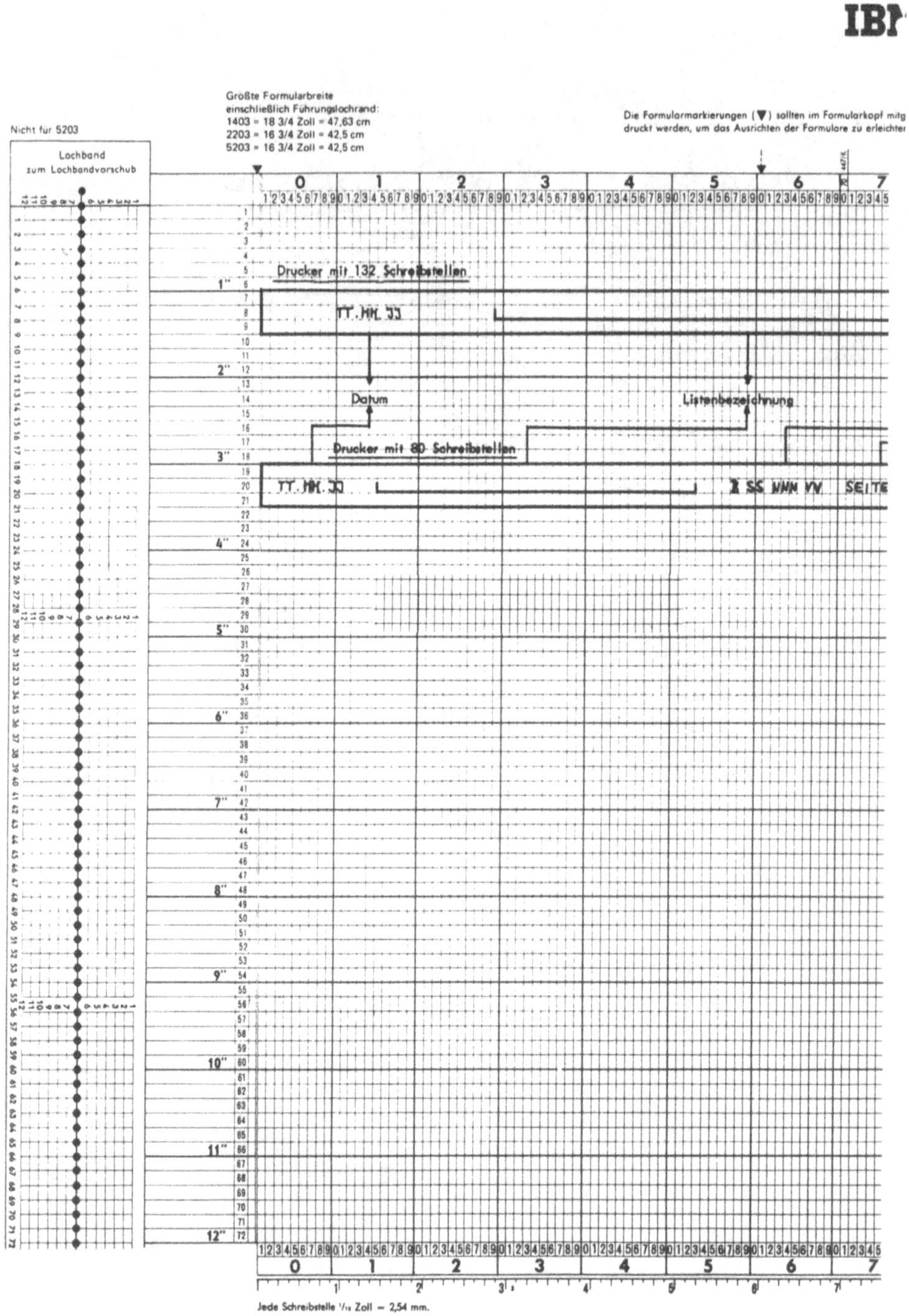

Bild 30: Standardisierte Überschriftszeilen

IBM Drucker
Formular-Entwurfsblatt

IBM Form 76 057-3

Vermerk für den Drucker: Diese Vorlage wurde maßhaltig gedruckt; durch Witterungseinflüsse können jedoch Veränderungen eingetreten sein. Alle Abmessungen sind daher nicht der Zeichnung zu entnehmen, sondern aus den eingezeichneten Maßen zu errechnen.

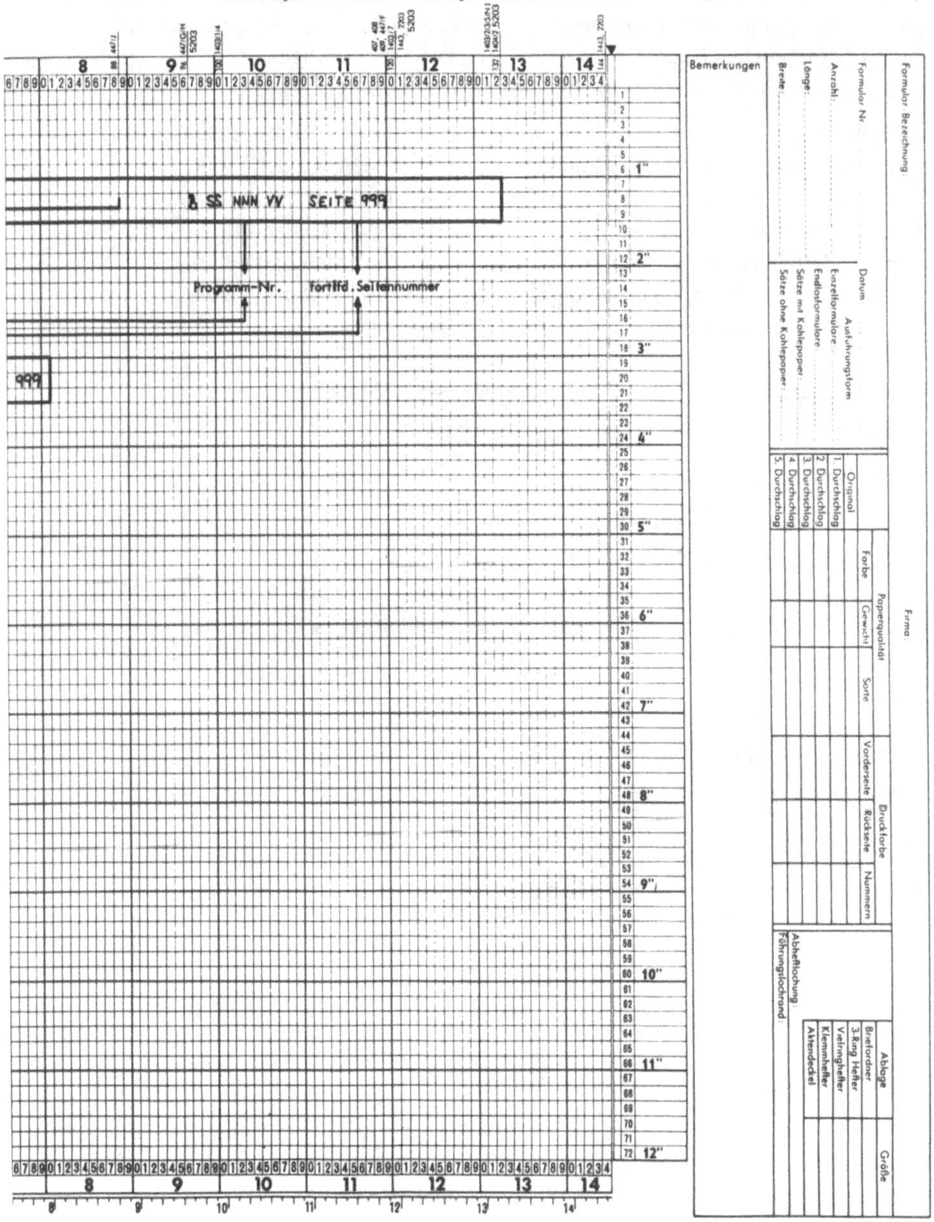

Die Entwürfe der Druckausgabe sollten mit den Empfängern der Berichte und Listen besprochen, korrigiert und ggfs. abgeändert werden. Auf diese Weise wird der Empfänger als Mitverantwortlicher ständig mit dem EDV-Problem vertraut gemacht. Da das Druckformular-Entwurfsblatt Bestandteil der Programmvorgabe ist, muß der Organisator sämtliche Angaben stellengerecht eintragen und hierbei auch die höchstmögliche Größe der einzelnen Felder berücksichtigen. Bild 28 zeigt das Beispiel eines Formular-Entwurfsblattes mit vorgesehenem Vordruck.

Im Hinblick auf die zunehmende Verwendung von Listendruck auf Blankopapier sollte der Aufbau solcher Listen unbedingt standardisiert werden. So kann man beispielsweise festlegen, daß die erste Zeile jeweils auf die dritte Papierzeile gedruckt wird. Während die vierte und fünfte Zeile für den Abstand freibleiben, beginnt ab Zeile sechs die eigentliche Liste mit den Kopfzeilen und den nachfolgenden Postenzeilen. Nachfolgend bringen wir ein Beispiel für die Standardisierung der Überschriftszeilen bei DIN A3- und DIN A4- Papier.

Überschriftszeile bei DIN A3-Tabellierpapier (= 132 Stellen)

Sp. 10 – 17 Datum in der Form TT.MM.JJ

Sp. 29 – 88 Listenbezeichnung

Sp. 97 – 107 Programm-Nr.

Sp. 111 – 119 "SEITE xxx" xxx = fortlfd. Seiten-Nr.

Überschriftszeile bei DIN A4-Tabellierpapier (= 80 Stellen)

Sp. 3 – 10 Datum

Sp. 15 – 52 Listenbezeichnung

Sp. 57 – 67 Programm-Nr.

Sp. 71 – 80 "SEITE xxx"

Bild 29 zeigt das Beispiel eines Druckbild-Entwurfs für Blankopapier, und in Bild 30 ist die Standardisierung von Überschriftszeilen bei Blankopapier für die Formate DIN A3 und DIN A4 dargestellt.

2.45 *Datenspeicherung*

2.451 Dateibeschreibung und Satzaufbau

Jedes Mittel, das Daten in einer für DV-Anlagen lesbaren Form aufnehmen und wiedergeben kann, wird nicht nur als Datenträger, sondern gleichzeitig auch als Datenspeicher bezeichnet. Während jedoch Lochkarte und Lochstreifen als die hauptsächlichen Datenträger mehr zur Übertragung von primären Eingabedaten dienen, sind Magnetband- (zusätzlich zu seiner Funktion als Eingabedatenträger),

EDV-Unternehmens-beratung Futh	ÜBERSICHT EXTERNE SPEICHER				
Speichermittel	Kapazität Bytes je Mittel	Zugriffsart	mittlere Zugriffszeit	Lesen/Schreiben Bytes je Sekunde	Einsatzmerkmale
 Magnetband	20 bis 65 Mio. (auswechselbar)	seriell	sequentielle Verarbeitung	15.000 bis 340.000	geeignet zur periodischen Fortschreibung großer Datenmengen, für Ein-/Ausgabe und Datensicherung
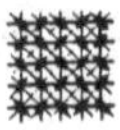 Magnetkernspeicher *)	1 bis 2 Mio	direkt	8 µs	500.000 oder 1.000.000	geeignet zur Erweiterung des Hauptspeichers
 Magnetplattenspeicher	7 bis 29 Mio. (auswechselbar) ca. 112 Mio. (nicht auswechselbar)	wahlfrei wahlfrei	8,5 ms 165 ms	135.000 oder 312.000 156.000	geeignet zur Speicherung größerer Dateien mit wahlfreiem Zugriff und Abfragemöglichkeiten
 Magnettrommelspeicher	0,8 oder 4 Mio.	wahlfrei	8,6 ms	135.000 oder 1.200.000	geeignet als Zwischenspeicher oder für kleine Dateien mit wahlfreiem Zugriff
 Magnetstreifenspeicher	400 Mio. (auswechselbar)	wahlfrei	510 ms	55.000	geeignet zur Speicherung sehr großer Dateien mit begrenzt wahlfreiem Zugriff

*) als externer Zusatzspeicher nur bei einigen Großanlagen anschließbar

µs = Mikrosekunden (1/1.000.000 Sek.)
ms = Millisekunden (1/1.000 Sekunde)

Bild 31: Übersicht über externe Speicher

Magnetplatten-, Magnettrommel- und Magnetstreifen- oder -kartenspeicher die Mittel zur externen Datenspeicherung bei DV-Anlagen. Nur in einzelnen Fällen, und nur bei einigen Großanlagen, lassen sich auch Magnetkernspeicher als externe Zusatzspeicher anschließen.

Im Gegensatz zum Haupt- oder Arbeitsspeicher einer DV-Anlage dienen die externen Speicher der Aufbewahrung großer Datenmengen, die nicht einer so extrem hohen Zugriffsgeschwindigkeit bedürfen, wie die jeweilig im Hauptspeicher aufbewahrten Programme und Daten. Erst die Ausrüstung mit externen Zusatzspeichern macht eine DV-Anlage an die unterschiedlichen Aufgaben im Unternehmen anpassungsfähig. Bild 31 zeigt eine Übersicht über die heute gebräuchlichen externen Speicher.

Die unterschiedlichen Speichermittel und ihre zum Teil von einander abweichende Speicherungs- und Verarbeitungsorganisation, aber auch die verschiedenen Größen und Strukturen der zu speichernden Datenbestände, machen eine Erläuterung der bei der Datenspeicherung verwendeten Begriffe notwendig.

So, wie der Sachbearbeiter für die Bearbeitung eines Auftrages seine Kunden- und Artikelkartei verwendet, werden auch bei der EDV verschiedene, zusammengehörende Gruppen von Daten benutzt, die wir als *Dateien* bezeichnen. Eine Datei stellt also eine geschlossene Datengruppe dar, wie beispielsweise die Kunden-, Artikel-, Lieferanten-, Personalstamm-, Arbeitsplan- und Debitorendatei. Je nach ihrem unterschiedlichen Verwendungszweck unterteilen wir die Dateien nach

Bewegungsdateien (= neue Geschäftsvorfälle, die nur eine Zeitlang zwischengespeichert werden)

Stammdateien (= auskunftsgebende Dateien, die nur bei Bedarf geändert werden, z.B. Personalstammdatei)

Bestandsdateien (= Dateien mit meist periodischer Änderung durch Fortschreibung, z.B. Lagerbestandsdatei).

Bild 32 zeigt einen EDV-Arbeitsablauf mit mehreren unterschiedlichen Dateien, in Bild 33 ist eine Übersicht über die in einem Unternehmen benutzten Dateien dargestellt.

Bevor nun eine solche Datei aufgebaut werden kann, muß sich der EDV-Organisator eine Reihe von Fragen vorlegen. Zu diesem Fragenkatalog gehören:

1. Problembezogene Merkmale

Bezeichnung der Datei

Datei-Art (Bewegungs-, Stamm- und Bestandsdatei)

Welche Daten umfaßt diese Datei?

Nach welchen organisatorischen Ordnungsmerkmalen (Schlüssel) soll die Datei aufgebaut sein?

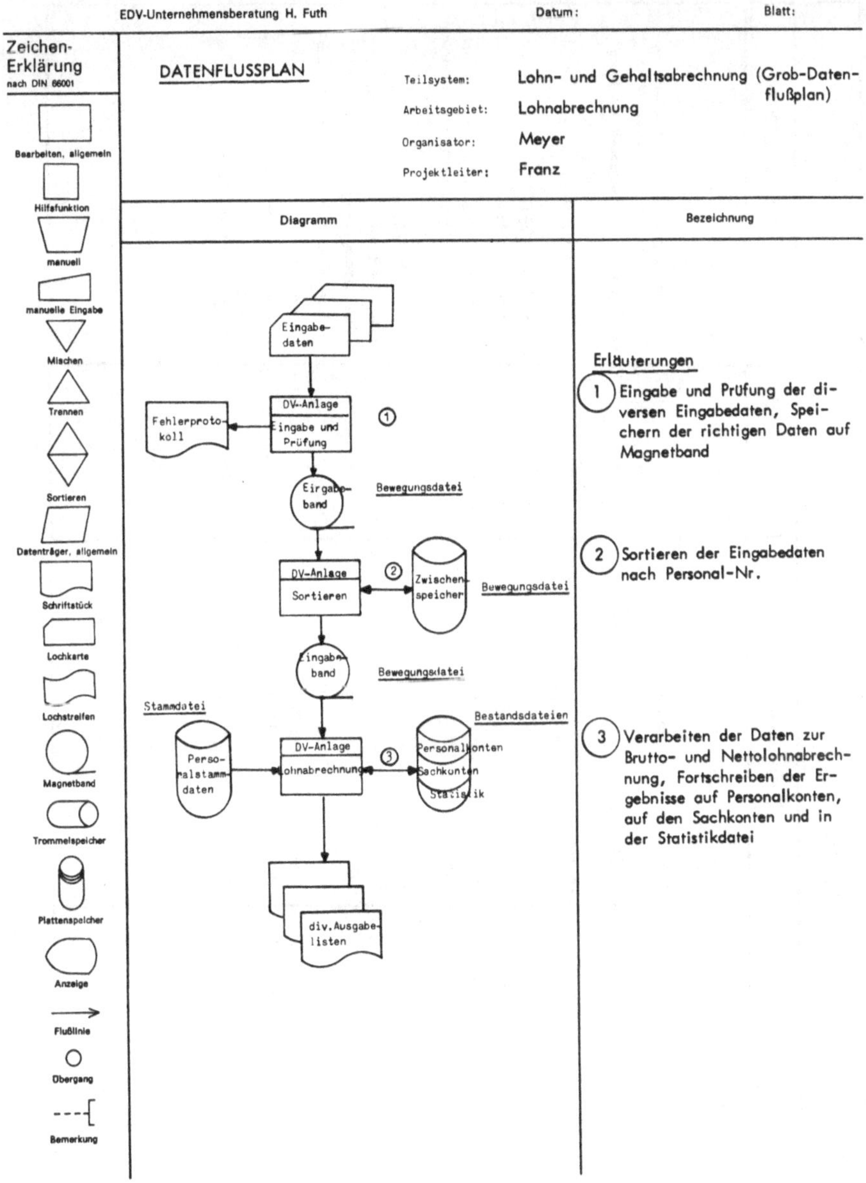

Bild 32: Beispiel für die Verwendung unterschiedlicher Dateien

EDV-Unternehmensberatung Futh	BEISPIELE FÜR DATEIEN			
Datei-Name	**Datei-Art**	**Datei-Inhalt**	**geordnet nach**	**Verwendung für**
Verkaufsabrechnung – Eingabedatei	Bewegungsdatei	Kundenaufträge, Retouren, Artikelbewegungen, Ist-Bestand, Änderungen	unsortiert	Verkaufsabrechnung
Kundenstammdatei	Stammdatei	Name, Anschrift, Konditionen	Kunden-Nr., Branchen-Schlüssel	Verkaufsabrechnung, Debitorenbuchhaltung
Artikelstammdatei	Stamm- und Bestandsdatei	Bezeichnung, Bestände, Preise, Mindestmengen	Artikel-Nr.	Verkaufsabrechnung, Debitorenbuchhaltung
Debitorenbuchhaltung – Eingabedatei	Bewegungsdatei	Änderungen, Zahlungseinhaltungen, Rechnungsgutschriften, sonstige Buchungen, Anfragen	unsortiert	Debitorenbuchhaltung
Debitorensätze	Bewegungsdatei	sämtliche neue Debitoren	Kunden_Nr.	Debitorenbuchhaltung
Debitorensätze OP	Bestandsdatei	Debitoren – Offene Posten	Kunden-Nr.	Debitorenbuchhaltung
Ausgeglichene Posten	Bestandsdatei	Debitoren - Ausgeglichene Posten	Kunden-Nr.	Debitorenbuchhaltung
Sachkontensätze	Bewegungsdatei	Buchungen Sachkontenbuchhaltung	Kontenplan	Debitorenbuchhaltung, Kreditorenbuchhaltung, Sachkontenbuchhaltung, Lohnbuchhaltung
Sachkonten	Bestandsdatei	Konten Sachbuchhaltung	Kontenplan	Sachkontenbuchhaltung
Lieferantenstammdatei	Stammdatei	Name, Anschrift, Konditionen	Lieferanten-Nr.	Kreditorenbuchhaltung
Kreditoren	Bestandsdatei	Konten Kreditorenbuchhaltung	Lieferanten-Nr.	Kreditorenbuchhaltung
Anlagenbewegungssätze	Bewegungsdatei	Buchungen Anlagenbuchhaltung	Anlagen-Nr.	Kreditorenbuchhaltung, Anlagenbuchhaltung
Anlagendatei	Bestandsdatei	Konten Anlagenbuchhaltung	Anlagen-Nr.	Anlagenbuchhaltung
Lohn- und Gehalt-Stammdatei	Stamm- und Bestandsdatei	Personalstammdaten, Lohn- und Gehaltskonten	Personal-Nr.	Lohn- und Gehaltsabrechnung
Lohn- und Gehalt-Statistik	Bestandsdatei	diverse Personalstatistiken	Personal-Nr.	Lohn- und Gehaltsabrechnung

Bild 33: Beispiele für in einem Unternehmen benutzte Dateien

Für welche Teilsysteme und Arbeitsgebiete kann die Datei gleichzeitig verwendet werden?

Welchem Zweck soll die Datei im einzelnen dienen?

Wie groß ist der Speicherbedarf für die Datei?

Wieviel Reservespeicherplatz muß für Neuzugänge vorgesehen werden?

Mit wievielen Zu- und Abgängen muß pro Periode gerechnet werden?

Wie oft muß die Datei zusätzlich, beispielsweise für Auskünfte, in Anspruch genommen werden?

Welche Dateiänderungen mit Art und Anzahl sind vorzusehen?

Welche Kontrollen und Datensicherungen müssen im Hinblick auf das Problem vorgesehen werden?

Woher kommen die Daten für diese Datei?

Welche gleichzeitige Benutzung mit anderen Dateien ist vorgesehen?

2. *Speicherungstechnische Merkmale*

Welches Speichermittel ist für die gegebene Datei am besten geeignet?

Wie groß ist der technische Speicherbedarf einschließlich einer technisch bedingten Reserve?

Welche Speicherungs- und Verarbeitungsform (Zugriffsart, Adressierung, Satzeinteilung, Blockung) ist für die Datei am besten geeignet?

Welche gleichzeitige Benutzung anderer Dateien muß je Programm vorgesehen werden?

Welche technische Datensicherung (Hardware- und Software-Kontrollen) muß vorgesehen werden?

Soll die Datei Teil der Gesamtdatenbank des Unternehmens werden?

Jede Datei besteht, wie in Bild 34 dargestellt, aus einer meist großen Anzahl von Datensätzen, wobei der einzelne *Datensatz* die logische Einheit zusammengehörender Daten bildet. Während also die Kundendatei alle Kunden eines Unternehmens umfaßt, beinhaltet der einzelnen Kunden- Datensatz alle Daten, die zu einem einzelnen Kunden gehören, wie beispielsweise Kartenart, Kunden- Nr., Auftrags- Nr., Auftragsdatum usw. In der Regel ist jeder Satz einer Datei gleich aufgebaut und nimmt einen bestimmten Platz in dieser Datei ein. Jeder Datensatz selbst wird wiederum in *Satzfelder* unterteilt, die die Speicherplätze für die einzelnen Begriffe sind, den Feldern in der Lochkarte vergleichbar.

Aus technischen Gründen sind die gespeicherten Datensätze (dies gilt vor allem für das Magnetband) durch Zwischenräume von einander getrennt. Will man nun den Speicherplatz besser ausnutzen und die Datensätze schneller ein- und aus-

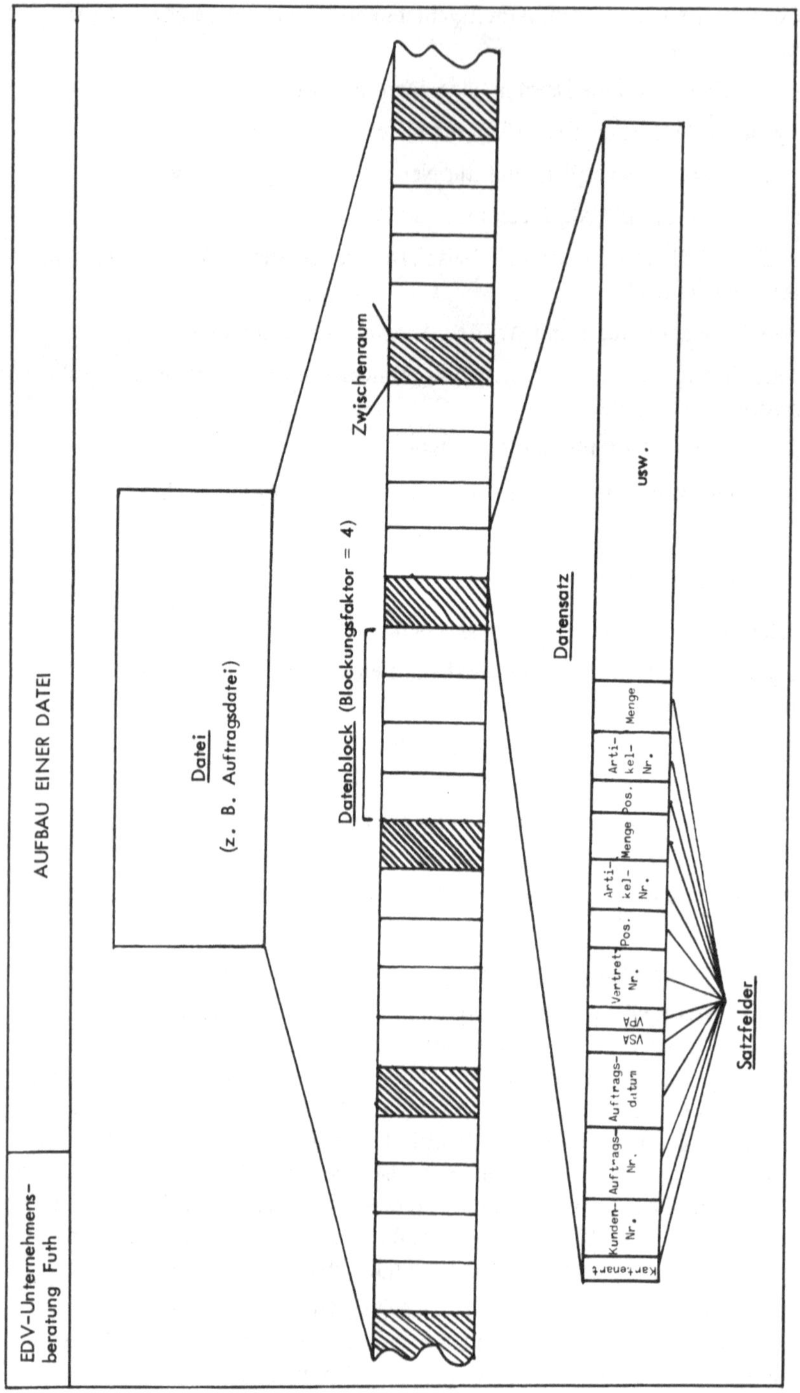

Bild 34: Dateienaufbau

geben, so faßt man die – logisch unterschiedlichen – Datensätze zu einem *Datenblock* zusammen. Die Anzahl der Sätze, die auf diese Weise in einem Block untergebracht sind, wird durch den Blockungsfaktor ausgedrückt. Da die DV-Anlage ohne Zwischenstop einen ganzen Datenblock liest bzw. schreibt, kann die Ein-/Ausgabezeit so beträchtlich erhöht werden. Wir werden bei der Behandlung der Datenspeicherung auf Magnetband die Blockung, wie dieser Vorgang bezeichnet wird, noch eingehender behandeln.

Jede Datei wird nun im einzelnen beschrieben, wie in Bild 35 dargestellt. Neben der Zugehörigkeit der Datei zum betreffenden Teilsystem und Arbeitsgebiet, muß der Organisator die Datei-Nr., die Datei-Bezeichnung, die Nummer des Programms, in dem diese Datei gewonnen wurde, und die Aufbewahrungsfrist angeben. Das dargestellte Beispiel einer Dateibeschreibung wurde dem Datenflußplan in Bild 13, Blatt 2, entnommen. Als nächstes gibt der Organisator an, nach welchem Hauptbegriff und welchen Unterbegiffen die beschriebene Datei sortiert ist. Es folgt der Blockungsfaktor (d.h. die Anzahl der zu einem Datenblock zusammengefügten Datensätze) und die Blocklänge mit der zusätzlichen Angabe, ob die Länge aller Blöcke gleich (fix), variabel (veränderlich) oder unbestimmt sein kann. Das gleiche wie für die Blocklänge gilt auch für die Satzlänge. Der Dateiumfang nennt die Anzahl Blöcke, die Anzahl der Spuren und Zylinder (bei Magnetplatte) und die bei der Bandspeicherung etwa erforderliche Bandlänge. Die (auf dem Speichermittel fest angebrachte) Archivnummer kann nur für den Fall eingetragen werden, daß immer dasselbe Speichermittel für die Aufnahme dieser Datei verwandt wird; dies dürfte jedoch allenfalls bei Magnetplatten der Fall sein. Eine Datei kann sich nun, wie im Beispiel des genannten Datenflusses, aus mehreren Satzarten zusammensetzen, die zur selben Datei gehören. Die einzelnen Satzarten werden mit Bezeichnung, Länge, Satzform (fix oder variabel) und Satzart-Kennzeichen (mit Angabe der Position, der Kennzeichenlänge und der Art des Kennzeichens) auf der Dateibeschreibung eingetragen. Am Schluß folgt die Angabe aller Programm-Nummern und Programm-Bezeichnungen, in denen die beschriebene Datei verwendet wird.

Nach der Datei-Beschreibung muß der Organisator den Aufbau jedes einzelnen Datensatzes beschreiben. Dies sollte auf einem Formularblatt erfolgen, wie in Bild 36 dargestellt. Nach der Eintragung im Formularkopf (mit Satzbezeichnung, symbolischem Satznamen, Satzlänge und Satzform sowie Dateinummer) füllt er je Satzfeld eine Zeile im Formular aus. Beginnend mit der fortlaufenden Feldnummer, gibt er die Positionen im Satz an (vergleichbar mit den Lochspalten in der Lochkarte), nennt das Satzformat (ungepackt, gepackt oder binär), kennzeichnet das Feld, ob darin Buchstaben vorkommen können, beschreibt das arithmetische Vorzeichen des Feldes und macht eine Aufteilung, wenn ein Dezimalkomma vorgesehen ist. Schließlich nennt er die Anzahl der Bytes für dieses Feld sowie den Feldinhalt. Mit der Angabe des Formats wird gekennzeichnet, ob die Zeichen eines Feldes ungepackt (d.h. *eine* Ziffer je Byte), gepackt (das sind zwei Ziffern je Byte) oder im reinen Binärcode gespeichert sind.

EDV-Unternehmensberatung Futh	DATEIBESCHREIBUNG

Teilsystem: Verkaufsabrechnung V **Arbeitsgebiet:** Auftragsbearbeitung VA **Organisator:** Schulz **Datum:** 4/71

Datei-Nr.: BD01 (Magnetband)
Datei-Bezeichnung: Sortierte Eingabesätze
Erstellungs-Programm: VA 020T
Aufbewahrungsfristen: 1 Woche

Sortierung: Hauptbegriff Artikel-Nr.
Unterbegriff Kunden-Nr., Beleg-Nr.
Blockungsfaktor: 20
Blocklänge: fix/variabel/unbestimmt 1.600 Bytes max.
Satzlänge: fix/variabel/unbestimmt 80 Bytes max.
Dateiumfang: ca. 400 Blöcke - Spuren - Zylinder
ca. 30 m Band

Archiv-Nr.:

Satzarten

lfd. Nr.	Bezeichnung	Länge in Bytes	fix/var.	Satzart - Kennzeichen Position	Länge in Bytes	Kennzeichen
01	Kundenaufträge	80	f	1 - 2	2	KA 07
02	Retouren	80	f	1 - 2	2	KA 09
03	Ist-Bestände	80	f	1 - 2	2	KA 13
04	Änderungen	80	f	1 - 2	2	KA 36
05	Sonstige Artikel-Bewegungen	80	f	1 - 2	2	KA 06

Dateiverwendung

in Programm-Nr.	Erläuterungen
VA 030T	Verfügbarkeitsrechnung

Bild 35: Dateibeschreibung

EDV-Unternehmensberatung Futh	SATZAUFBAU		
Satzbezeichnung: Kundenauftrag Satzname: KAUFTR	Satzlänge: 80 Bytes	Satzform: f Datei-Nr.: B001	

Fortlfd. Feld-Nr.	Position		Format			Alpha	Vorzeichen	Dezimalstellen	Anzahl Bytes	Erläuterungen
	von	bis	ungepackt	gepackt	binär					
01	1	2	x			-	+		2	Kartenart
02	3	6	x			-	+		4	Kunden-Nr.
03	7	12	x			-	+		6	Auftrags-Nr.
04	13	18	x			-	+		6	Auftrags-Datum
05	19	19	x			-	+		1	VSA = Versandart
06	20	20	x			-	+		1	VPA = Verpackungsart
07	21	24	x			-	+		4	Vertreter-Nr.
08	25	26	x			-	+		2	Position
09	27	29	x			-	+		3	Artikel-Nr.
10	30	32	x			-	+		3	Artikel-Menge
11	33	34	x			-	+		2	Position usw.
										Wiederholung von Position, Artikel-Nr. und Artikelmenge bis Satzposition 80

Bild 36: Satzaufbau

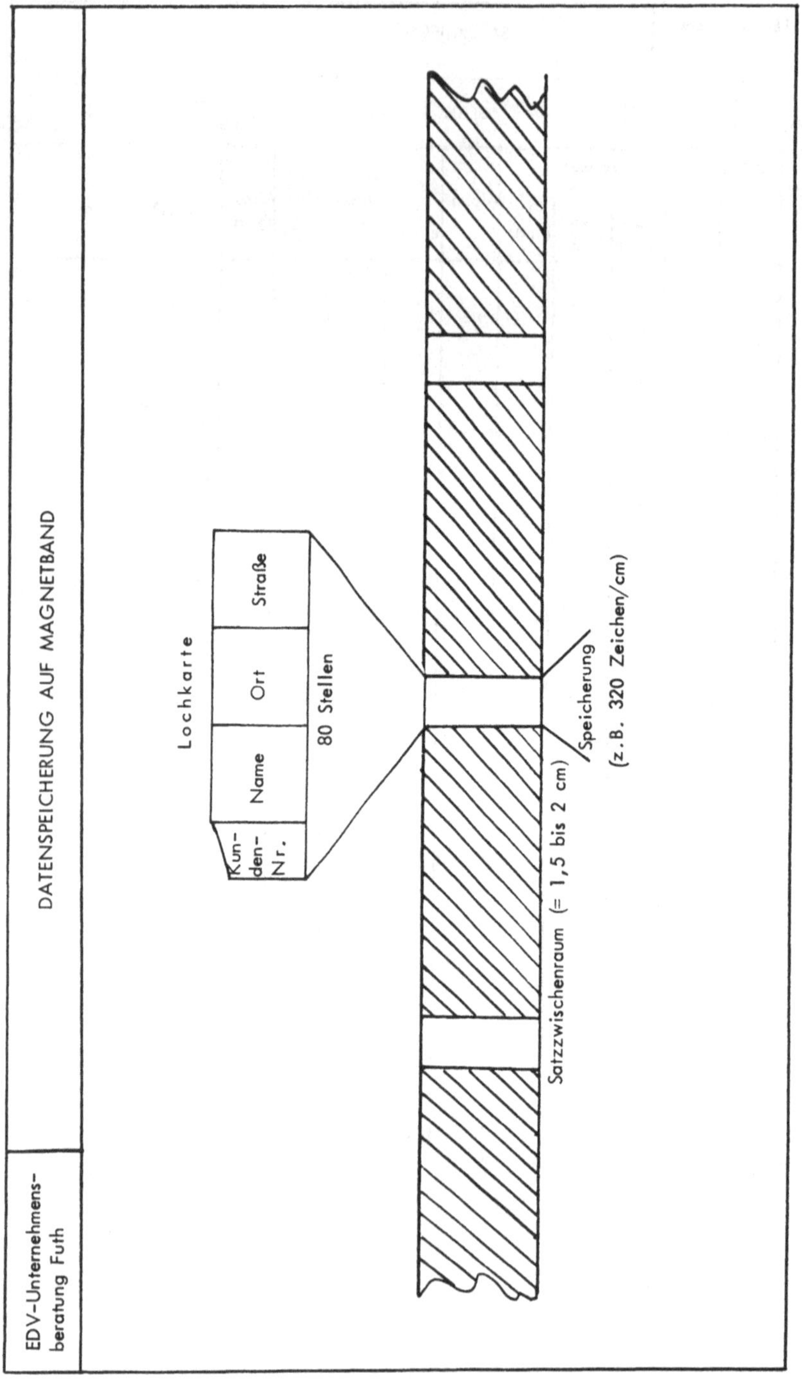

Bild 37: Datenspeicherung auf Magnetband

2.452 Datenspeicherung auf Magnetband

Technik der Magnetbandspeicherung

Speicherungs- und Verarbeitungsform, die wichtigsten organisatorischen Merkmale eines jeden Speichermittels, sind beim Magnetband durch die Eigentümlichkeit des Magnetbandes und seiner Aufzeichnung geprägt. Vergewissern wir uns noch einmal, daß die Aufzeichnung beim Magnetband in 7 oder 9 (Byteaufbau) Spuren erfolgt. Die am häufigsten vorkommenden Aufzeichnungsdichten sind:

80 Zeichen/cm (= niedrige Dichte)

220 Zeichen/cm (= mittlere Dichte)

320 Zeichen/cm, 800 BPI (= hohe Dichte)

640 Zeichen/cm, 1.600 BPI (= doppelte Dichte).

Das Magnetband besitzt bekanntlich keine festen Speicherplätze. Die Datensätze stehen, nur durch Zwischenräume voneinander getrennt, hintereinander auf dem Magnetband, und es besteht keinerlei feste Beziehung zwischen dem Ort der Speicherung und einem bestimmten Datensatz. Um einen bestimmten Datensatz auf dem Magnetband aufzufinden, muß Datensatz nach Datensatz vom Magnetband in den Hauptspeicher der DV-Anlage eingelesen und auf Übereinstimmung mit der Suchnummer verglichen werden. Da also keinerlei feste Beziehung zwischen dem Ort der Speicherung und einem bestimmten Datensatz besteht, folgt, daß bei jeder Änderung von Datensätzen auf Magnetband alle Datensätze (d.h. auch die nicht geänderten) nicht auf das Eingabeband zurückgeschrieben werden können, sondern auf ein zweites Band ausgegeben werden müssen.

Während die Länge eines Datensatzes auf Magnetband nicht (wie beispielsweise bei der Lochkarte) an eine feste und begrenzte Stellenzahl gebunden ist, haben die Satzzwischenräume eine feste Größe von je nach Maschinentyp etwa 1,5 bis 2 cm. Da aber bei einer Zeichendichte von 320 Zeichen/cm auf 2 cm Magnetband bereits ein 640stelliger Satz untergebracht werden kann, belegt der Satzzwischenraum meist mehr Platz als der Datensatz selbst. Umgekehrt läßt sich aber die Länge eines Datensatzes nicht von der Technik oder der Speicherorganisation her bestimmen, sondern hängt allein von der Anzahl und Länge der Datenfelder je Satz ab. Aus diesem Grunde kann man die Kapazität des Speicherplatzes und die Leistungen des Magnetbandgerätes nur dadurch besser nutzen, daß man, wie an anderer Stelle bereits beschrieben, mehrere Datensätze zu einem Datenblock zusammenfaßt. Während jeder Datensatz innerhalb eines Datenblocks eine selbständige Einheit (= logischer Datensatz) bildet, wird der Datenblock vom Magnetbandgerät bei der Speicherung sowie Ein- und Ausgabe als physischer Datensatz behandelt. In der Regel sind die Satz- und die Blocklänge auf dem Magnetband technisch nicht begrenzt. Lediglich die Größe des frei verfügbaren Platzes im Arbeitsspeicher begrenzt die Blockgröße, weil

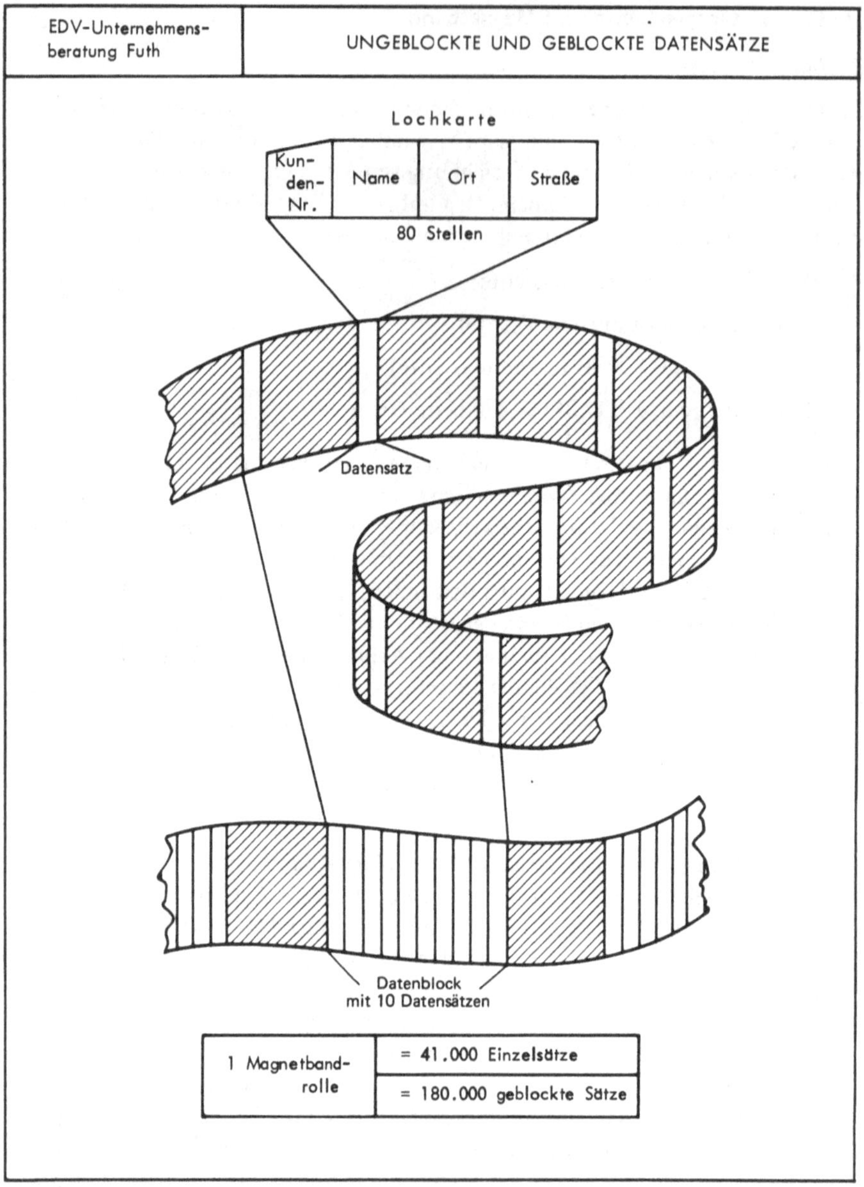

Bild 38: Ungeblockte und geblockte Datensätze

sowohl beim Einlesen, als auch bei der Ausgabe auf Magnetband Speicherplatz für den gesamten Datenblock bereitgestellt werden muß. Die Bilder 37 bis 40 zeigen das Prinzip der Datenspeicherung auf Magnetband, ungeblockte und geblockte Datensätze, die Datenfortschreibung sowie das Beispiel einer Verbuchung auf Magnetband.

Speicherungs- und Verarbeitungsform beim Magnetband

Wie bei der Darstellung der Magnetbandtechnik gezeigt, können die Datensätze oder Datenblöcke nur seriell, d.h. nacheinander und in einer bestimmten (auf- oder absteigenden) Reihenfolge, gespeichert werden. Haben die Datensätze nicht von vornherein eine solche Reihenfolge, so können sie mit Hilfe der DV-Anlage (mit mindestens 3 Magnetbandeinheiten oder zusätzlichem Plattenspeicher) und eines Standard-Misch-Sortierprogramms in die gewünschte Reihenfolge gebracht werden. Eine Sortierung von beispielsweise 20.000 Datensätzen à 200 Zeichen auf einer DV-Anlage mittlerer Leistung und 4 Magnetbandeinheiten dauert etwa 20 Minuten. Die Technik der Magnetbandspeicherung bedingt ferner, daß die gespeicherten Daten nur sequentiell, d.h. in der Reihenfolge ihrer Speicherung, verarbeitet werden können. Hieraus folgt, daß alle in einem Arbeitsgang angesprochenen Dateien, soweit sie nicht auf Speichern mit wahlfreiem Zugriff gespeichert sind, dieselbe Sortierordnung haben müssen.

Entsprechend den Möglichkeiten der festen und variablen Satzlänge sowie der Speicherung ungeblockter und geblockter Datensätze lassen sich bei der Magnetband-Speicherorganisation folgende Satzformen unterscheiden:

feste Satzlänge, ungeblockt

feste Satzlänge, geblockt

variable Satzlänge, ungeblockt

variable Satzlänge, geblockt

variable Satzlänge, ohne Längenangabe

Bild 41 zeigt noch einmal eine Übersicht über die Satzformen bei der Magnetbandsspeicherung.

Für Kapazitätsberechnungen bei der Magnetbandspeicherung gelten folgende Formeln:

Errechnung der Satzlänge:

$$\text{Satzlänge Ls (in cm)} = \text{Kluft*)} + \frac{\text{Anzahl Bytes je Satz}}{\text{Zeichendichte}}$$

*) Kluft = Satzzwischenraum

EDV-Unternehmens-beratung Futh	DATENFORTSCHREIBUNG AUF MAGNETBAND

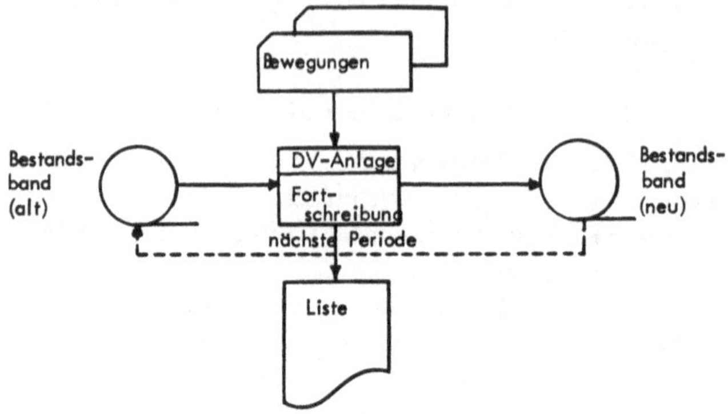

Beispiel: Fortschreiben eines Lagerbestandes

Eingabe: Lagerbestände alt (der Vorperiode), über Magnetband; Lagerzu- und Lagerabgänge (der Buchungsperiode), über Lochkarten

Verarbeitung: Lagerbestandsfortschreibung

Alter Bestand + Zugänge - Abgänge = Neuer Bestand

Ausgabe: Schreiben der Lagerbestände neu, auf Magnetband; Drucken einer Lagerbestandsliste

Bemerkungen: Alle eingegebenen Datensätze (auf Magnetband und in Lochkarten) müssen dieselbe Sortierordnung (z.B. aufsteigende Artikel-Nr.-Folge) besitzen!

Alle Datensätze des Bestandsbandes alt (auch die nicht bewegten) werden auf das Bestandsband neu übertragen!

Bild 39: Datenfortschreibung auf Magnetband

Beispiel: Kluft = 2 cm

Bytes je Satz = 80

Zeichendichte = 320 Bytes/cm

$$Ls = 2 + \frac{80}{320} = 2{,}25 \text{ cm}$$

Errechnung der Anzahl der auf einem Magnetband gespeicherten Datensätze (oder Datenblocks):

$$\text{Anzahl Sätze } K = \frac{\text{Länge des Magnetbandes in m x 100}}{\text{Länge eines Satzes in cm}}$$

Beispiel: Bandlänge = 720 m

Satzlänge Ls = 2,25 cm

$$K = \frac{720 \text{ x } 100}{2{,}25} = \underline{\underline{32.000 \text{ Sätze}}}$$

Folgende Formeln benutzt der Organisator für die Zeitberechnung:)*

$$\text{Lese-/Schreibzeit LS} = \frac{\text{Anzahl Bytes}}{\text{Geschwindigkeit}}$$

Beispiel: Anzahl Bytes = 20.000 Sätze à 200 Bytes = 4.000.000 Bytes

Lese-/Schreibgeschwindigkeit = 40.000 Bytes je Sekunde

$$LS = \frac{4.000.000}{40.000} = \textbf{100 Sek.}$$

Gesamte Start-/Stopzeit GS = Anzahl Satzzwischenräume x Start-/Stopzeit

Beispiel: Anzahl Satzzwischenräume (ohne Blockung) = 20.000

Start-/Stopzeit (vom Hersteller festgelegt) = 20 ms

$$GS = \frac{20.000 \text{ x } 20}{1.000} = \textbf{400 Sek.}$$

Gesamtzeit = LS + GS

Beispiel: 100 + 400 = 500 Sek. = ca. 9 Minuten

*) Jede Zeitberechnung bei Magnetband setzt sich aus der Zeit für das Lesen bzw. Schreiben eines Satzes (Blocks) und der Zeit für das Starten und Stoppen je Satz (Block) zusammen.

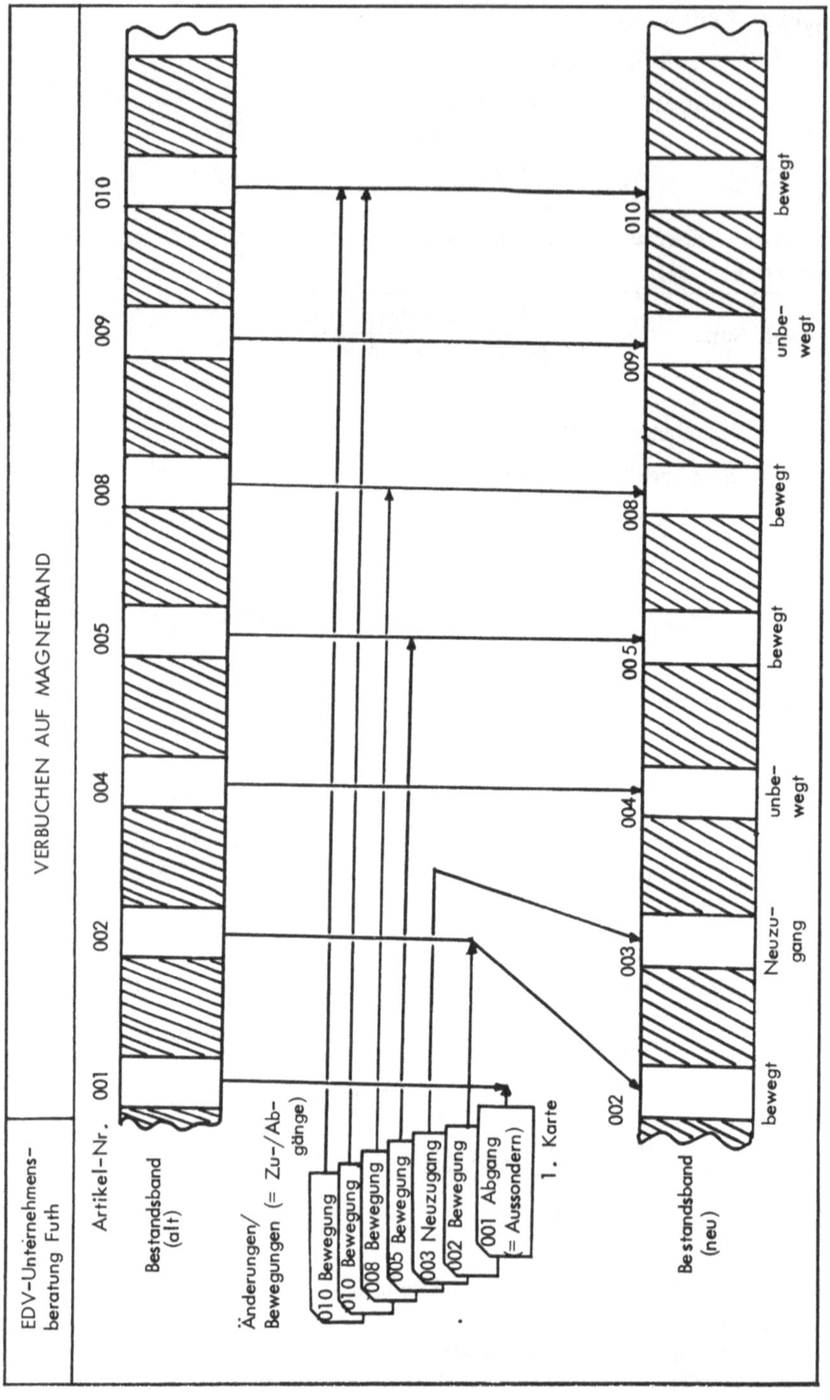

Bild 40: Beispiel einer Verbuchung auf Magnetband

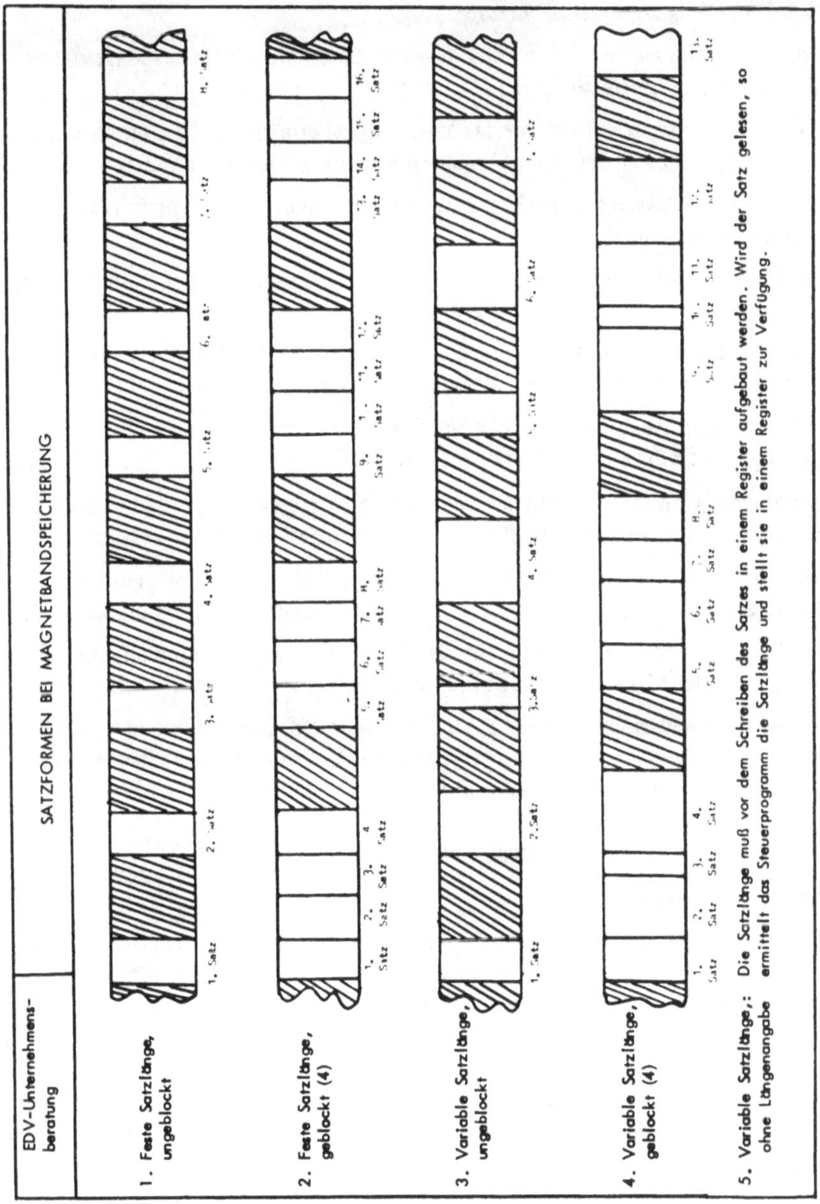

Bild 41: Satzformen bei Magnetbandspeicherung

Merkmale der Magnetbandspeicherung

Zusammenfassend sollen noch einmal die besonderen Merkmale des Magnetbandes als Speichermittel aufgezählt werden:

Das Magnetband ist ein preiswertes Massenspeichermittel mit praktisch unbegrenzter Speicherkapazität und hoher Übertragungsgeschwindigkeit

Magnetbänder lassen sich leicht transportieren und benötigen einen relativ geringen Lagerungsplatz

Das Magnetband ist ein serielles Speichermittel bei sequentieller Verarbeitung, besitzt also keinen wahlfreien Zugriff

Die gespeicherten Datensätze sind nicht adressierbar, d.h. bei Fortschreibung müssen alle Datensätze auf ein zweites Band übertragen werden

Soll die Reihenfolge der gespeicherten Sätze geändert werden, so sind teilweise umfangreiche Sortier-/Mischgänge erforderlich

Das Magnetband läßt sich überall dort günstig einsetzen, wo große Datenmengen zu speichern sind und die Datensätze sequentiell bearbeitet werden

Sequentielle Arbeitsprozesse sind die Eingabe (Lochkarte auf Magnetband), die Ausgabe (Magnetband-Drucker), die Archivierung und die Datensicherung

Werden bei einer Verbuchung mehr als 40% aller Bestandskonten angesprochen, so läßt sich das Magnetband auch hier in der Regel wirtschaftlich einsetzen

Das Magnetband ist dagegen als Speichermittel nicht geeignet, wenn einem großen Datenbestand verhältnismäßig geringe Bewegungsmengen gegenüber stehen oder sofortige Auskünfte von einer Datei verlangt werden.

2.453 Datenspeicherung auf Magnetplatten

Technik der Magnetplattenspeicherung

Viele Probleme der kaufmännischen Datenverarbeitung lassen sich zeitlich besser und wirtschaftlicher lösen, wenn die benötigten Dateien nicht auf Magnetbändern, sondern auf Speichern mit wahlfreiem Zugriff gespeichert sind. Ja, es gibt sogar eine Reihe von Aufgaben, die ohne den Einsatz solcher Speicher nicht maschinell lösbar wären. Der Ausdruck "wahlfreier Zugriff (engl. random access)" bedeutet, daß die gespeicherten Datensätze in beliebiger Reihenfolge und ohne Suchvorgang angesprochen werden können; dies gilt jedoch nur für bestimmte Speicherungs- und Verarbeitungsformen.

Die Arbeiten, die des Einsatzes externer Speicher mit wahlfreiem Zugriff bedürfen bzw. mit Hilfe dieser Speicher besonders günstig erledigt werden können, lassen sich unterteilen nach

Arbeiten mit Dateien bei großem Auftragsbestand und relativ wenigen Bewegungen (Beispiel: 100.000 Teilzahlungskonten bei täglichem Eingang zwischen 1.000 und 10.000 Zahlungen)

Arbeiten, bei denen in einem Arbeitsgang mehrere Dateien mit verschiedenen Ordnungsmerkmalen (Datenbanken) angesprochen werden; bei der Lösung mit Hilfe von Magnetbändern wäre pro Datei ein besonderer Sortiergang zuzüglich Verarbeitungsgang erforderlich

Arbeiten mit Sofortauskünften für Dispositionszwecke (z.B. Flugplatzbuchungen).

Wie angedeutet, ist allen externen Speichern mit wahlfreiem Zugriff gemeinsam, daß ihre Speicherplätze – anders als beim Magnetband – unabhängig von einer bestimmten Reihenfolge angesprochen werden können. Eine besondere Adressierung der Speicherplätze macht ein Durchsuchen des gesamten Datenbestandes in der Regel überflüssig. Da die Speicherorganisation bei allen externen Speichern mit wahlfreiem Zugiff gleich ist, können wir die Ausführungen über die Speicherorganisation auf einen einzigen Speichertyp beschränken. Allen weiteren Ausführungen wird deshalb der auswechselbare Magnetplattenspeicher zugrunde gelegt, der mit einem Anteil von schätzungsweise 80% der heute am meisten eingesetzte externe Speicher mit wahlfreiem Zugriff ist.

Die hervorragendste Eigenschaft des auswechselbaren Magnetplattenspeichers ist seine Fähigkeit zur Aufnahme größerer Datenmengen mit verhältnismäßig schnellem Zugriff zu jedem beliebigen Datensatz. Der Zugriff zum nächsten gewünschten Speicherplatz kann immer unabhängig von den zuvor angesprochenen Speicherplätzen erfolgen. Im Gegensatz zum Magnetband ist also weder eine Sortierordnung der gespeicherten Stamm- oder Bestandsdaten noch der eingelesenen Bewegungsdaten erforderlich (was allerdings im Einzelfall noch von der gewählten Speicherorganisation abhängt). Die geänderten Datensätze können an denselben Platz auf die Magnetplatte zurückgeschrieben werden, von dem aus sie gelesen wurden. Auf einem einzigen Magnetplattenstapel können mehrere Dateien mit unterschiedlichen Ordnungsmerkmalen gespeichert werden, wie beispielsweise die Datensätze einer Lagerbestandsführung, die Konten der Buchhaltung und die Personalstammdaten.

Die Möglichkeit des wahlfreien Zugriffs zu den gespeicherten Datensätzen bedingt, daß die Speicherplätze festgelegt und adressierbar sind, d.h. fortlaufende Nummern tragen. Jedem gespeicherten Datensatz wird dann eine feste Adresse zugeordnet. Jede Magnetplattenadresse setzt sich aus der Numerierung des betreffenden Plattenstapels und je Plattenstapel aus der Nummer des Zylinders, der Spur und – wenn mehrere Datensätze innerhalb einer Spur gespeichert sind – aus der Satznummer zusammen.

Speicherungs- und Verarbeitungsformen auf Magnetplatten

Um Magnetplattenspeicher unterschiedlichen Verwendungsmöglichkeiten, Dateigrößen und Zugriffshäufigkeiten anpassen zu können, haben sich verschiedene Formen der Speicherorganisation herausgebildet. Unter *Speicherorganisation* versteht man die Methode, Dateien auf externen Speichern so anzuordnen, daß die

Speicherkapazität bestmöglich genutzt und jeder Datensatz in der erforderlichen Zeit angesprochen werden kann. Von diesem Ziel ausgehend, werden folgende Speicherorganisationen unterschieden:

1. Starr fortlaufende Speicherung und Verarbeitung
2. Logisch fortlaufende Speicherung und Verarbeitung
3. Gestreute Speicherung und wahlfreie Verarbeitung

1. Starr fortlaufende Speicherung und Verarbeitung (engl. sequential access method)

Die starr fortlaufende Speicherung und Verarbeitung ist der Speicherorganisation beim Magnetband sehr ähnlich, weswegen sie mit wenigen Merkmalen zusammengefaßt werden kann:

Speicherungsform

Alle Sätze werden hintereinander gespeichert

Die gespeicherten Sätze besitzen, sofern sie sortiert eingegeben wurden, eine bestimmte Sortierordnung

Es besteht keinerlei funktionelle Beziehung zwischen dem Schlüsselbegriff eines Satzes und der Satzadresse

Die Datensätze können nicht adressiert werden

Es sind alle Satzformen möglich: feste Satzlänge ungeblockt, feste Satzlänge geblockt, variable Satzlänge ungeblockt, variable Satzlänge geblockt.

Verarbeitungsform

Die Verarbeitung ist nur starr fortlaufend (Satz nach Satz) möglich; wurde die Datei sortiert eingegeben, ergibt sich zwangsläufig eine logisch fortlaufende Verarbeitung.

Bewegungen müssen in der gleichen Reihenfolge eingegeben werden, in der die Sätze gespeichert sind

Alle Datensätze, ob bewegt oder unbewegt, werden vom Plattenspeicher in den Arbeitsspeicher eingelesen, was einer Verarbeitung wie beim Magnetband entspricht

Ein wahlfreier Zugriff zu einem Datensatz ist nicht möglich

Bewegte Sätze können wieder an die alte Stelle des Plattenspeichers zurückgeschrieben werden (anders als beim Magnetband!)

Sollen nicht mehr benötigte Sätze ausgesondert bzw. neue Sätze eingefügt werden, so muß der ganze Datenbestand auf einen zweiten Speicherbereich übertragen werden; auch hier ähnelt diese Verarbeitungsform derjenigen der Magnetbandverarbeitung

Hohe Zugriffsgeschwindigkeit zu den gespeicherten Datensätzen, da keine zusätzlichen Einstellzeiten des Zugriffskamms.

Bild 42 zeigt die starr fortlaufende Speicherung und Verarbeitung ohne und mit Aussondern und Einfügen von Sätzen.

2. *Logisch fortlaufende Speicherung und Verarbeitung (engl. index sequential access method)*

Die logisch fortlaufende Speicherung und Verarbeitung stellt eine höhere Stufe der starr fortlaufenden Speicherorganisation dar und liegt zwischen dieser und der gestreuten Speicherung. Im Gegensatz zur starr fortlaufenden Speicherung ermöglicht diese Methode jedoch den wahlfreien Zugriff. Beim Erstellen einer indexsequentiellen Datei werden die Datensätze, nach ihrem organisatorischen Schlüssel sortiert, auf Magnetplatten gespeichert. Hierbei wird gleichzeitig die sogenannte Index-Tabelle aufgebaut. Eine solche Index-Tabelle ist als Übersetzungsverzeichnis zwischen Schlüsselbegriff und Satzadresse vorstellbar. Zwar besteht keine feste rechnerische Beziehung zwischen Schlüsselbegriff und Satzadresse, doch kann jedem Schlüsselbegriff mit Hilfe der Index-Tabelle die jeweils zugehörige Satzadresse zugeordnet werden.

Während die starr fortlaufende Methode in der Regel nur dann sinnvoll und wirtschaftlich ist, wenn mindestens 80% der gespeicherten Bestandssätze angesprochen werden, liegen die Vorzüge der logisch fortlaufenden Speicherung und Verarbeitung im mittleren Bewegungsbereich. Im allgemeinen wird man diese Methode bei einer Bewegungshäufigkeit zwischen 20 und 80% vorziehen.

Der beim Laden einer Datei aufgebaute Adress-Index setzt sich aus dem Spur-, dem Zylinder- und evtl. noch aus dem Haupt-Index zusammen, wobei der gesamte Adress-Index als eine mehrstufige Adressen-Tabelle vorstellbar ist. Der *Spur-Index* steht jeweils in der ersten Spur eines Zylinders und enthält die jeweils höchsten Schlüsselbegriffe der Datensätze einer jeden Spur dieses Zylinders. Wird ein Datensatz auf diesem Zylinder gesucht, so läßt sich durch Abfragen des Spur-Indexes feststellen, in welcher Spur der Satz zu finden ist.

Der *Zylinder-Index* enthält dagegen die jeweils höchsten Ordnungsbegriffe der Datensätze der einzelnen Zylinder innerhalb einer Speichereinheit. Wird ein Satz gesucht, so gibt der Zylinder-Index an, in welchem Zylinder der Satz zu finden ist. Erst danach wird der Spur-Index des betreffenden Zylinders abgefragt, der schließlich die Spur angibt, auf der sich der Satz befindet. Der Zylinder-Index ist dem Spur-Index übergeordnet und befindet sich normalerweise am Anfang eines Plattenspeichers.

Der *Haupt-Index* bildet die höchste Stufe der Index-Tabelle. Er wird aber nur dann benötigt, wenn der Zylinder-Index zu umfangreich wird und das Abfragen zu lange dauern würde, wie beispielsweise bei Dateien, die über mehr als einen Plattenstapel gehen.

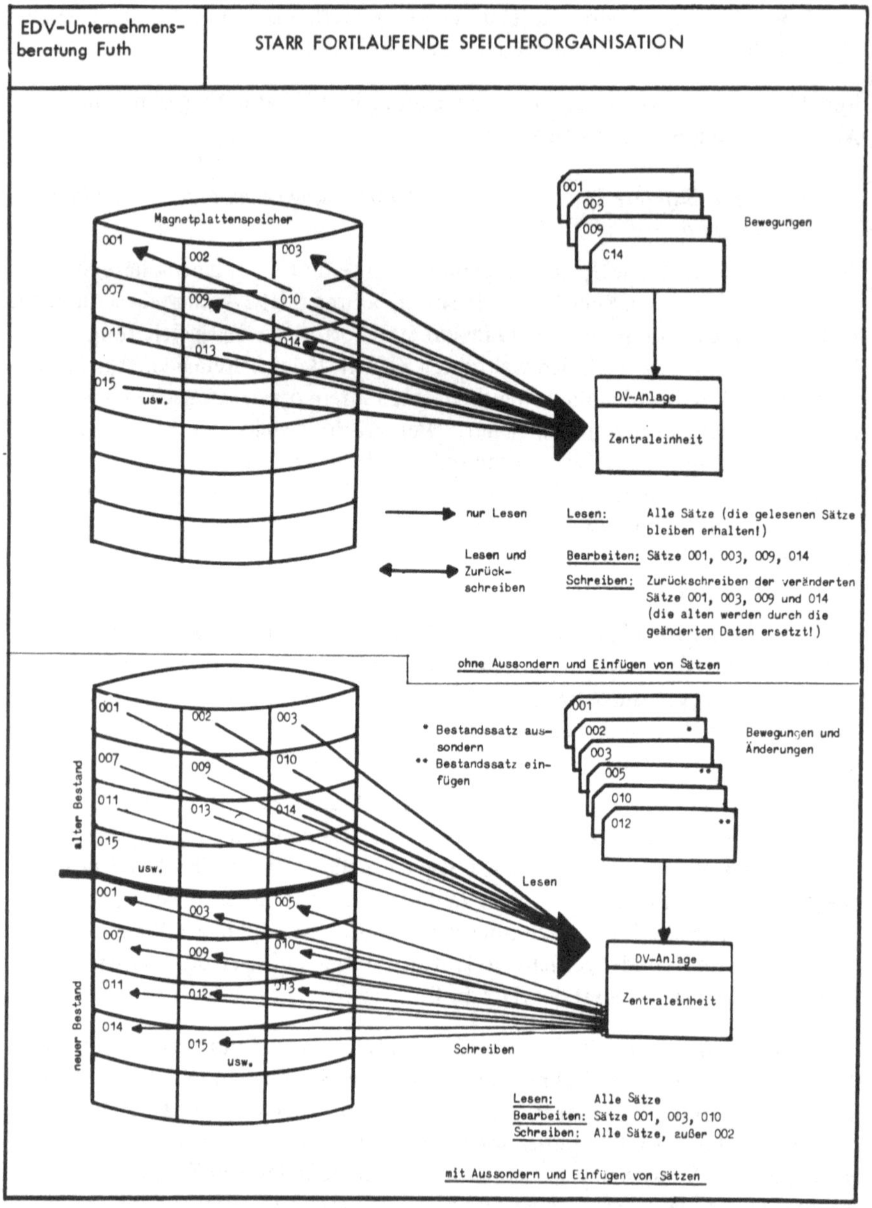

Bild 42: Starr fortlaufende Speicherung und Verarbeitung

Bild 43 zeigt das Prinzip der index-sequentiellen Speicherung, unmittelbar nach dem Laden (= Erstellung) einer Datei anhand eines Beispiels. Der Hauptindex enthält im vorliegenden Beispiel den Schlüsselbegriff 2.000 als höchste Eintragung des Zylinder-Indexes. Im Zylinder-Index ist für jeden Zylinder der höchste Schlüsselbegriff als Hinweis gespeichert; wie aus der Spurenbelegung des Zylinders 1 ersichtlich, trägt der letzte Datensatz den Schlüssel 0100. Genauso verhält es sich mit den folgenden Schlüsselbegriffen der restlichen Zylinder, und zwar 0800 im Zylinder 2 bis 2000 im Zylinder 5. Der Schlüsselbegriff im Zylinder mit der höchsten Nummer deckt sich mit dem Schlüsselbegriff im Haupt-Index.

Wie der Darstellung in Bild 43 weiter zu entnehmen ist, wird der Spur-Index auf der Plattenspur 0 des jeweiligen Zylinders gespeichert. Das Beispiel in Bild 43 zeigt die Schlüssel 0010 in der Spur 1, 0025 in der Spur 2 bis 0100 in der Spur 7 für den Spur-Index. Im Spur-Index wird jetzt die Verbindung zum Datenbereich des betreffenden Zylinders hergestellt, wobei je Spur – wie dem Bild zu entnehmen ist – zwei Eintragungen vorgenommen werden. Die erste (linke) Eintragung enthält den höchsten Schlüsselbegriff einer Spur und die dazugehörige Spur-Nr. Direkt anschließend folgt je Spur die sogenannte Folgeeintragung. Diese Eintragung entspricht der ersten, zum Zeitpunkt des Ladens. Wird später ein Neuzugang eingefügt (wie in Bild 44 dargestellt), so wird in diesem rechten Feld der Schlüssel des logisch höchsten Satzes, der zu dieser Spur gehört, einschließlich der Folgespur angegeben. Die Darstellung in Bild 43 zeigt, daß die Datensätze in aufsteigender Reihenfolge und (solange keine Aussonderung und Einfügung von Datensätzen vorkommt) lückenlos im Datenbereich gespeichert sind (dies gilt naturgemäß für die Technik der Speicherung, nicht jedoch für die Lückenlosigkeit der Schlüssel-Nummern).

Im Bild 44 ist der Fall dargestellt, daß ein Neuzugang (im Beispiel mit dem Schlüsselbegriff 0007) in eine logisch fortlaufend gespeicherte Datei eingefügt werden soll. Wie ersichtlich, wird der Satz entsprechend seinem Schlüsselbegriff eingeordnet, wobei der ursprünglich in dieser Spur als letzter gespeicherte Satz mit dem Schlüssel 0010 in einen Folgebereich (Reservebereich) ausgelagert werden muß; entsprechend wird die Folgeeintragung im Spur-Index (rechter Teil des ersten Feldes) geändert. Die neue Eintragung im Spur-Index besagt, daß ein Folgesatz, der logisch zu dieser Spur gehört, als erster Satz in die Spur 8 (= Folgebereich) ausgelagert wurde.

Das dargestellte Prinzip zeigt, daß beim Aussondern oder Einfügen eines Satzes keine Umschichtung des gesamten Datenbestandes erforderlich ist. Alle Sätze im Datenbereich sind in einer bestimmten Reihenfolge gespeichert. Zugänge werden logisch richtig in die bestehende Ordnung eingefügt, wobei innerhalb der Spur eine Verschiebung eintritt. Reicht der Platz auf der Spur nicht aus (in der Regel können je nach Größe mehrere Datensätze je Spur gespeichert werden), werden die überlaufenden Sätze in einem Folgebereich untergebracht. Als Folgebereich können die letzten Spuren eines Zylinders oder aber ein getrennter Bereich auf einem eigenen Zylinder vorgesehen werden.

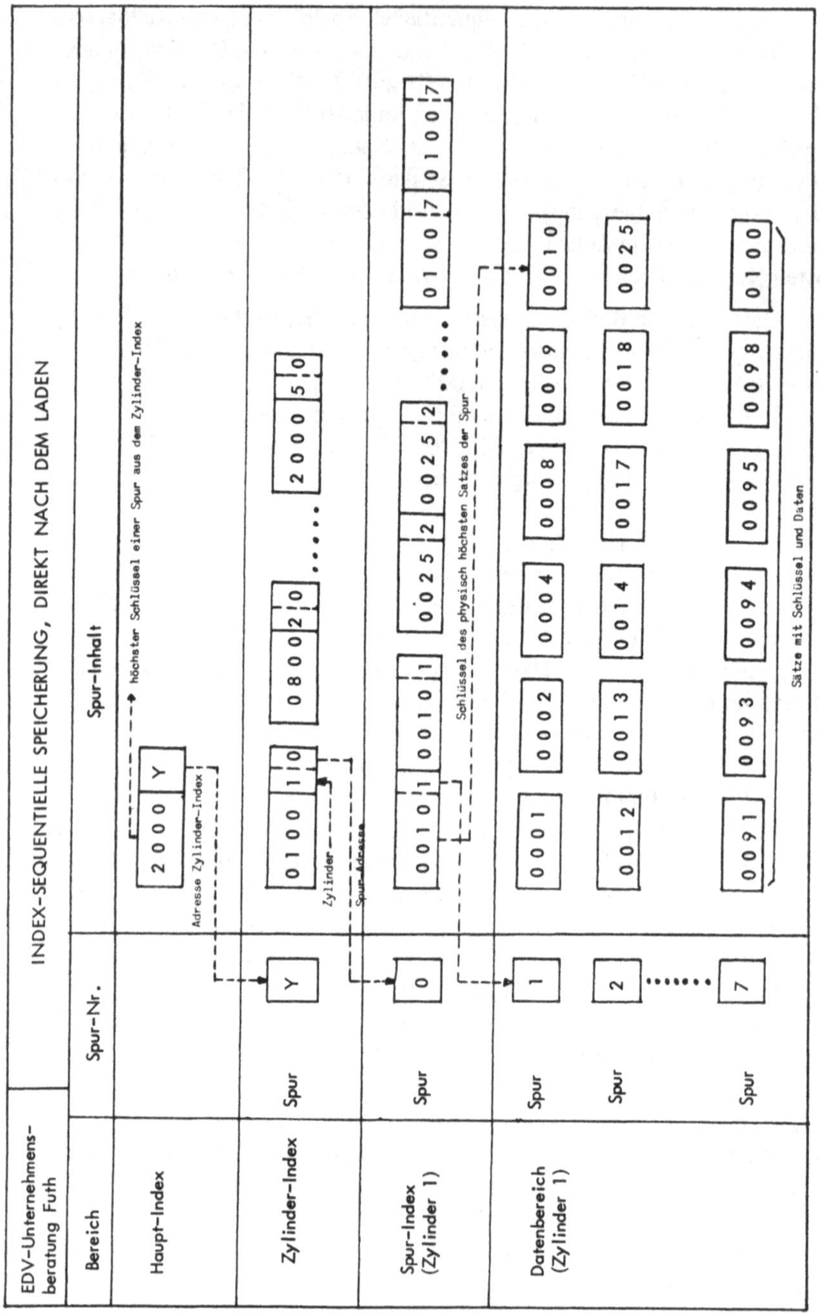

Bild 43: Index-sequentielle Speicherung, direkt nach dem Laden

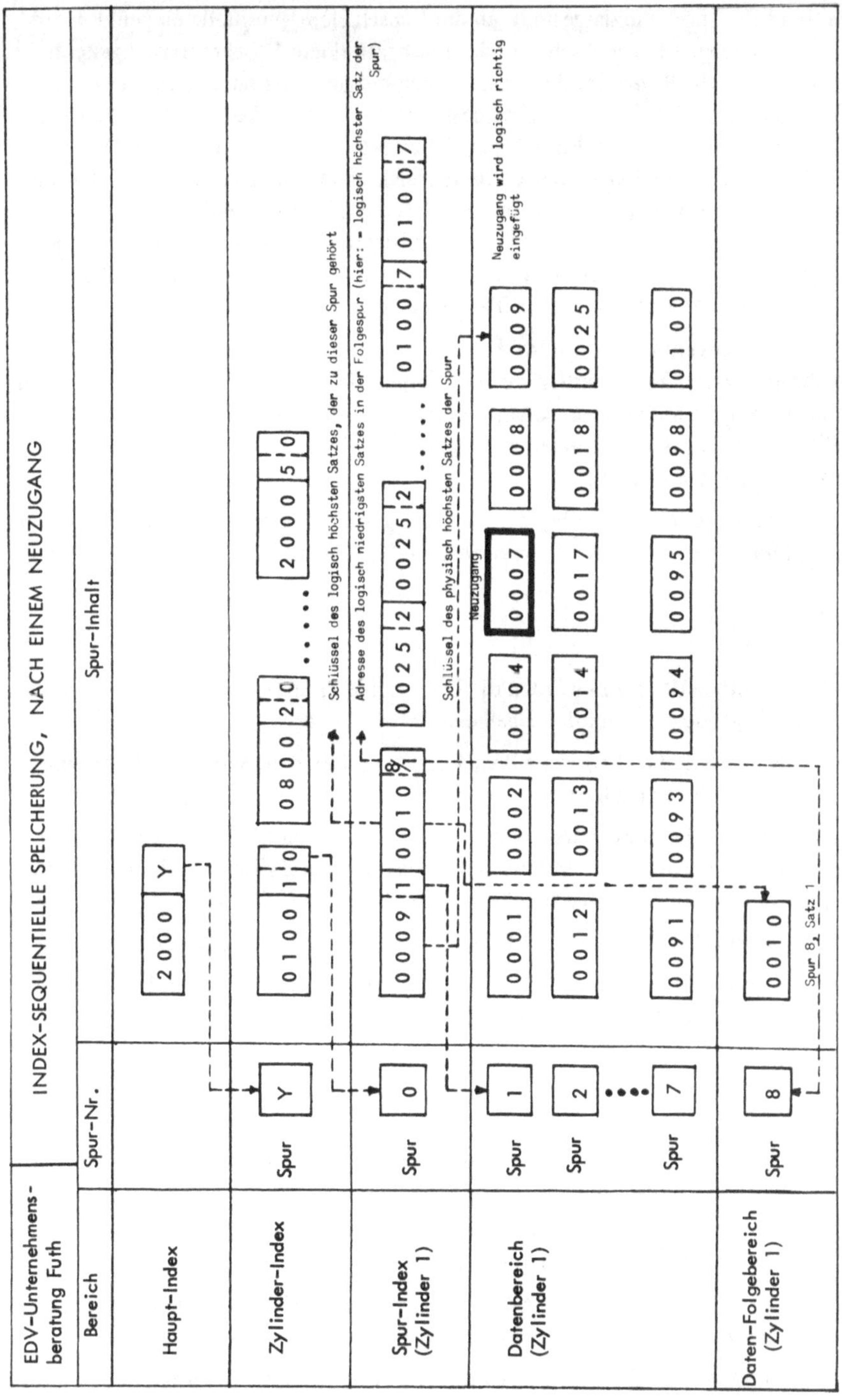

Bild 44: Index-sequentielle Speicherung, nach einem Neuzugang (in Verbindung mit Bild 43)

Während Zugänge, wie dargestellt, an der logisch richtigen Stelle eingefügt werden, werden Abgänge nicht gelöscht, sondern nur mit einem Löschmerkmal gekennzeichnet. Um die Kapazität des Plattenspeichers günstiger zu nutzen und die Zugriffsleistungen zu verbessern, ist es deshalb erforderlich, daß die Datei von Zeit zu Zeit reorganisiert wird. Bei einem solchen Neuaufbau dient der alte Datenbestand als Eingabe und ein neuer Plattenbereich als Ausgabe für die neu aufzubauende Datei. Die Reorganisation bewirkt, daß die durch ein Merkmal als veraltet gekennzeichneten Sätze entfernt und die gültigen Sätze so verteilt werden, daß Folgespuren und Folgebereiche (wie beim ersten Laden der Datei) leer bleiben. Gleichzeitig wird eine neue Index-Tabelle aufgebaut.

Durch die Verwendung der Index-Tabelle ist es möglich, die logisch fortlaufend organisierte Datei auch wahlfrei zu verarbeiten. Soll ein Satz mit einem beliebigen Schlüssel aufgerufen werden, so wird anhand der einzelnen Index-Ziffern festgestellt, zu welcher Spur unmittelbar zugegriffen werden muß oder ob der gesuchte Satz im Folgebereich steht.

Auch für die logisch fortlaufende Speicherung und Verarbeitung sollen die wesentlichen Merkmale noch einmal zusammengefaßt werden:

Speicherungsform

Beim Aufbau der Datei werden die Datensätze in ihrer Sortierfolge in aufeinanderfolgende Speicherplätze geladen

Es besteht keine rechnerische Beziehung zwischen dem Schlüsselbegriff eines Satzes und der Satzadresse

Beim Laden der Datei wird ein Adress-Index aufgebaut; hierbei handelt es sich um ein mehrstufiges Adressen-Verzeichnis, das den Zylinder und die Spur angibt, auf der die betreffenden Sätze gespeichert sind

Der Schlüsselbegriff muß dem Datensatz immer vorangestellt werden

Zugänge werden logisch richtig eingeführt, überlaufende Sätze in Folgespuren bzw. Folgebereichen untergebracht.

Verarbeitungsform

Die Verarbeitung kann sowohl logisch fortlaufend, d.h. in der Reihenfolge der Schlüsselbegriffe, als auch wahlfrei geschehen

Bei der logisch fortlaufenden Verarbeitung werden alle Sätze, bei wahlfreier Verarbeitung nur die zu ändernden Sätze, gelesen

Durch den Umweg über den Adress-Index wird die Verarbeitung verlangsamt, hat aber den Vorteil, daß die Sortierfolge erhalten bleibt

Satzformate sind: feste und variable Satzlänge, geblockt und ungeblockt.

3. Gestreute Speicherung und wahlfreie Verarbeitung (engl. random access method)

Erst diese Methode nutzt voll die Möglichkeit externer Speicher mit wahlfreiem Zugriff. Sie wird vorzugsweise dort angewandt, wo die Anzahl der Bewegungen nur zwischen 10 und 20% des Datenbestandes beträgt und die Bewegungen unsortiert verarbeitet werden.

Bei der gestreuten Speicherung besteht ein rechnerischer Zusammenhang zwischen dem Schlüsselbegriff des Datensatzes und der zugehörigen Satzadresse. Der Platz, auf dem ein Datensatz gespeichert werden soll, wird dadurch bestimmt, daß aus dem Schlüssel des Datensatzes die Speicheradresse (in der Praxis meist als Satzadresse bezeichnet) ermittelt wird. Der Vorteil des Verfahrens liegt darin, daß sowohl bei der Speicherung als auch bei der Verarbeitung der Datensätze die Satzadresse, und zwar ohne den Umweg über die Index-Tabelle, allein aus dem Schlüssel abgeleitet wird. Entsprechend erfolgt auch der Zugriff, also das Lesen und Zurückschreiben der Datensätze, schneller als bei der logisch fortlaufenden Speicherung und Verarbeitung.

Die Umrechnung des Schlüsselbegriffes in die Satzadresse kann nun auf zweierlei Art erfolgen, nämlich durch die Methode

der direkten Adressierung oder

der indirekten Adressierung,

auf die in den folgenden Abschnitten näher eingegangen wird.

Das Ergebnis der Umrechnung ist also die Satzadresse, die angibt, in welcher Spur der Magnetplatte ein bestimmter Datensatz gespeichert ist. Da wegen der verhältnismäßig großen Kapazität (die in der Praxis am meisten verwendete Magnetplatte hat eine Spur-Kapazität von 3.625 Bytes) meist mehrere Datensätze je Spur gespeichert werden können, muß der Spurnummer noch die Satznummer (=Stellung des Datensatzes innerhalb der Spur) hingefügt werden.

In der Regel wird nun aber nicht die absolute, durch die Technik des Plattenspeichers bestimmte, Adressierung, sondern die sogenannte relative Adressierung verwendet. Die relative Satzadresse entspricht deshalb nicht einer bestimmten Plattenspeicheradresse, sondern bezeichnet die Stellung eines Datensatzes innerhalb seiner Datei. Völlig unabhängig von dem absoluten Platz auf dem Plattenspeicher erhält bei der relativen Adressierung der erste Satz immer die relative Adresse 0, der zweite die relative Adresse 1 usw. Natürlich muß beim System der relativen Adressierung ein Zusammenhang zwischen dem Beginn einer Datei und der absoluten Anfangsadresse sichergestellt sein. Bild 45 zeigt noch einmal den Zusammenhang zwischen den absoluten Adressen eines Plattenspeichers und der relativen Adressierung.

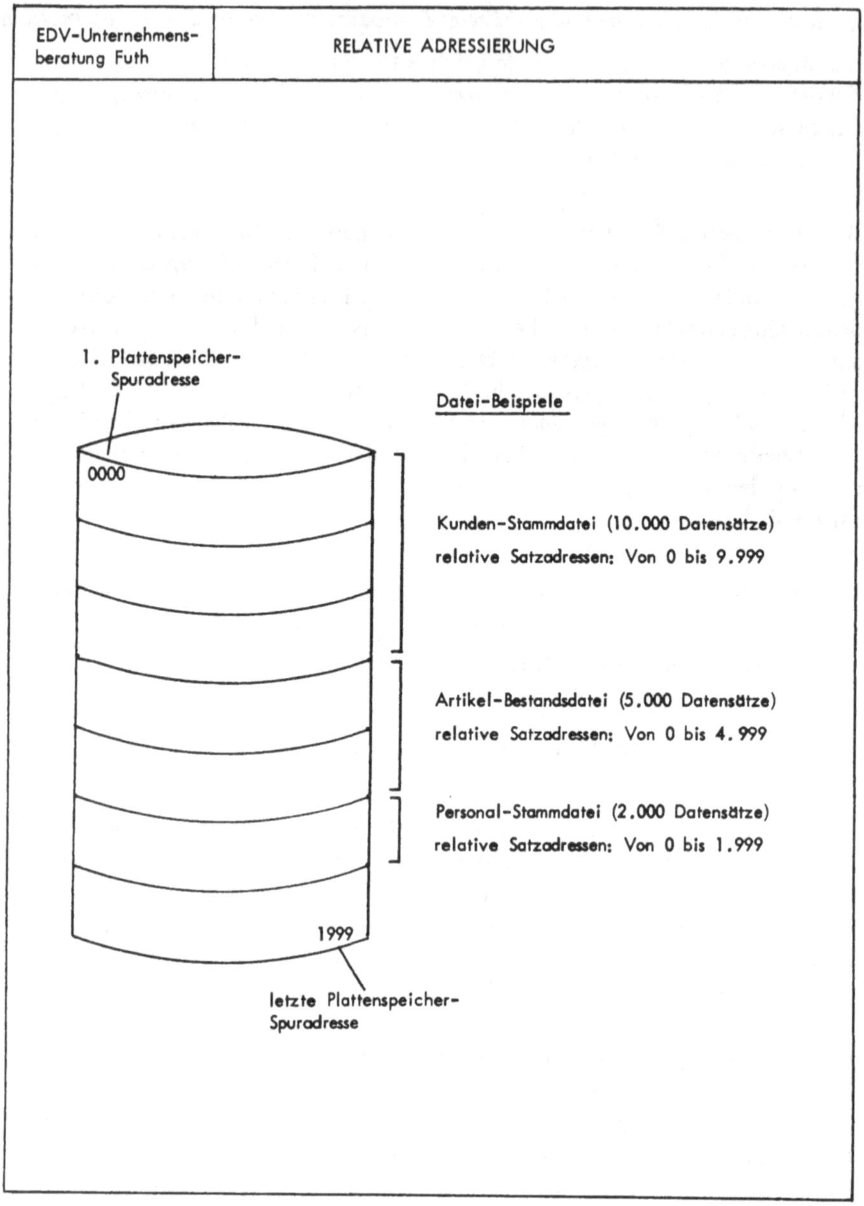

Bild 45: Relative Adressierung

a) Mit direkter Adressierung

Bei der Methode der direkten Adressierung besteht nun eine unmittelbare Beziehung zwischen dem Schlüsselbegriff des Datensatzes und der dazugehörigen Satzadresse. Im einfachsten Falle entspricht der Schlüsselbegriff direkt der relativen Satzadresse. Sind beispielsweise 5.000 Bestandssätze mit den lückenlosen Artikelnummern 0000 – 4999 zu speichern, so erhält der erste Datensatz die relative Satzadresse 0, der zweite Datensatz die relative Satzadresse 1 und der letzte Datensatz die relative Satzadresse 4999. In diesem Fall der direkten Adressierung ist keinerlei Umrechnung von Schlüsselbegriff in Satzadresse notwendig. Bild 46 veranschaulicht diesen Tatbestand.

Stimmen jedoch Schlüsselkapazität und Schlüsselbelegung nicht überein (was in der Praxis eher die Regel ist), so wäre der obengenannte Fall der Zuordnung unwirtschaftlich: Für die Speicherung von 2.000 Bestandssätzen über die folgenden Schlüsselkreise wäre nach dieser Methode die Reservierung von 6.300 Speicherplätzen (für nur 2.000 Datensätze) erforderlich:

Artikelnummer 1.000 – 1.499 = 500 Datensätze

Artikelnummer 2.000 – 2.199 = 200 Datensätze

Artikelnummer 3.000 – 3.399 = 400 Datensätze

Artikelnummer 4.000 – 4.299 = 300 Datensätze

Artikelnummer 5.000 – 5.099 = 100 Datensätze

Artikelnummer 6.000 – 6.199 = 200 Datensätze

Artikelnummer 7.000 – 7.299 = 300 Datensätze

Hierbei handelt es sich um einen klassifizierten Schlüssel, im vorliegenden Beispiel nach Artikelgruppen geordnet. Wie Bild 47 zeigt, kann der vorliegende Fall mit Schlüsselgruppierungen ebenfalls nach der direkten Adressierungsmethode gelöst werden, indem man ein Umrechnungsprogramm zwischenschaltet. Auch in diesem Fall kann eine wirtschaftliche Speicherung erzielt werden.

b) Mit indirekter Adressierung

Weisen jedoch die einzelnen Schlüsselgruppen in sich Lücken auf (werden beispielsweise einzelne Artikel nicht mehr geführt), so müssen bei der direkten Adressierung für die fehlenden Artikel im Speicher Lücken gelassen werden, was bedeutet, daß in der Regel mehr Speicherplatz als benötigt bereitgestellt werden muß. Die Sätze sind nicht mehr, wie beispielsweise bei der seriellen Speicherung, lückenlos hintereinander gespeichert, sondern es befinden sich freie Plätze zwischen den Sätzen. Auf der anderen Seite können Zugänge (für bisher nicht belegte Schlüsselnummern) jederzeit in die vorhandenen Lücken eingefügt werden.

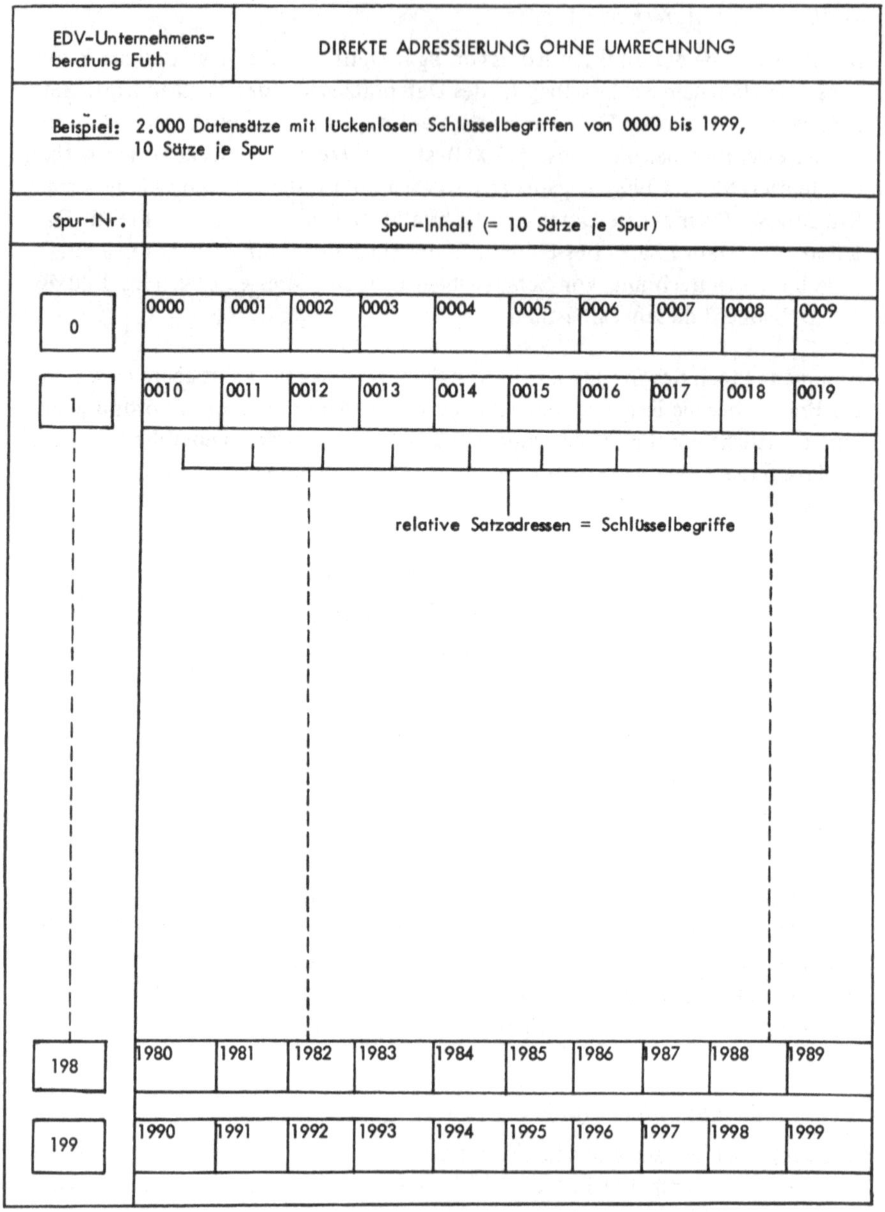

Bild 46: Direkte Adressierung ohne Umrechnung

Hieraus geht hervor, daß sich Schlüsselbegriffe und Dateien nicht immer für eine direkte Adressierung eignen. In diesen Fällen verwendet man die Methode der indirekten Adressierung, bei der die Beziehung zwischen dem Schlüsselbegriff und der Satzadresse mit Hilfe eines besonderen Umrechnungsverfahrens hergestellt wird. Kennzeichnend für die indirekte Adressierung ist, daß die relative Satzadresse nicht direkt aus dem Schlüsselbegriff abgeleitet werden kann, sondern erst mit Hilfe eines Umrechnungsverfahrens ermittelt werden muß. Das Umrechnungsverfahren ist so zu wählen, daß eine möglichst gleichmäßige Belegung der Spuren hergestellt wird und je Spur nicht mehr Satzadressen errechnet werden, als Sätze auf einer Spur unterzubringen sind.

Für die Umrechnung der Schlüsselbegriffe in Satzadressen gibt es nun eine Reihe von Methoden, deren aller Ziel es ist, eine Datei, deren Schlüssel vielstellig ist und Lücken aufweist, möglichst gleichmäßig auf den dazu vorgesehenen Speicherbereich zu verteilen. Bei allen Umrechnungsverfahren muß in Kauf genommen werden, daß die Sortierfolge der Schlüssel verloren geht und sowohl Mehrfachbelegungen als auch nicht belegte Speicherplätze vorkommen; Mehrfachbelegungen von Satzadressen ergeben sich dadurch, daß die Umrechnung verschiedener Schlüssel aus mathematischen Gründen zu ein und derselben Satzadresse führen kann (was zwar erhöhten Aufwand, nicht aber Fehler bedeutet). Es gilt deshalb, für einen bestimmten Anwendungsfall ein Umrechnungsverfahren zu finden, das die Anzahl der möglichen Mehrfachbelegungen einschränkt und nur wenige Belegungslücken aufweist. Eine der in der Praxis am meisten angewandten Methoden ist die Division des Schlüsselbegriffs durch eine Primzahl. Sie soll im folgenden anhand eines Beispiels erläutert werden.

Bei der Anwendung der Division durch eine Primzahl sind die nachstehenden Regeln zu beachten:

Die Anzahl der bereitzustellenden Speicherplätze soll um 10 bis 20% größer sein als die für die Speicherung der vorhandenen Sätze benötigte Kapazität, damit Zugänge und Mehrfachbelegungen von Satzadressen ohne Schwierigkeiten berücksichtigt werden können.

Es muß eine Primzahl gewählt werden, die der Anzahl der bereitzustellenden Speicherplätze am nächsten kommt; die Verwendung einer Primzahl als Divisor hat den Vorteil, daß wenig gleiche Reste auftreten und meist relativ wenig Mehrfachbelegungen vorkommen.

Das Rechenverfahren läuft wie folgt ab:

Der betreffende Schlüssel wird durch die gewählte Primzahl dividiert

Aus dem Divisionsrest wird die Spuradresse errechnet, indem dieser durch die Spurkapazität (= Anzahl Sätze je Spur) dividiert wird

Aus dem Divisionsrest der vorangegangenen Rechnung wird die Satznummer errechnet, indem zum Divisionsrest eine 1 hinzuaddiert wird.

EDV-Unternehmensberatung Futh	DIREKTE ADRESSIERUNG MIT UMRECHNUNG

Beispiel: 2.000 Datensätze mit Schlüsselbegriffen von 1.000 - 1.499, 2.000 - 2.199, 3.000 - 3.399, 4.000 - 4.299, 5.000 - 5.099, 6.000 - 6.199 und 7.000 - 7.299, 10 Sätze je Spur

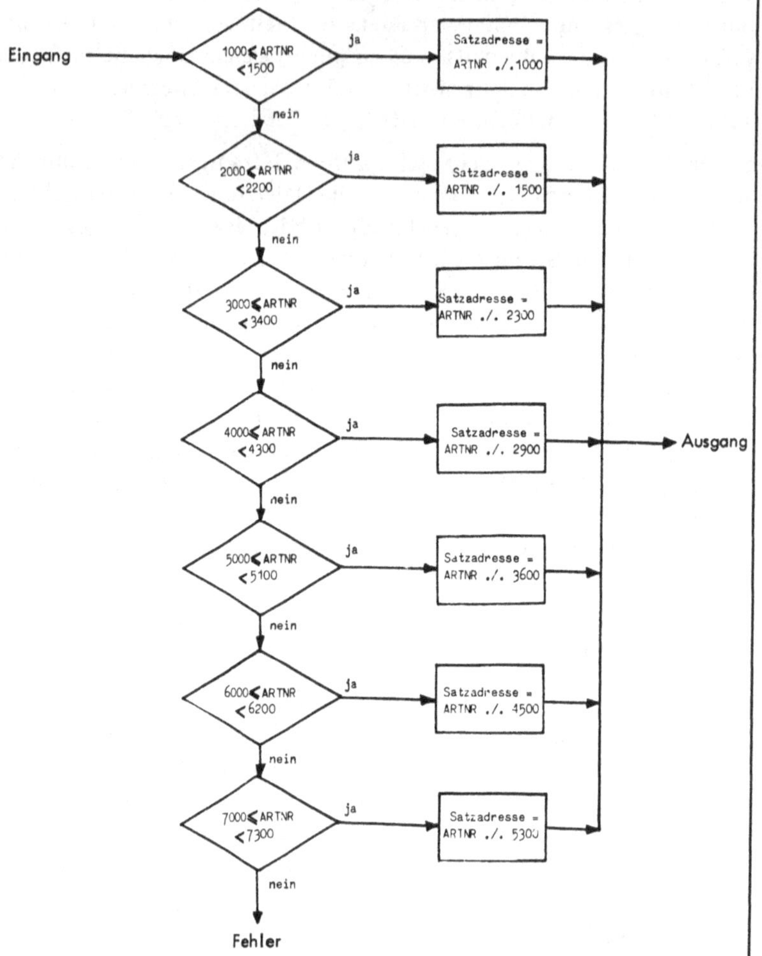

Bild 47: Direkte Adressierung mit Umrechnung (1)

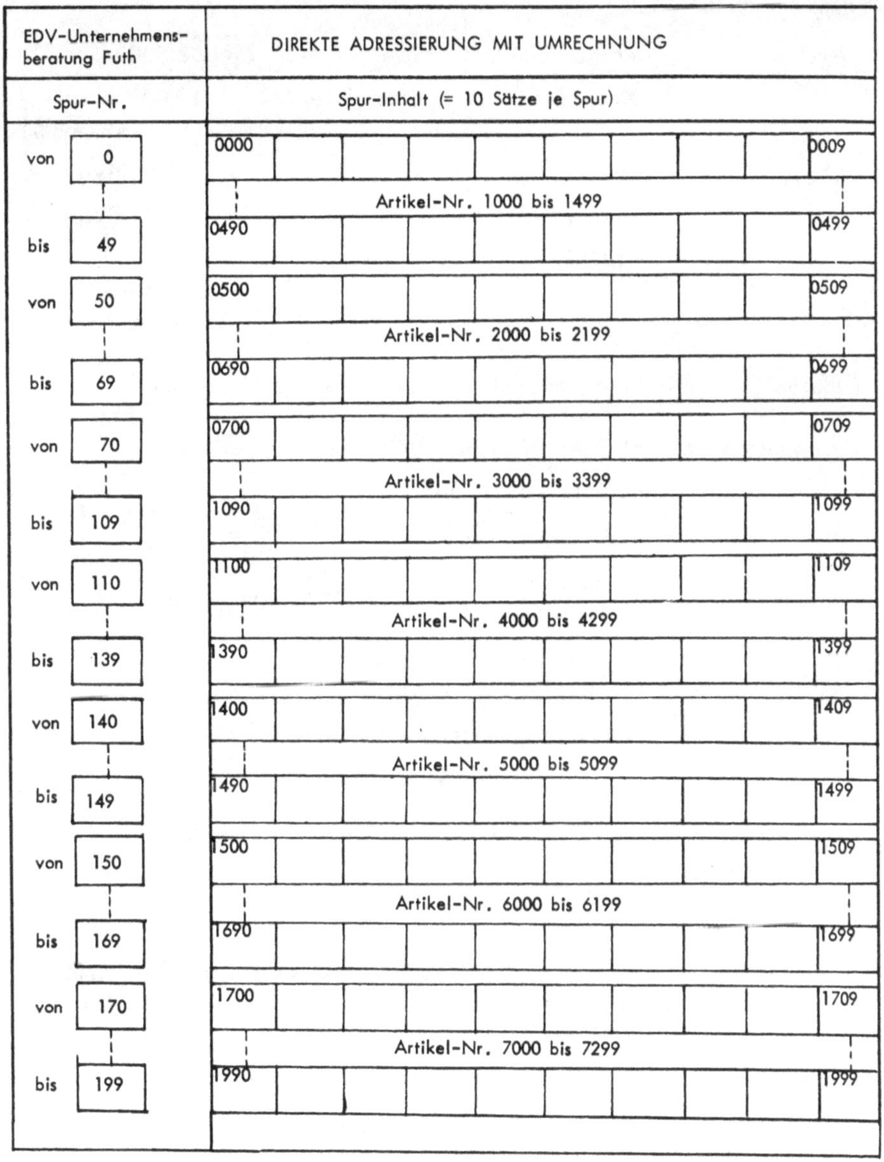

Bild 47: Direkte Adressierung mit Umrechnung (2)

Beispiel:

Gegeben:	Vorhandene Artikelsätze	=	8.500
	Bereitzustellende Speicherplätze	=	10.000 (10 – 20% mehr)
	Satzlänge	=	500 Bytes
	Spurkapazität	=	3.625 Bytes
	Anzahl Sätze je Spur	=	6 (wegen Satzzwischenräume)

Gesucht: Spuradresse und Satz-Nr. für Artikel-Nr. 25 368

Rechenverfahren:

a) Primzahl suchen = 9.973 (ähnlich 10.000)

b) $\frac{\text{Schlüssel}}{\text{Primzahl}} = \frac{25\,368}{9973} = 2, \underline{\text{Rest } 5.422}$

c) $\frac{\text{Divisionsrest}}{\text{Anzahl Sätze je Spur}} = \frac{5422}{5} = \underline{1084, \text{Rest } 2}$

d) Divisionsrest + 1 = Satz-Nr.
2 + 1 = 3

e) Ergebnis: Spuradresse = **1084**
Satz-Nr. = **3**

Die wesentlichen Merkmale der gestreuten Speicherung und wahlfreien Verarbeitung sind zusammengefaßt:

Bei der direkten Adressierung

Ausgehend vom Schlüsselbegriff wird jede Satzadresse direkt gefunden; die Verarbeitung kann sowohl wahlfrei als auch fortlaufend erfolgen, wobei die nicht angesprochenen Datensätze überlesen werden

Nur die angesprochenen Datensätze werden eingelesen und verarbeitet

Der Datenbestand ist in sortierter Reihenfolge gespeichert; eine sortierte Eingabe der Bewegungen vermindert die Zugriffszeiten

Es kommen keine Mehrfachbelegungen vor

Zugänge können leicht in die vorhandenen Lücken aufgenommen werden.

Bei der indirekten Adressierung

Der Datenbestand ist unsortiert gespeichert; eine Sortierung der Bewegungen bringt keine Zeitvorteile

Die Verarbeitung erfolgt wahlfrei

Soll eine Verarbeitung fortlaufender Schlüsselbegriffe durchgeführt werden (beispielsweise Drucken einer Bestandsliste nach Artikelnummern), so muß der Datenbestand vor der Verarbeitung sortiert werden

Nur die angesprochenen Datensätze werden eingelesen und verarbeitet

Zugänge können leicht eingefügt werden.

Bild 48 zeigt eine Übersicht über die Speicherungs- und Verarbeitungsformen bei Magnetplatten, und in Bild 49 ist ein Diagramm für die Wahl der Speicherungs- und Verarbeitungsform für einen bestimmten Anwendungsfall dargestellt.

Datenbank-Technik (gekettete Dateien)

Die Einführung integrierter Datenverarbeitungs- und Informationsprozesse erfordert, daß die bisherigen Speicherorganisationen um zusätzliche Techniken ergänzt werden. Während herkömmliche Datenverarbeitungsverfahren die gespeicherten Dateien im allgemeinen getrennt behandeln, verlangt der Einsatz maschineller Informationssysteme den Aufbau und Betrieb von Datenbänken, in denen alle für das Unternehmen interessierenden Dateien gespeichert sind. Da zwischen den einzelnen Dateien einer Datenbank logische Zusammenhänge bestehen, müssen sie zusätzlich miteinander verknüpft werden können. Bild 50 zeigt das Beispiel eines Datenbank-Systems.

Unter Datenbank-Techniken werden nun die verschiedenen Methoden zur Verknüpfung von Dateien mit Hilfe übergeordneter Schlüsselbegriffe verstanden, deren bekanntestes Verfahren die Verkettung von Dateien bzw. Datensätzen ist. Bei einer solchen Adressverkettung werden alle logisch zusammengehörenden Datensätze miteinander verbunden, indem man in den Datensätzen die Adressen der verknüpften Sätze mitspeichert – ein Vorgang, der als Ketten bezeichnet wird.

Die Kettung kann nun in der Weise erfolgen, daß ein Datensatz in eine Richtung an einen anderen Datensatz gekettet wird, wobei es für das Prinzip unerheblich ist, ob die geketteten Sätze zu ein und derselben oder zu verschiedenen Dateien gehören. Bei der Kettung in eine Richtung spricht man von einer *offenen Kette.* Das Prinzip der Adressverkettung mit Hilfe einer offenen Kette läßt sich am besten am Beispiel der Stücklistenauflösung zeigen: Jedes Erzeugnis der Stückliste setzt sich aus seinen Bestandteilen zusammen, meist nach Baugruppen und Einzelteilen unterschieden. Für jede Baugruppe und für jedes Einzelteil besteht nun, und zwar völlig unabhängig von einer bestimmten Stückliste, ein Teilestammsatz, in dem eine Reihe von Daten gespeichert sind, wie beispielsweise Teilenummer, Teilebezeichnung, Maßeinheit, Materialangaben, Lagerbestand, offene Bestellungen und der festgelegte Bedarf für die nächsten Perioden. Alle Teilestammsätze, die nun zu einem bestimmten Erzeugnis gehören, müssen mit Hilfe der Adressverkettung, wie in Bild 51 dargestellt, sinnvoll verknüpft werden.

EDV-Unternehmensberatung Futh	SPEICHERUNGS- UND VERARBEITUNGSFORMEN			
Art des Ladens und Verarbeitungsformen / Speicherungsformen	fortlaufend		gestreut	
	starr fortlaufend	logisch fortlaufend	direkte Adressierung	indirekte Adressierung
1. Laden	sortiert (evtl. unsortiert)	sortiert	sortiert oder unsortiert	sortiert oder unsortiert
2. Verarbeitungsformen				
2.1 starr fortlaufend	Lesen, Zurückschreiben	nein	Lesen, Zurückschreiben (Zugänge auf Lücken prüfen)	nein
2.2 logisch fortlaufend	Lesen, Zurückschreiben	Lesen, Zurückschreiben	Lesen, Zurückschreiben (Zugänge auf Lücken prüfen)	nein
2.3 wahlfrei	nein	über Indextabelle, Lesen, Zurückschreiben, Zugänge	Lesen, Zurückschreiben, Zugänge	Lesen, Zurückschreiben, Zugänge

Anmerkung: Die umrandeten Formen stellen den Normalfall dar

Bild 48: Speicherungs- und Verarbeitungsformen bei Magnetplatten (nach einer Vorlage der IBM)

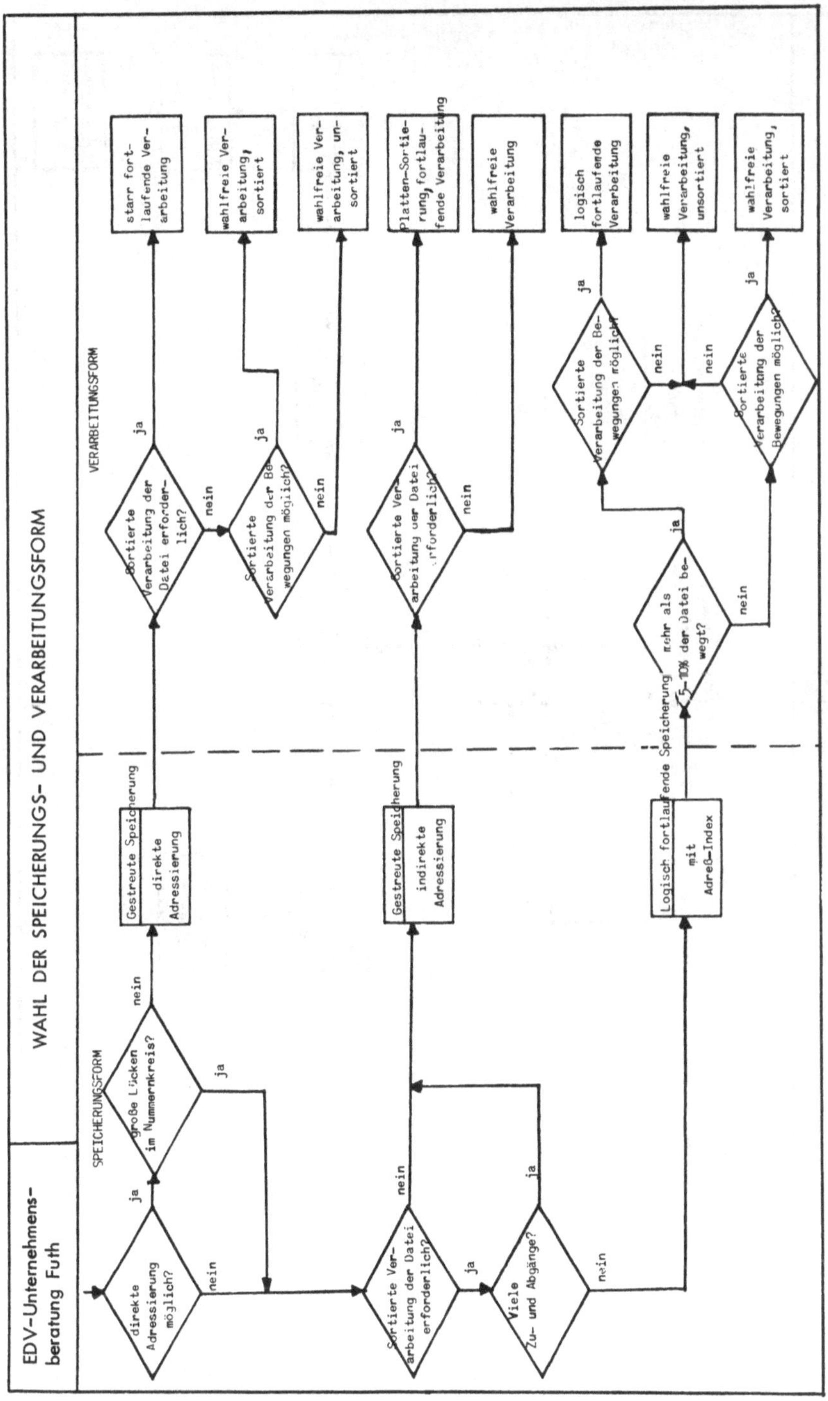

Bild 49: Überlegungen bei der Wahl der Speicherungs- und Verarbeitungsform (nach einer Vorlage der IBM)

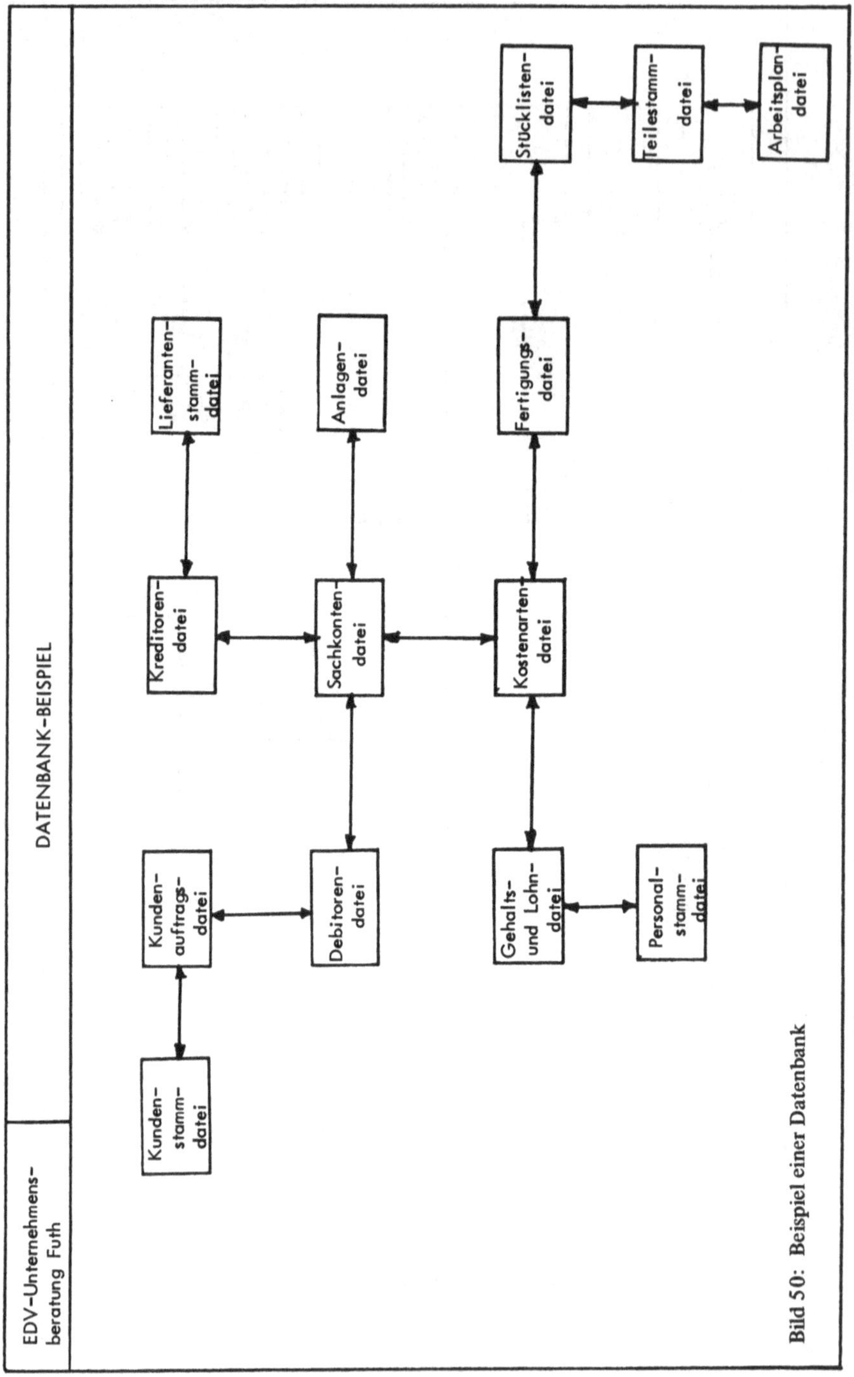

Bild 50: Beispiel einer Datenbank

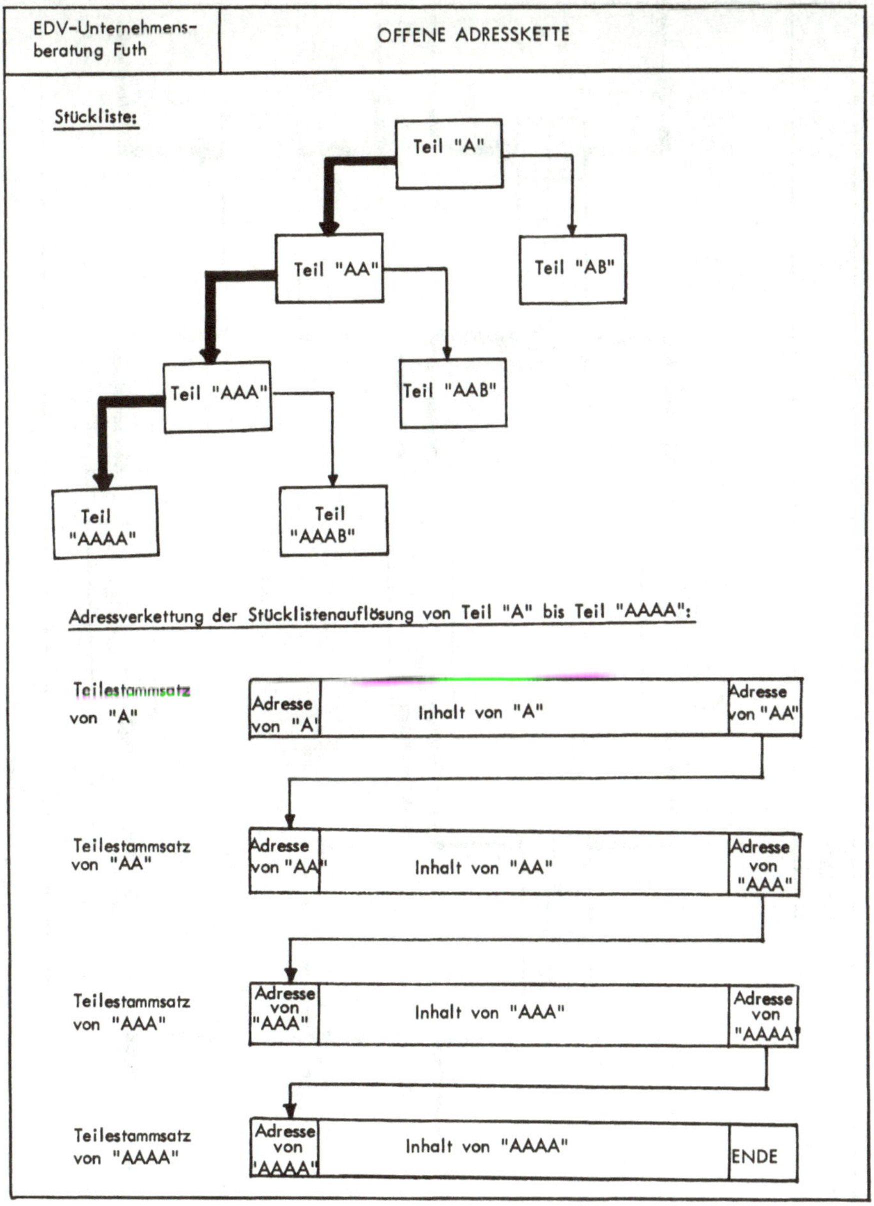

Bild 51: Beispiel einer offenen Adresskette (innerhalb einer Datei)

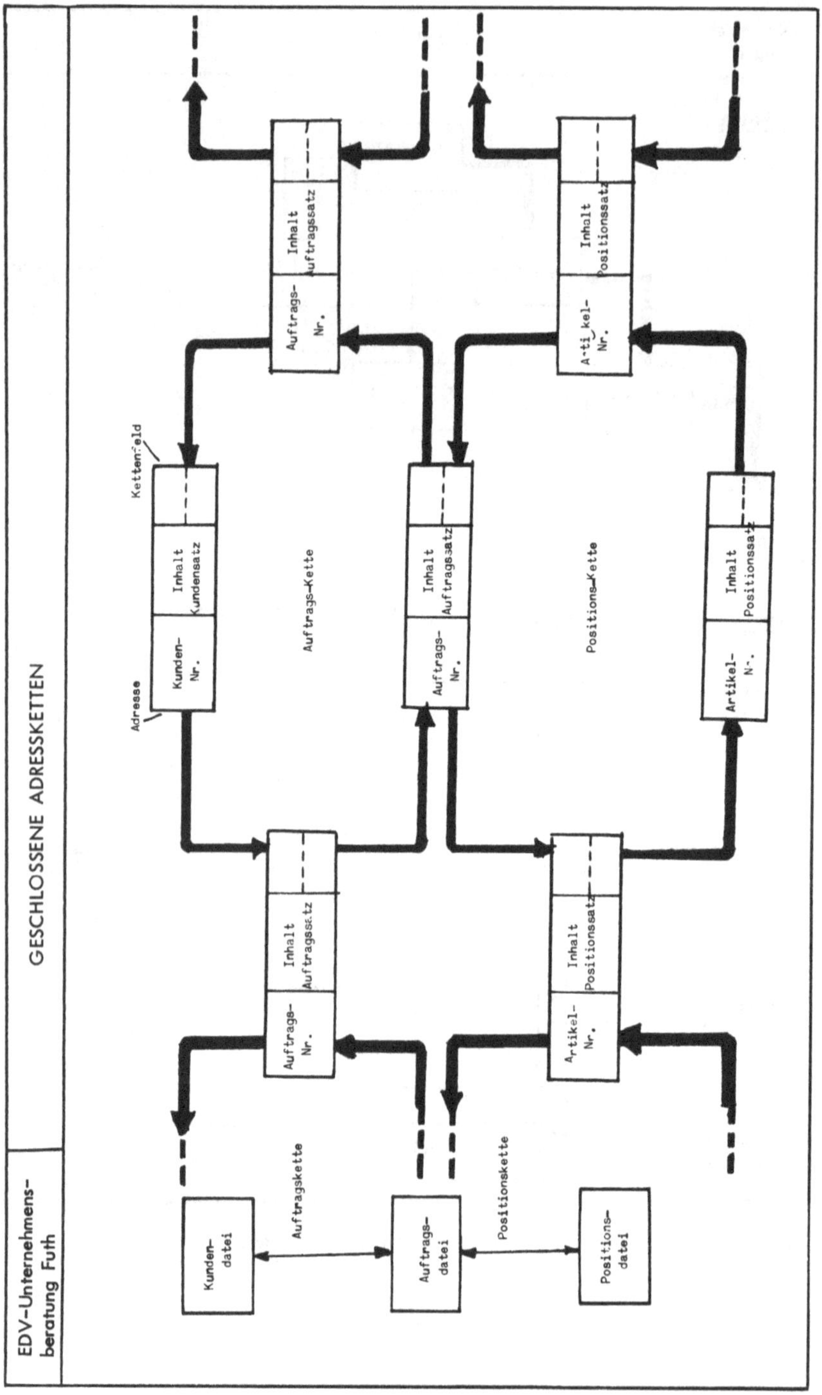

Bild 52: Beispiel geschlossener Adressketten (mit mehreren Dateien)

Wird dagegen nicht nur in eine Richtung gekettet, sondern kann von einem geketteten Satz wieder auf den Vorsatz zurückgegriffen werden, so handelt es sich um eine *geschlossene Kette.* Bild 52 zeigt das Beispiel einer geschlossenen Adresskette bei mehreren Dateien.

Erst die Technik geketteter Dateien ermöglicht den Betrieb von Datenbänken und schafft damit die Voraussetzungen für den Einsatz komplexer Datenverarbeitungs- und Informationssysteme. Die Vorzüge dieser Technik dürfen jedoch nicht darüber hinweg täuschen, daß die Speicherung und Führung von Datenbänken nicht nur großer Speichermittel mit wahlfreiem Zugriff bedürfen, sondern auch einen hohen organisatorischen und programmierungstechnischen Aufwand erfordern. Um diesen Aufwand für den einzelnen Benutzer zu begrenzen, bieten die meisten Hersteller von DV-Anlagen Standardprogramme zur Verkettung von Datensätzen und Dateien an.

2.46 *Kontrollen und Datensicherung*

2.461 Sicherheit des EDV-Prozesses

Jeder EDV-Prozess setzt sich aus einer Kette von manuellen und maschinellen Tätigkeiten zusammen: EDV-Organisator und Programmierer entwerfen das EDV-System und arbeiten die Programme aus, der Sachbearbeiter erfaßt die einzugebenden Daten, die dann von Datatypistinnen in Lochkarten oder auf Magnetband übertragen werden, und der Operator schließlich bedient die DV-Anlage und handhabt das umgestellte System. Alle diese Tätigkeiten können von Mißverständnissen, Fehlern und Irrtümern begleitet sein, so daß es entscheidend darauf ankommt, den Datenfluß in jeder Stufe zu kontrollieren und zu sichern. Dies gilt umso mehr, als die Beseitigung von Fehlern in integrierten EDV-Abläufen außerordentlich schwierig und aufwendig sein kann.

Hinzu kommt, daß alle externen Speicher – im Gegensatz zur Lochkarte und zum Lochstreifen – wiederverwendungsfähig sind, was bedeutet, daß die gespeicherten Daten gelöscht und durch andere Daten ersetzt werden können. Um die Dateien vor versehentlichem Überschreiben zu schützen, muß eine wirksame Datensicherung vorgesehen sein. Auch Verschmutzung und Staubeinwirkung oder technische Fehler können Datenbestände zerstören oder unlesbar machen.

Kontrollen und Datensicherung beziehen sich auf das Erkennen sowohl formeller als auch sachlicher Fehler. Beispiele formeller Fehler sind:

die fehlerhafte Übertragung Urbeleg – Ablochbeleg

Fehler beim Lochen und Prüfen

Eingabe falscher Daten

Einlegen eines falschen Magnetbandes

diverse Maschinenfehler

Unter dem Begriff "sachliche Fehler" werden alle diejenigen Fehler verstanden, die den Inhalt der Daten selbst betreffen. So kann beispielsweise ein falscher Schlüsselbegriff auf dem Urbeleg weder von der Locherin noch vom Operator, wohl aber von der DV-Anlage mit Hilfe einer programmierten Kontrolle bemerkt werden.

Alle Maßnahmen zum Erkennen (teilweise auch zur automatischen Beseitigung) von Fehlern können unterteilt werden nach:

Hardware-Kontrollen

programmierten Kontrollen

organisatorischen Maßnahmen

Zu den Hardware-Kontrollen gehören beispielsweise die Lochzahlprüfung bei der Karteneingabe, die Verwendung von Prüfbits bei der Magnetbandspeicherung und die Echokontrolle beim Schnelldrucker. Hardware-Kontrollen können nur im Zusammenhang mit der Technik der elektronischen Datenverarbeitung behandelt werden und sind deshalb nicht Gegenstand dieses Buches.

2.462 Programmierte Kontrollen

Programmierte Kontrollen, in Form von Prüfprogrammen bzw. -programmteilen, sollen sicherstellen, daß die eingegebenen Daten richtig sind, die errechneten Zwischen- und Endsummen mit Hilfe von Abstimmsummen geprüft, gesetzlich vorgeschriebene Erhebungen und Errechnungen ordnungsgemäß durchgeführt und Betrügereien und Unterschlagungen im Unternehmen verhindert werden. Die programmierten Kontrollen lassen sich unterteilen in:

Kennsatzprüfungen

Prüfziffernverfahren

Bildung von Kontrollsummen

Querprüfungen und Nullkontrollen

Grenzkontrollen

Folge- und Zuordnungskontrollen

Kontrollpunktverfahren.

Kennsatzprüfungen

Kennsatzprüfungen dienen dazu sicherzustellen, daß bei einer Arbeit kein falsches Magnetband oder kein falscher Magnetplattenstapel verwendet und kein Speichermittel, das noch wichtige Daten enthält, überschrieben wird. Das Prüfen der Kennsätze geschieht im allgemeinen durch Standard-Unterprogramme, die vom Hersteller der DV-Anlage zur Verfügung gestellt werden.

Während es bei der Magnetplattenspeicherung nur einen einzigen Kennsatz gibt, unterscheidet man bei Magnetbändern den Bandvorsatz am Anfang eines Bandes und den Bandnachsatz am Ende. Zwischen beiden Kennsätzen sind dann die Datensätze gespeichert. Vor dem Lesen eines Magnetbandes prüft das Programm anhand des Kennsatzes, ob der Bediener das richtige Magnetband eingelegt hat. Beim Beschreiben eines Bandes wird dagegen kontrolliert, ob dieses Band bereits freigegeben ist, d.h. ob die auf dem Band gespeicherten Daten gelöscht und überschrieben werden können. Bild 53 zeigt ein Magnetband mit Bandkennsatz und den Inhalt eines standardmäßigen Bandvor- und -nachsatzes.

Prüfziffernverfahren

Auch die Anwendung von Prüfziffernverfahren gehört heute zu den wirksamsten EDV-Kontrollen. Nicht nur Schlüssel können durch Prüfziffern abgesichert werden. Die gleichen Verfahren dienen auch zur Kontrolle der richtigen Übertragung von Mengen- und Betragsangaben. Bei jeder Angabe der Begriffe und Summen (einschl. Prüfziffer) wiederholt das Programm die Errechnung der Prüfziffer und vergleicht das Ergebnis mit dem eingegebenen Prüfziffernwert. Da Prüfziffernverfahren bereits an anderer Stelle ausführlich behandelt wurden, braucht hier nicht näher darauf eingegangen zu werden.

Bildung von Kontrollsummen

Ein weiteres Beispiel programmierter Kontrollen ist die Bildung von Kontrollsummen aus Betrags- oder Mengenangaben. Dieses Verfahren läuft so ab, daß bei der Erfassung nicht nur die einzelnen Werte, sondern auch die (mit den Buchungen mitgelieferten oder bei der Erfassung aufaddierten) Zwischen- und Endsummen mit in Datenträger übertragen werden. Um auftretende Fehler besser einkreisen zu können, empfiehlt es sich, nicht nur eine Gesamtsumme, sondern je Kontrollkreis eine Zwischensumme zu bilden, die dann den Einzelwerten bei der Erfassung hinzugefügt wird. Beispiele solcher Kontrollkreise sind Kostenstellen, Verkaufsbüros, Abrechnungskonten u.a. Bei der Eingabe in die DV-Anlage werden die Einzelposten dann noch einmal addiert und die errechnete Summe mit der eingegebenen Kontrollsumme verglichen. Bei mangelnder Übereinstimmung verzweigt das Programm in ein Fehler-Unterprogramm, in dem dann die vorgesehenen Maßnahmen, beispielsweise der Ausdruck eines Fehlerhinweises, durchgeführt werden.

Ein gutes Beispiel für die Bildung und Abstimmung von Kontrollsummen ist die Kontrolle bei der Brutto-Lohnabrechnung. Als Kontrollsumme dient hier die meist im voraus ermittelte Anwesenheitszeit des Arbeiters, die aus dem Stempelaufdruck der Uhrzeitkarte errechnet wurde. Das Programm vergleicht dann die eingegebene Anwesenheitszeit mit der abgerechneten Gesamtzeit. Bild 54 zeigt den Ablauf bei der Bildung und Prüfung von Kontrollsummen.

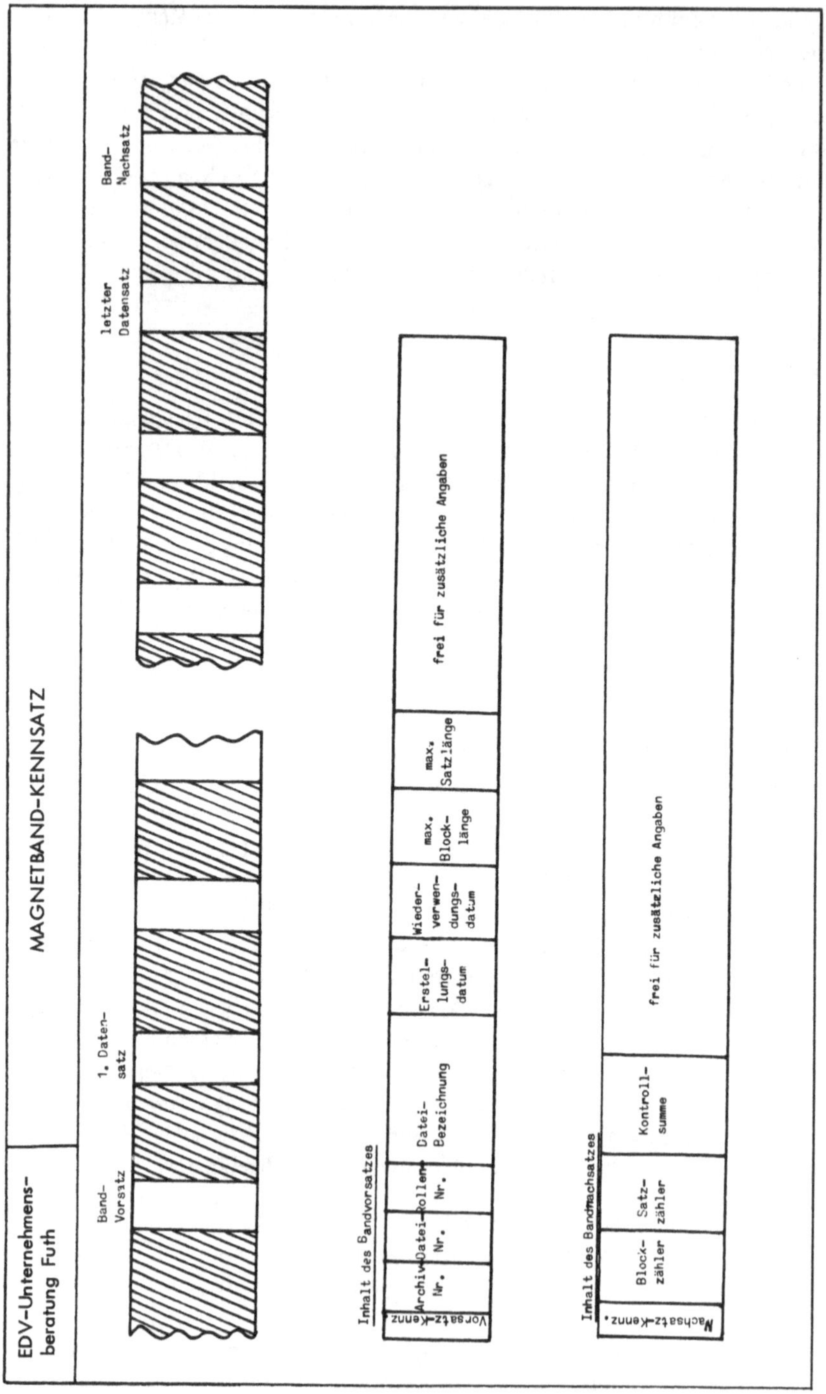

Bild 53: Magnetband-Kennsatz

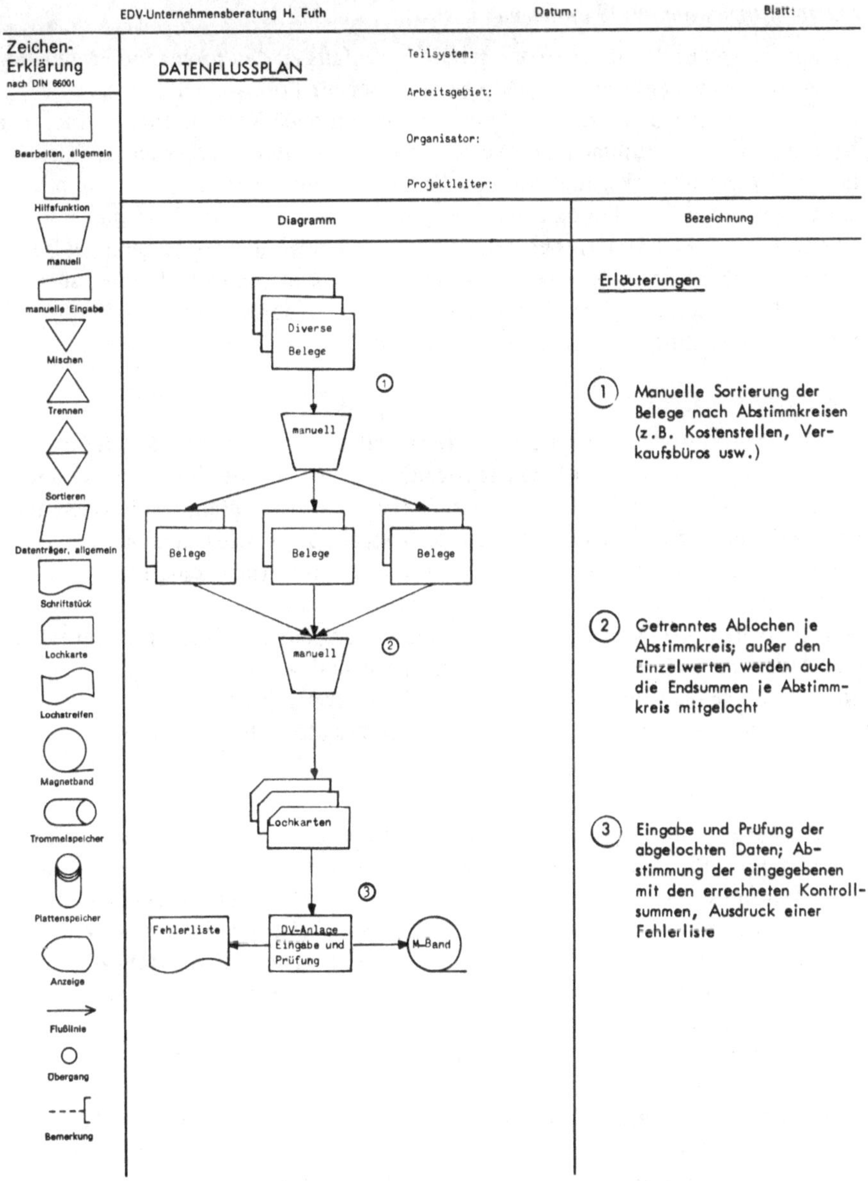

Bild 54: Kontrollsummenbildung und -prüfung

Querprüfungen und Nullkontrollen

Querprüfungen und Nullkontrollen gehören ebenfalls zu den programmierten Kontrollen. Querprüfungen werden beispielsweise bei der Lohnabrechnung dazu benutzt, die Summe aller Bruttoverdienste, unterteilt nach Kostenstellen und Kostenbereichen, mit den Summen aller Nettoverdienste und der gesetzlichen und persönlichen Abzüge zu vergleichen. Weichen die Summen voneinander ab, so sind bei der Eingabe oder Errechnung Fehler aufgetreten, und das Kontrollprogramm verzweigt in ein Fehler-Unterprogramm. Nullkontrollen werden vorwiegend bei Buchungsaufgaben verwendet. Da infolge der doppelten Buchung die Summe aller Haben-Buchungen gleich der Summe aller Soll-Buchungen sein muß, ergibt die Differenz bei richtiger Verbuchung immer Null.

Grenzkontrollen

Bei der Grenzkontrolle wird maschinell ermittelt, ob eingegebene oder errechnete Werte innerhalb bestimmter Bereiche liegen, d.h. vorgegebene Grenzen nicht überschreiten. Nach diesem Verfahren läßt sich beispielsweise prüfen, ob die gelochten oder verrechneten Lohnsätze unterhalb des festgelegten Höchstsatzes liegen. Grenzkontrollen können auch gut für die Prüfung von Eingabekennzeichen und Schlüsselbegriffen verwendet werden. Kommen beispielsweise nur 6 unterschiedliche Artikelgruppen vor, so kann das Programm prüfen, ob fehlerhafte oder falsch gelochte Schlüssel in den Datenträgern enthalten sind. Zu den Grenzkontrollen gehören auch die Plausibilitätsprüfungen, bei denen kontrolliert wird, ob eine Angabe oder ein Wert plausibel sind, d.h. im Bereich des Möglichen liegen.

Folge- und Zuordnungskontrollen

Bei den Folge- und Zuordnungskontrollen werden verschiedene Dateien oder Tabellen miteinander auf Zugehörigkeit zu einem bestimmten Arbeitsgebiet verglichen. Ein Bewegungssatz (beispielsweise die Daten eines Lohnbeleges) muß immer einem Stammsatz (mit den Stammdaten des betreffenden Mitarbeiters) zuzuordnen sein. Die Zuordnung selbst wird über den Schlüsselbegriff durchgeführt. Der Datensatz beispielsweise, der eine falsche Artikelnummer enthält, wird nicht bearbeitet, wenn diese Nummer nicht dem gespeicherten Artikelverzeichnis entspricht. Mit Hilfe der Folgekontrolle läßt sich bei (sortierten) Datenbeständen feststellen, ob ein Datensatz mit dem gleichen Schlüssel zweimal vorkommt, ob für jeden Schlüsselbegriff überhaupt ein Datensatz vorhanden ist und ob alle Datensätze einer Datei eine bestimmte Sortierordnung aufweisen. Mehrfach vergebene Auftrags- oder Rechnungsnummern können auf diese Weise genauso erkannt werden wie fehlende. Bild 55 zeigt das Beispiel einer Folge- und Zuordnungskontrolle.

Kontrollpunktverfahren

Die Betriebssysteme der meisten Hersteller von DV-Anlagen unterstützen standardmäßig die Verwendung sogenannter Kontrollpunkte (engl. check points). Program-

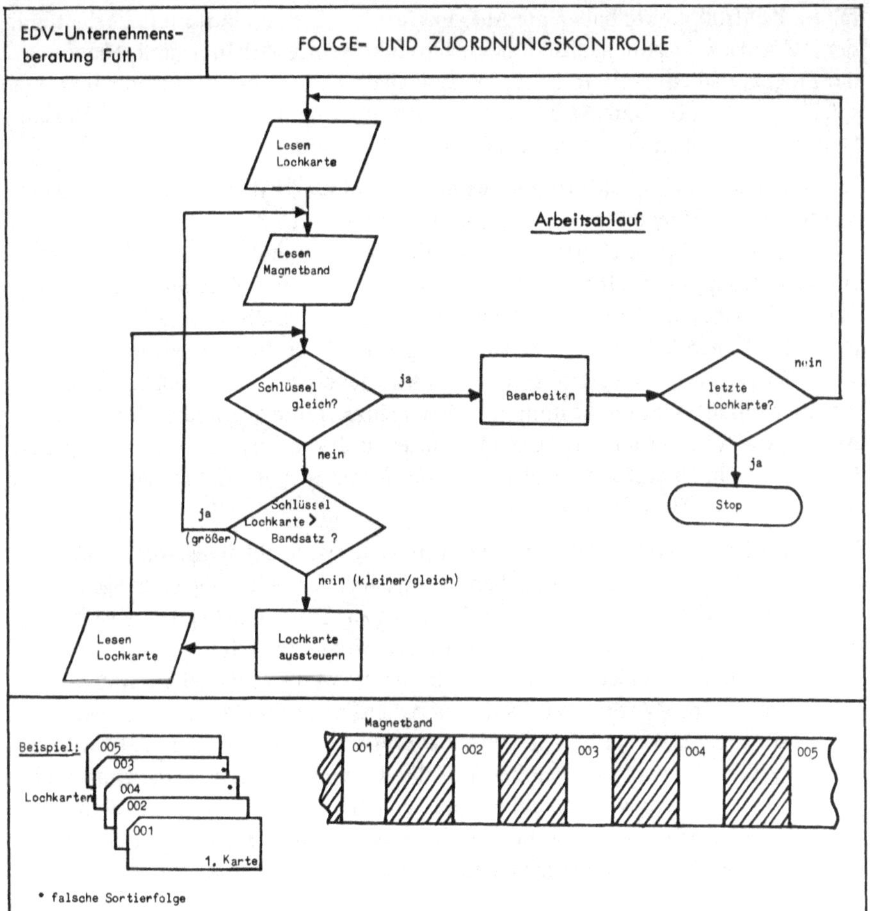

Ablauf eines Beispiels:

Eingabe Lochkarte		Eingabe Magnetband	
001	=	001	Bearbeitung
002	=	002	Bearbeitung
004	>	003	LK- Schlüssel > Bandsatzschlüssel
004	=	004	Lesen nächsten Bandsatz und Bearbeitung
003	≤	005	LK-Schlüssel ≤ Bandsatzschlüssel
005	=	005	Lesen nächste Lochkarte und Bearbeitung. Lochkarte 003 wird ausgesteuert und nicht verarbeitet
		usw.	

Bild 55: Beispiel einer Folge- und Zuordnungskontrolle

mierte Kontrollpunkte haben die Aufgabe festzustellen, ob bestimmte Arbeiten in der DV-Anlage bis zum nächsten Kontrollpunkt richtig verlaufen sind. Hierzu wird der Programmablauf zeit- (d.h. zum Beispiel jede Minute) oder mengenmäßig (beispielsweise je 1.000 Datensätze) in Abschnitte aufgeteilt, die einzeln und für sich bearbeitet und nach ihrer Erledigung kontrolliert werden.

Ist ein Arbeitsabschnitt bis zum nächsten Kontrollpunkt richtig abgelaufen, werden bestimmte Hinweisdaten herausgeschrieben, und die Arbeit wird bis zum nächsten Kontrollpunkt fortgesetzt. Stellt das Programm dagegen vor Erreichen eines Kontrollpunktes einen Fehler fest (auch technische Fehler durch Stromausfall und Maschinenstörungen gehören hierzu), so werden die Teilergebnisse des laufenden Kontrollabschnittes zerstört, und es wird der Zustand wieder hergestellt, der zur Zeit des letzten Kontrollpunktes geherrscht hat: Summenspeicher werden gelöscht oder um bestimmte Werte reduziert und Magnetbänder auf die Ausgangsstellung des letzten Kontrollpunktes zurückgesetzt. Außerdem zeigt das Programm dem Operator an, welche Lochkarten er noch einmal vorlegen muß und welcher Teil der Druckausgabe wiederholt wird.

Da Kontrollpunktverfahren (engl. restart procedures) unabhängig von den Aufgaben verwendet werden können, haben die meisten Hersteller, wie eingangs erwähnt, Prüfpunktroutinen (= Unterprogramme zur Durchführung von Kontrollpunktverfahren) geschaffen, die den Anwenderprogrammen hinzugefügt werden. Die Aufzeichnung von Kontrollpunkten bietet damit die Möglichkeit, mit einem Programm an einer bestimmten Stelle des Arbeitsablaufs wieder zu beginnen, wenn während des Ablaufs Fehler oder Störungen aufgetreten sind. Der Vorteil dieser Verfahren liegt darin, daß bei Ausfall oder fehlerhafter Verarbeitung ein Programm nicht ganz von vorn ablaufen muß, sondern beim letzten Kontrollpunkt, bei dem die Verarbeitung noch richtig war, wieder einsetzen kann. Bild 56 zeigt ein Beispiel für die Verwendung von Kontrollpunkten.

2.463 Organisatorische Maßnahmen

Trotz umfangreicher Hardware-Sicherung und programmierter Kontrollen kann es in Ausnahmefällen, vor allem beim Zusammentreffen mehrerer Fehlerursachen, zum Verlust gespeicherter Daten kommen. Beispielsweise gibt der Operator eine falsche Sperrfrist an, oder es wird ein falsches Tagesdatum in die DV-Anlage eingegeben. Um sich auch gegen solche Fälle zu schützen, müssen die Daten so gesichert sein, daß verloren gegangene oder gelöschte Datenbestände jederzeit und mit einem Minimum an Aufwand rekonstruiert werden können.

Bei der Magnetbandverarbeitung erfolgt die Datensicherung durch die Anwendung des sogenannten Generationen-Prinzips. So dürfen beispielsweise die Bestandsdaten der Januar-Lagerabrechnung nicht vor der Durchführung der März-Lagerabrechnung gelöscht werden, weil erst zu diesem Zeitpunkt festgestellt werden kann, ob die – auf den Januar-Endbeständen aufbauenden – Februar-Lagerbestände vollständig und richtig erhalten sind. Stellt sich dagegen bei der März-Abrechnung die Zerstö-

EDV-Unternehmensberatung Futh	KONTROLLPUNKTVERFAHREN

Arbeitsablauf

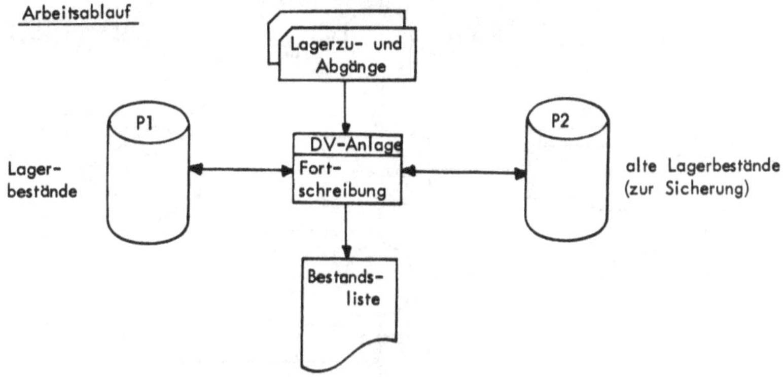

1. Arbeitsablauf (ohne Störung)

   a) Einlesen alter Bestand vom Plattenspeicher P1

   b) Speichern alter Bestand auf Plattenspeicher P2 (1.000 Sätze max.)

   c) Verbuchen Zu- und Abgänge

   d) Speichern neuer Bestand auf Plattenspeicher P1 (zerstört alten Bestand!)

   e) Wenn 1.000 Sätze auf Plattenspeicher P2 gespeichert und keine Störung, dann Löschen der 1.000 Sätze und Speicherung der nächsten Sätze

2. Arbeitsablauf (mit Störung)

   a) bis d) wie Arbeitsablauf 1.

   e) Bei Störung werden nach Beseitigung der Störung die gesicherten Datensätze vom Plattenspeicher P1 zurückgeschrieben und die Arbeiten vom letzten Kontrollpunkt an wiederholt

Bild 56: Beispiel einer Verwendung von Kontrollpunktverfahren

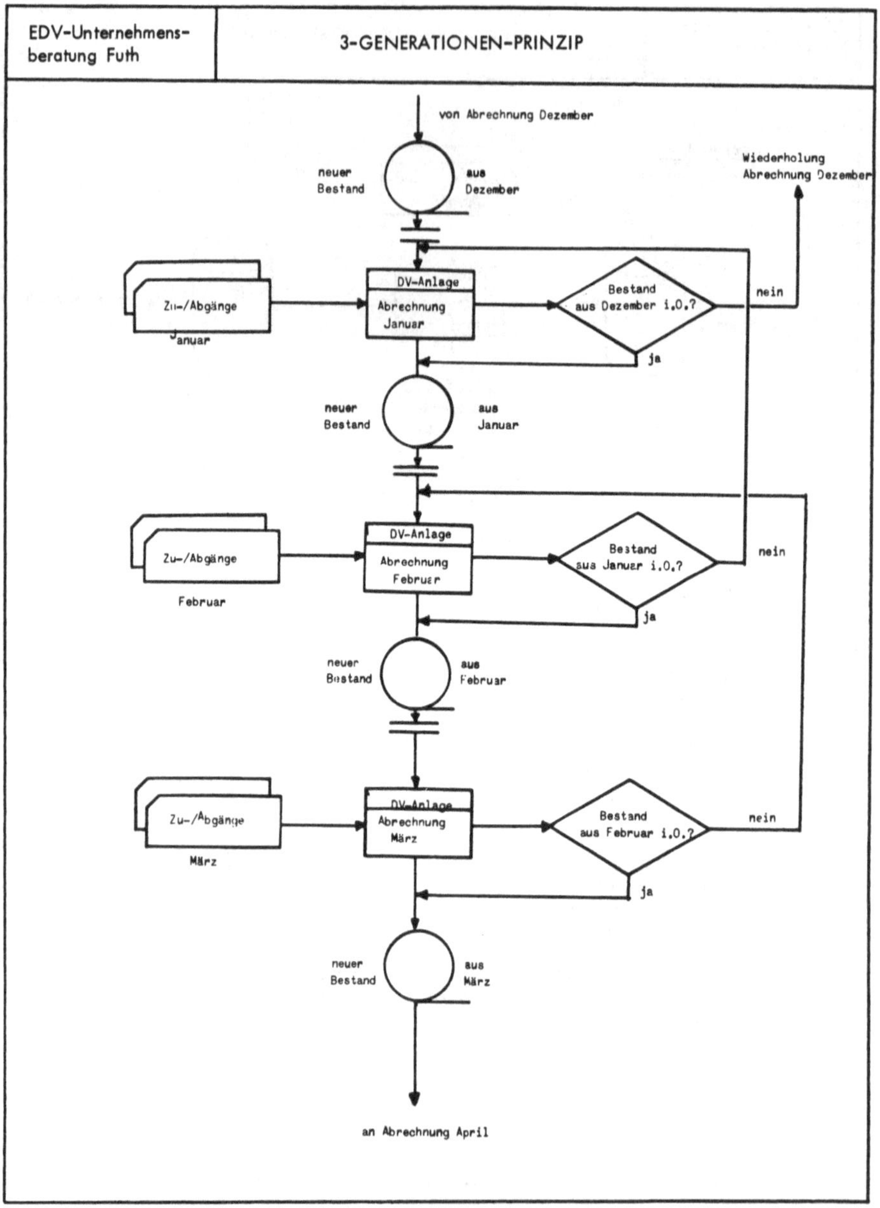

Bild 57: 3-Generationen-Prinzip

rung bzw. Nichtlesbarkeit der Februar-Bestände heraus, so muß auf die Daten der Januar-Lagerabrechnung zurückgegriffen werden, um eine Wiederholung der Februar-Lagerabrechnung zu ermöglichen. Bild 57 zeigt den Arbeitsablauf dieser Form der Datensicherung. Da sich diese Sicherung immer über drei Perioden (auch als Generationen bezeichnet) erstreckt, nennt man dieses Prinzip das 3-Generationen-System. Natürlich bedingt die Durchführung der geschilderten Datensicherung eine gut organisierte Archivierung und Verwaltung der Magnetbänder.

Wie bei Magnetbändern, so muß auch bei anderen externen Speichern sichergestellt werden, daß die gespeicherten Daten im Falle einer Zerstörung schnell wiederhergestellt werden können. Entsprechende Kontrollen und Maßnahmen zur Datensicherung und Rekonstruktion zerstörter Daten sind also bei jedem Programm und für jede Datei einzuplanen. Der Umfang solcher Sicherungsmaßnahmen hängt immer ab:

vom notwendigen Sicherheitsgrad

von der höchstmöglich vertretbaren Ausfallzeit und

von der Zeit, in der die Rekonstruktion zerstörter Datenbestände möglich ist; diese Zeit steht wiederum im Verhältnis zur Art der Speicherung und der Anzahl der Bewegungen im Zeitraum der Datensicherung.

Die Datensicherung bei Magnetplatten kann nun so vor sich gehen, daß man vor jeder Veränderung die Ausgangsdatei auf einen zweiten Plattenspeicher überträgt. Dieser Magnetplattenspeicher verbleibt so lange im Archiv, bis gewährleistet ist, daß die gespeicherten Daten nicht mehr benötigt werden. Diese Maßnahme entspricht dem Generationen-Prinzip bei einer Magnetbandverarbeitung, ist jedoch, wegen der wesentlich höheren Plattenpreise, in der Regel unwirtschaftlich. Sie sollte nur dort verwendet werden, wo es auf eine sehr schnelle Rekonstruktion zerstörter Dateien ankommt, wie beispielsweise bei der Flugplatzbuchung, der Fertigungssteuerung oder der Programmspeicherung.

Billiger und meist genauso wirksam ist die Verwendung von Magnetbändern zur Datensicherung, sofern die DV-Anlage zusätzlich mit Magnetbandgeräten ausgerüstet ist. Parallel zur Verarbeitung der Datensätze auf den Magnetplatten werden die alten Bestandsdaten auf ein Magnetband übertragen. In periodischen Zeitabständen wird dann in einem besonderen Durchlauf der Inhalt des Magnetbandes mit dem Inhalt des Magnetplattenspeichers verglichen.

In der Regel wird man aber auf eine fortlaufende oder parallele Datensicherung verzichten und statt dessen nur in bestimmten Abständen einen "Kopierlauf" des Plattenspeichers vornehmen. Werden die Daten zwischendurch zerstört, so müssen alle Verarbeitungsläufe, vom letzten Kopierlauf ausgehend, wiederholt werden. Diese Form der Datensicherung ist in der Regel mit einem vertretbaren Aufwand an Kosten und Rekonstruktionszeiten verbunden. Zusammenfassend soll noch einmal auf die Möglichkeiten der Datensicherung bei Magnetplattenspeichern hingewiesen werden. Diese Möglichkeiten sind:

Periodisches Duplizieren des Plattenstapels auf einen anderen Plattenstapel oder Magnetband

Gleichzeitiges Duplizieren des Plattenstapels während des Verarbeitungslaufs

In beiden Fällen müssen alle Bewegungsdaten seit der letzten Duplizierperiode aufbewahrt werden.

Rekonstruktion und Wiederholung im Falle der Zerstörung:

1. Feststellen des Umfangs der verlorenen Daten durch Vergleich mit Abstimmlisten oder Kontenblättern, Kontrollen und Analysen von Zwischensummen

2. Rekonstruktion der zerstörten Datei: Ausgehend vom letzten Duplikatspeicher werden alle Buchungen der letzten Periode nachgebucht. Bei der Buchung sollten Kontrollsummen gebildet werden, die die Abstimmung der Ergebnisse und eine Vollständigkeitskontrolle gestatten. Auch die wiederhergestellte Datei wird wieder dupliziert, bevor sie durch weitere Bewegungen verändert wird.

Der Zeitaufwand für die Rekonstruktion einer zerstörten Datei hängt vom Umfang des zu rekonstrierenden Datenbestandes, von der Speicherungsform, der Verarbeitungsform und dem Umfang der Wiederholungsbuchungen ab; als Beispiel sei angegeben, daß der Zeitbedarf für das Duplizieren eines Magnetplattenstapels bei einem bestimmten Speichergerät bei etwa 4 Minuten liegt.

2.47 *Verarbeitungsregeln*

Zur Ausarbeitung einer Programmvorgabe gehört nicht nur der Entwurf der Ein- und Ausgabesätze und der Speicherdateien, sondern auch die Aufstellung der Verarbeitungsregeln, d.h. die Angabe, wie das Programm die eingegebenen Daten zu prüfen, zu rechnen, zu speichern und auszugeben hat. Um ein Programm ausarbeiten zu können, benötigt der Programmierer die erforderlichen Rechenformeln, die einzubauenden Programmverzweigungen, die Tabellen verwendeter Schlüssel und vieles andere mehr. Die Darstellung der Verarbeitungsregeln kann entweder in der Form der verbalen Beschreibung, der graphischen Aufzeichnung oder mit Hilfe der modernen Entscheidungstabellen-Technik geschehen. Welche Form auch gewählt wird, immer muß die Darstellung der Verarbeitungsregeln in einer Weise erfolgen, daß der Programmierer die Vorgabe versteht und seine Arbeit ohne ständige Rücksprachen und Fehlinterpretationen durchführen kann.

Im nachfolgenden sollen die drei unterschiedlichen Darstellungstechniken anhand eines kleinen Beispiels erläutert werden. Es sei angefügt, daß man alle drei Darstellungstechniken innerhalb einer Programmvorgabe auch nebeneinander verwenden kann, indem man einfache Darstellungen verbal beschreibt, die Gesamtübersicht der Verarbeitung graphisch aufzeichnet und schwierigere Entscheidungssituationen in Form einer Tabelle darstellt.

Verbale Programmbeschreibung

Die Eingabedaten sollen aus den Kartenarten 01, 02, 11 und 12 in unsortierter Reihenfolge eingelesen werden. Besteht ein Eingabesatz aus mehr als einer Lochkarte, so sind die Folgekarten dieses Satzes mit einer "9" in Spalte 3 gekennzeichnet. Die Kundennummer ist 5stellig, mit der letzten Stelle als Prüfziffer nach dem Verfahren Modulo 10. Die Artikelnummer ist 4stellig und enthält keine Prüfziffer. Der Liefertag wird in Form eines Betriebskalenders angegeben und darf deshalb die Zahl von 366 Tagen nicht überschreiten. In einer Artikelkarte sind max. 10 Artikelpositionen in Spalten 11 bis 80 gelocht; alle Lochfelder einer Eingabekarte müssen numerisch sein. Für alle vom Programm als richtig erkannten Datensätze ist ein Bandsatz auszugeben. Sämtliche als fehlerhaft oder ungültig erkannten Karten sind mit ihrem vollständigen Inhalt, zusammen mit einer entsprechenden Fehlerliste, über den Drucker auszugeben, wobei die fehlerhaften und ungültigen Daten auf dem Fehlerprotokoll mit einem Stern zu kennzeichnen sind.

Graphische Darstellung

Bild 58 zeigt die Darstellung der Verarbeitungsregeln in Form eines Schaubildes. Gegenüber der verbalen Beschreibung hat die graphische Darstellung den Vorteil, daß Fehlinterpretationen durch den Programmierer nahezu ausgeschlossen sind, weil diese Darstellungstechnik den Organisator zu einer klaren und eindeutigen Festlegung der Möglichkeiten und Regeln zwingt.

Entscheidungstabellen-Technik

Die Entscheidungstabellen-Technik tritt in jüngster Zeit in vielen Fällen immer mehr an die Stelle verbaler Beschreibungen und graphischer Darstellungen. Diese Technik gestattet es, Entscheidungssituationen in Form von Tabellen zu beschreiben und sie nach Bedingungen und Aktionen aufzulösen. Eine Entscheidungstabelle gibt jeweils an, welche Bedingungen erfüllt sien müssen, um bestimmte Aktionen auszulösen. Komplexe Verarbeitungsprozesse lassen sich durch miteinander verknüpfte Entscheidungstabellen vollständig beschreiben.

Der Vorteil der Entscheidungstabellen-Technik gegenüber herkömmlichen Methoden liegt darin, daß alle vorkommenden Möglichkeiten eines Anwendungsfalls vollständig erfaßt und die wirklichen Alternativen eleminiert werden können. Als weiterer Vorteil kann genannt werden, daß diese Methode auch für den Nichtfachmann leicht erlernbar und verständlich ist.

Die Entscheidungstabellen-Technik wird in Zukunft dadurch an Bedeutung gewinnen, daß Übersetzungsprogramme auf den Markt kommen, die Entscheidungstabellen direkt in fertige Maschinenprogramme übersetzen. Bei späteren Programmänderungen müssen dann nur noch die Tabellen geändert und eine neue Übersetzung durchgeführt werden. Bild 59 zeigt das gleiche Beispiel, in Form einer Entscheidungstabelle dargestellt. Die verschiedenen Ja/Nein-Bedingungen und die auszulösenden Aktionen entsprechen den verbalen Beschreibungen und den in Bild 58 graphisch dargestellten Verarbeitungsregeln.

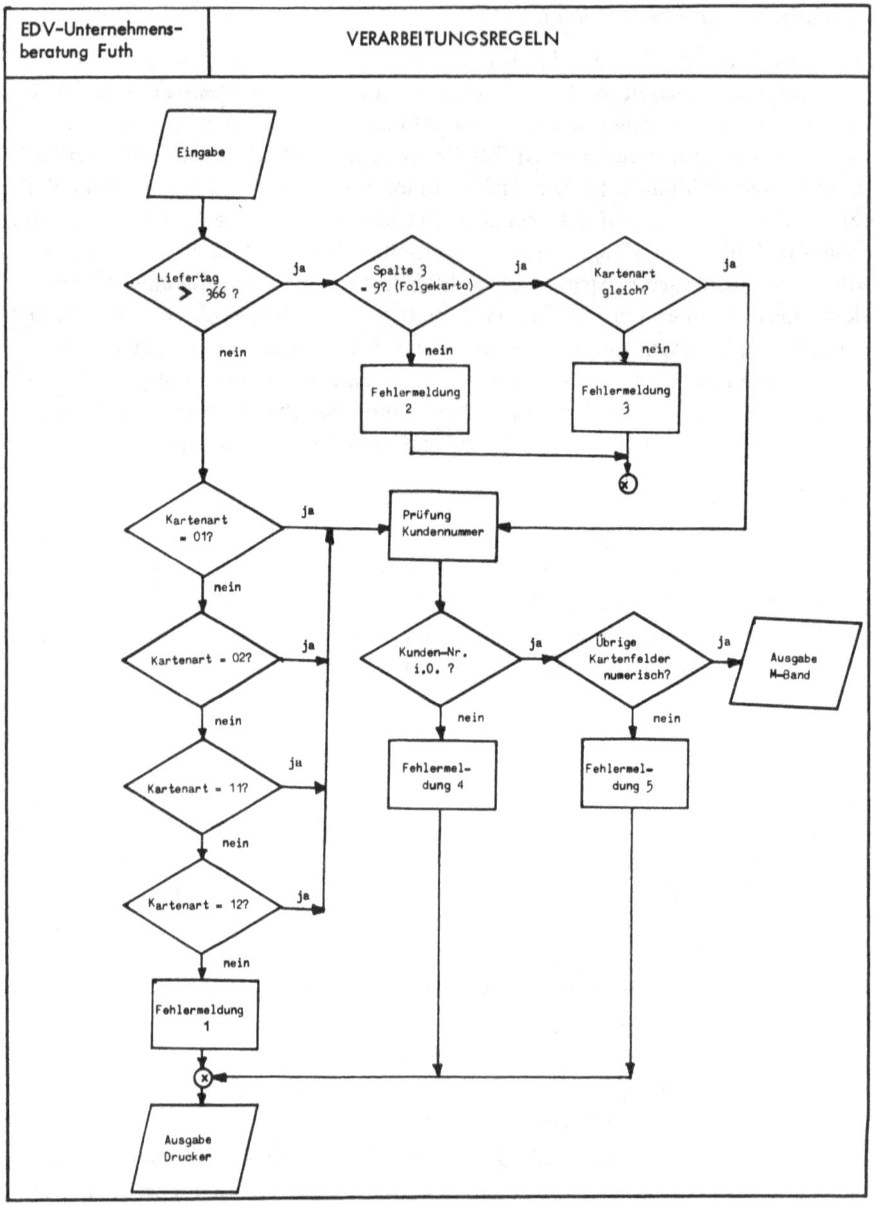

Bild 58: Verarbeitungsregeln, graphisch dargestellt (Beispiel)

EDV-Unternehmensberatung Futh	ENTSCHEIDUNGSTABELLE																				Arbeitsgebiet: Auftragsbearbeitung Name: Schmitz
B=Bedingung A=Aktion	Bedingungen/Aktionen	Bedingungs- und Aktionsanzeiger: J = Ja N = Nein																			
		1	2	3	4	5	6	7	8	9	10	11	12	13	14	15	16	17	18	19	20
B1	Liefertag größer 366?	J	J	J	J	J	N	N	N	N	N	N	N	N	N	N	N	N	N		
B2	Spalte 3 = 9?	J	J	J	J	N															
B3	Kartenart gleich?	J	J	J	N																
B4	Kartenart = 01?						J	J	J	N	N	N	N	N	N	N	N	N	N		
B5	Kartenart = 02?									J	J	J	N	N	N	N	N	N	N		
B6	Kartenart = 11?												J	J	J	N	N	N	N		
B7	Kartenart = 12?															J	J	J	N		
B8	Kunden-Nr. in Ordnung?	J	J	N			J	J	N	J	J	N	J	J	N	J	J	N			
B9	Übrige Kartenfelder numerisch?	J	N				J	N		J	N		J	N		J	N				
A1	Fehlermeldung 1																		x		
A2	Fehlermeldung 2					x															
A3	Fehlermeldung 3				x																
A4	Fehlermeldung 4			x					x			x			x			x			
A5	Fehlermeldung 5		x					x			x			x			x				
A6	Ausgabe Drucker		x	x	x	x		x	x		x	x		x	x		x	x	x		
A7	Ausgabe Magnetband	x					x			x			x			x					

Bild 59: Verarbeitungsregeln, in Form einer Entscheidungstabelle

2.48 Zusammenstellung der Programmvorgaben

Ziel der Programmvorgabe

Die Arbeiten des Organisators innerhalb der Detailorganisation enden mit der Ausarbeitung und Zusammenstellung der Programmvorgaben. Für alle Programme, die zu einem Teilsystem bzw. Arbeitsgebiet gehören, sind getrennte Vorgaben auszuarbeiten. Jede Programmvorgabe enthält genaue und detailierte Beschreibungen der Eingabe- und Ausgabedaten, der Speicherdateien und der Verarbeitungsregeln. Hinzu kommen weitere Informationen, wie beispielsweise der Datenflußplan, Zeiten- und Mengenangaben und Hinweise für die Ausarbeitung der Testbeispiele. Es versteht sich von selbst, daß alle Unterlagen in schriftlicher Form vorliegen müssen.

Jede Programmvorgabe sollte von Form und Inhalt her so aufgebaut sein, daß darin eine moderne Form der Zusammenarbeit zwischen EDV-Organisator und Programmierer zum Ausdruck kommt. Dies bedeutet einerseits eine klare Tätigkeits- und Verantwortungsabgrenzung zwischen Organisator und Programmierer, auf der anderen Seite jedoch eine rechtzeitige Verständigung über die Probleme und Lösungen der umzustellenden Aufgabe. Der Organisator wird die Programmierer (zumindest aber den Senior-Programmierer des Umstellungsteams) frühzeitig mit dem Problem vertraut machen und mit ihnen gemeinsam die Lösungsvorschläge erörtern. Eine gute Verständigung ist nicht nur für die Zeit vor den, sondern auch während der Programmierungsarbeiten geboten, weil vielfach erst während der Programmierung Fragen auftauchen, die dann schnell geklärt werden müssen. Im Hinblick auf ihren Inhalt sollte eine Programmvorgabe so aufgebaut werden, daß in ihr alle problembezogenen und für die Programmierung erforderlichen Angaben enthalten sind. Dagegen sollten alle maschinenbezogenen Einzelheiten dem Programmierer überlassen bleiben. Er selbst sollte darüber entscheiden können, welche Speicherorganisation er anwendet und wie er sein Programm aufbaut.

Inhalt der Programmvorgabe

Jede Programmvorgabe soll dem Programmierer in schriftlicher Form alle Auskünfte darüber geben, welche Einzelheiten er bei der Programmierung zu beachten hat, im einzelnen

Welche Daten verarbeitet werden sollen

Welche Verarbeitungsregeln zu beachten sind

Welche Ergebnisse geliefert werden sollen.

Für die Zusammenstellung der Programmvorgaben wird folgende Gliederung vorgeschlagen:

1. Grundinformationen

Hierzu gehören

eine kurze verbale Erläuterung der zu programmierenden Aufgabe

der Datenflußplan

das Maschinendiagramm.

Die kurze verbale Aufgabenerläuterung soll den Programmierer über Sinn und Zweck der umzustellenden Aufgabe informieren, während ihm der Datenflußplan eine Übersicht über den Ablauf der einzelnen Programme und den verbindenden Datenfluß bietet. Ein Maschinendiagramm mit Angabe der Speichergröße und verfügbaren Konfiguration ist nur dann anzufügen, wenn der Programmierer nicht weiß, welche von mehreren installierten Anlagen verwendet werden soll oder die Inanspruchnahme der vorhandenen Anlage für ein Programm einzuschränken ist. Eine solche Einschränkung kann vor allem dort vorgesehen sein, wo die Anlage im Multiprogramming, d.h. in Mehrfachbelegung, genutzt wird und jedem Programm deshalb eine hierdurch begrenzte Speicherkapazität und Peripherie zur Verfügung steht.

2. *Programmbeschreibung*

Die Programmbeschreibung soll dem Programmierer alle Einzelheiten über die Datenein- und -ausgabe, den Aufbau der zu verwendenden Speicherdateien und die Verarbeitungsregeln vermitteln. Sie ist eindeutig, klar, übersichtlich und mit Hilfe standardisierter Muster und Vordrucke zu formulieren, wozu wir noch einmal auf die Darstellungen im Abschitt über die Detailorganisation hinweisen. Zur Programmbeschreibung gehören im einzelnen:

die Eingabe

Lochkarten- oder Lochstreifeneingabe

Magnetbandeingabe

direkte Belegeingabe

beleglose Direkteingabe, einschl. Konsoleingabe

die Ausgabe

Lochkarten- oder Lochstreifenausgabe

Druckausgabe

andere Ausgaben (z.B. optische Anzeige oder Sprachausgabe), einschl. Konsolausgabe

der Aufbau der Speicherdateien

Eingabedateien, getrennt nach Speichertypen, mit Speicherungs- und Verarbeitungsform sowie Satzaufbauten

Ausgabedateien, getrennt nach Speichertypen, mit Speicherungs- und Verarbeitungsform sowie Satzaufbauten

Verarbeitungsregeln

Schlüsselaufbau

Rechenvorschriften

Entscheidungstabellen

Druckvorschriften

Kontrollen und Datensicherung

Programmschluß

3. Testbeispiele

Das Aufbereiten und Zusammenstellen der Testbeispiele gehört ebenfalls zu den Aufgaben des EDV-Organisators und sollte in keinem Falle dem Programmierer überlassen werden. Abgesehen davon, daß man Durchführung und Kontrolle einer Arbeit stets trennen sollte, bietet die Ausarbeitung der Testbeispiele durch den EDV-Organisator (mit Hilfe der betreffenden Fachabteilung) den Vorteil, daß Organisator und Fachabteilung noch einmal ihre eigenen Gedanken und Festlegungen überprüfen können. Als Testbeispiele sind sowohl normale Praxisfälle als auch alle vorkommenden Sonder- und Ausnahmefälle zu verwenden. Sie werden nach ihrer Zusammenstellung so aufbereitet, daß die Ergebnisse ohne großen Aufwand mit den Ergebnissen der Maschinenteste verglichen werden können. Die geschilderten Maßnahmen beziehen sich jedoch überwiegend auf die Durchführung der sogenannten Praxis- und Endteste. Nicht hiermit sind diejenigen Testbeispiele gemeint, die sich der Programmierer zur Überprüfung der richtigen Codierung und Programmlogik zusammenstellt. Diese Testbeispiele des Programmierers sollen zunächst nur überprüfen, ob das Programm den Vorstellungen des Programmierers entsprechend läuft.

Beispiel einer Programmvorgabe

In der nun folgenden Darstellung wird das Beispiel einer Vorgabe für das Programm "Auftragseingabe und -prüfung" gezeigt. Die Darstellung eines solchen praxisnahen Beispiels darf aber nicht darüber hinwegtäuschen, daß eine Vorgabe in Wirklichkeit viel komplexer und umfangreicher ist.

1. Grundinformationen

1.1 Überblick

Dieses Programm soll die einzugebenden Auftrags- und Gutschriftskarten sowie andere Artikel-Bewegungskarten auf ihre Richtigkeit, Vollständigkeit und Plausibilität prüfen. Fehlerhafte und nicht vorhandene Artikel- und Kundennummern sowie andere fehlerhafte Eingabedaten werden auf einem Fehlerprotokoll ausgedruckt, während die richtigen Aufträge und Gutschriften zur Weiterverarbeitung auf einem Magnetband gespeichert werden.

1.2 Datenflußplan

Der Datenflußplan für das vorliegende Arbeitsgebiet "Auftragsbearbeitung" ist in Bild 60 dargestellt.

1.3 Maschinendiagramm

Bild 61 zeigt die Größe und Ausrüstung der zu verwendenden DV-Anlage. Irgendwelche Einschränkungen hat der Programmierer nicht zu berücksichtigen.

2. Programmbeschreibung

2.1 Eingabe

Lochkarteneingabe der Kartenarten 01, 02, 11 und 12 entsprechend Lochkarten-Entwurfsformular (Bild 62).

2.2 Ausgabe

Druckausgabe des Fehlerprotokolls entsprechend vorliegendem Druckformular-Entwurfsblatt (Bild 63).

2.3 Aufbau der Speicherdateien

Kundenstammdatei (Bild 64)

Artikelstammdatei (Bild 65)

Ausgabedatei (Bild 66)

2.4 Verarbeitungsregeln

Die Eingabedaten der Kartenarten 01, 02, 11 und 12 sollen unsortiert eingelesen werden. Besteht ein Auftrag oder eine Gutschrift aus mehreren Artikelkarten, so sind die Folgekarten mit einer "9" in Spalte 3 gekennzeichnet. Die Kundennummer ist 5stellig, mit der letzten Stelle als Prüfziffer nach dem Verfahren Modulo 10. Die Artikelnummer ist 4stellig und enthält keine Prüfziffer. Der Liefertag wird in Form eines Betriebskalenders angegeben und darf somit die Zahl 366 Tage nicht überschreiten. In einer Artikelkarte sind max. 10 Artikelpositionen in den Spalten 11 bis 80 gelocht; alle Lochfelder der Eingabekarten müssen numerisch sein.

Für alle vom Programm als richtig erkannten Aufträge und Gutschriften ist ein Bandsatz, entsprechend der in Bild 66 dargestellten Satzeinteilung, auszugeben.

Sämtliche als fehlerhaft oder ungültig erkannten Karten werden mit ihrem vollständigen Inhalt auf einer Fehlerliste ausgedruckt, wobei die fehlerhaften und ungültigen Daten in der Liste mit einem Stern zu kennzeichnen sind; auf diese Weise können sie bei der Auswertung der Fehlerliste schneller identifiziert werden.

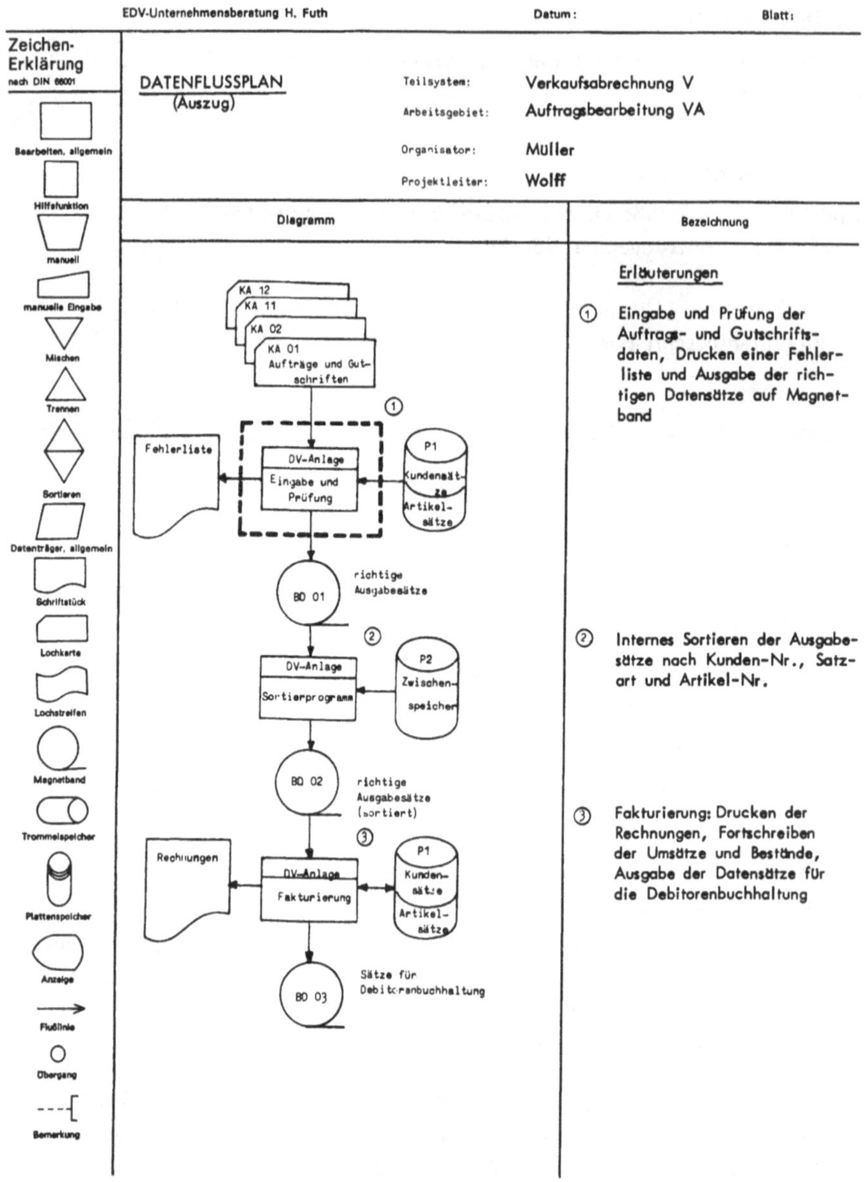

Bild 60: Datenflußplan „Auftragsbearbeitung"

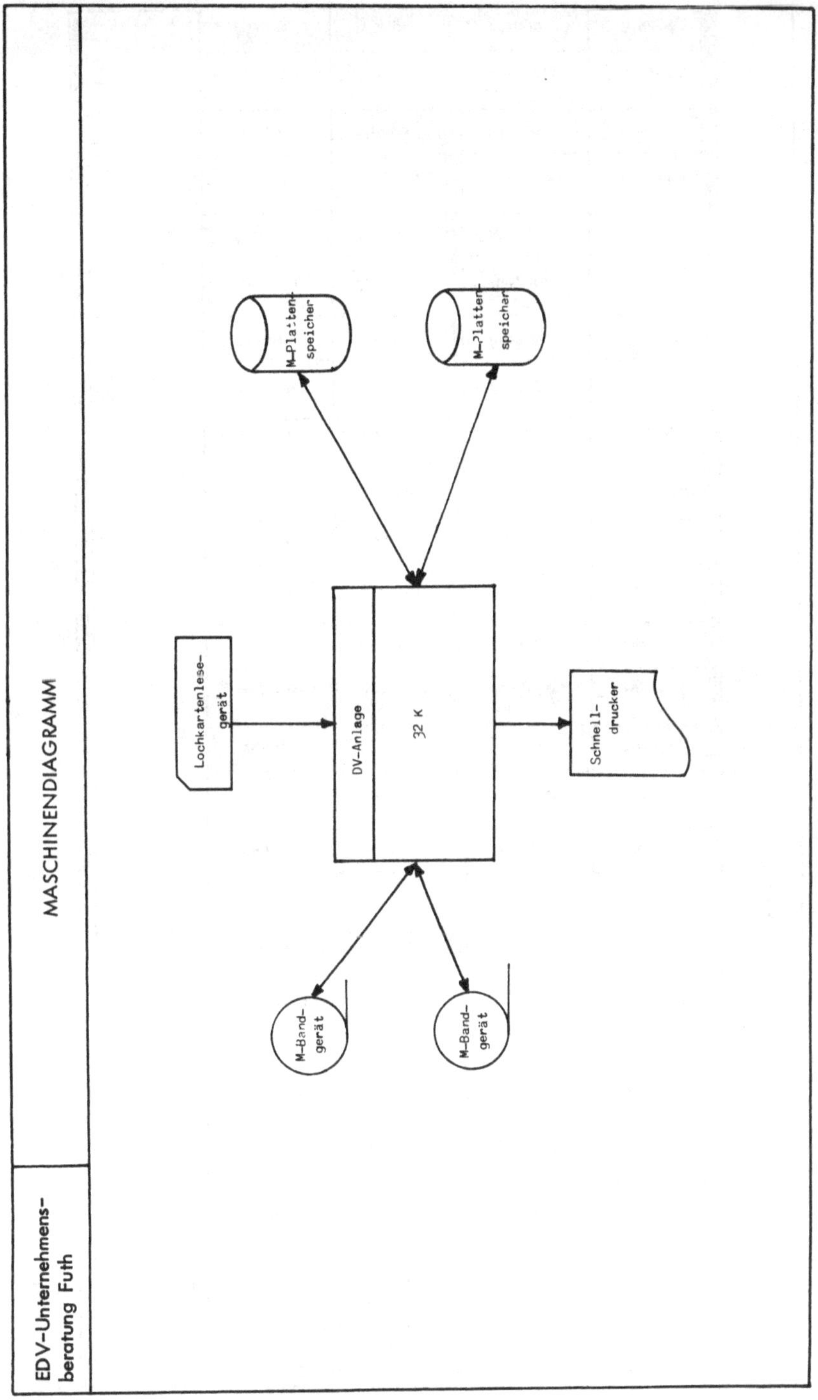

Bild 61: Maschinendiagramm

UNIVAC

Aufbau der Lochkarten

ARBEITSGEBIET-NR. / NAME Auftragsbearbeitung

KARTEN-BEZEICHNUNG																						
KA 01 Auftragskarte Spalte 3 = "9" in Folgekarte	Liefertag (nur in 1.Ka.)	Kunden-Nr.	Art.-Nr.	Menge	Art.-Nr.	Menge	Art.-Nr.	Menge	Art.-Nr.	Menge	Art.-Nr.	Menge	Art.-Nr.	Menge	Art.-Nr.	Menge	Art.-Nr.	Menge	Art.-Nr.	Menge	Art.-Nr.	Menge
KA 02 Nachbelastungskarte Spalte 3 = "9" in Folgekarte	Liefertag (nur in 1.Ka.)	Kunden-Nr.	Art.-Nr.	Menge	Art.-Nr.	Menge	Art.-Nr.	Menge	Art.-Nr.	Menge	Art.-Nr.	Menge	Art.-Nr.	Menge	Art.-Nr.	Menge	Art.-Nr.	Menge	Art.-Nr.	Menge	Art.-Nr.	Menge
KA 11 Gutschriftskarte Spalte 3 = "9" in Folgekarte	Liefertag (nur in 1.Ka.)	Kunden-Nr.	Art.-Nr.	Menge	Art.-Nr.	Menge	Art.-Nr.	Menge	Art.-Nr.	Menge	Art.-Nr.	Menge	Art.-Nr.	Menge	Art.-Nr.	Menge	Art.-Nr.	Menge	Art.-Nr.	Menge	Art.-Nr.	Menge
KA 12 Sonst. Gutschriftskarte Spalte 3 = "9" in Folgekarte	Liefertag (nur in 1.Ka.)	Kunden-Nr.	Art.-Nr.	Menge	Art.-Nr.	Menge	Art.-Nr.	Menge	Art.-Nr.	Menge	Art.-Nr.	Menge	Art.-Nr.	Menge	Art.-Nr.	Menge	Art.-Nr.	Menge	Art.-Nr.	Menge	Art.-Nr.	Menge
KARTEN-BEZEICHNUNG																						

Bild 62: Auftrags- und Gutschriftskarten

3. Testbeispiele

Außer den gültigen Verarbeitungsfällen sind folgende Fehlermöglichkeiten beim Maschinentest zu prüfen:

Kartenart ungleich 01, 02, 11 oder 12

Fehler in der Prüfziffer

Liefertag größer als 366

Folgekarten eines Auftrages mit mehr als 10 Artikelpositionen ohne "9" in Spalte 3

Artikelnummern nicht numerisch

Mengenangaben nicht numerisch

Kundenstammsatz in Datei nicht enthalten

Artikelstammsatz in Datei nicht enthalten (fehlt für einen Artikel der entsprechende Stammsatz, so ist der gesamte Auftrag nicht zu bearbeiten, sondern auf der Fehlerliste zu kennzeichnen).

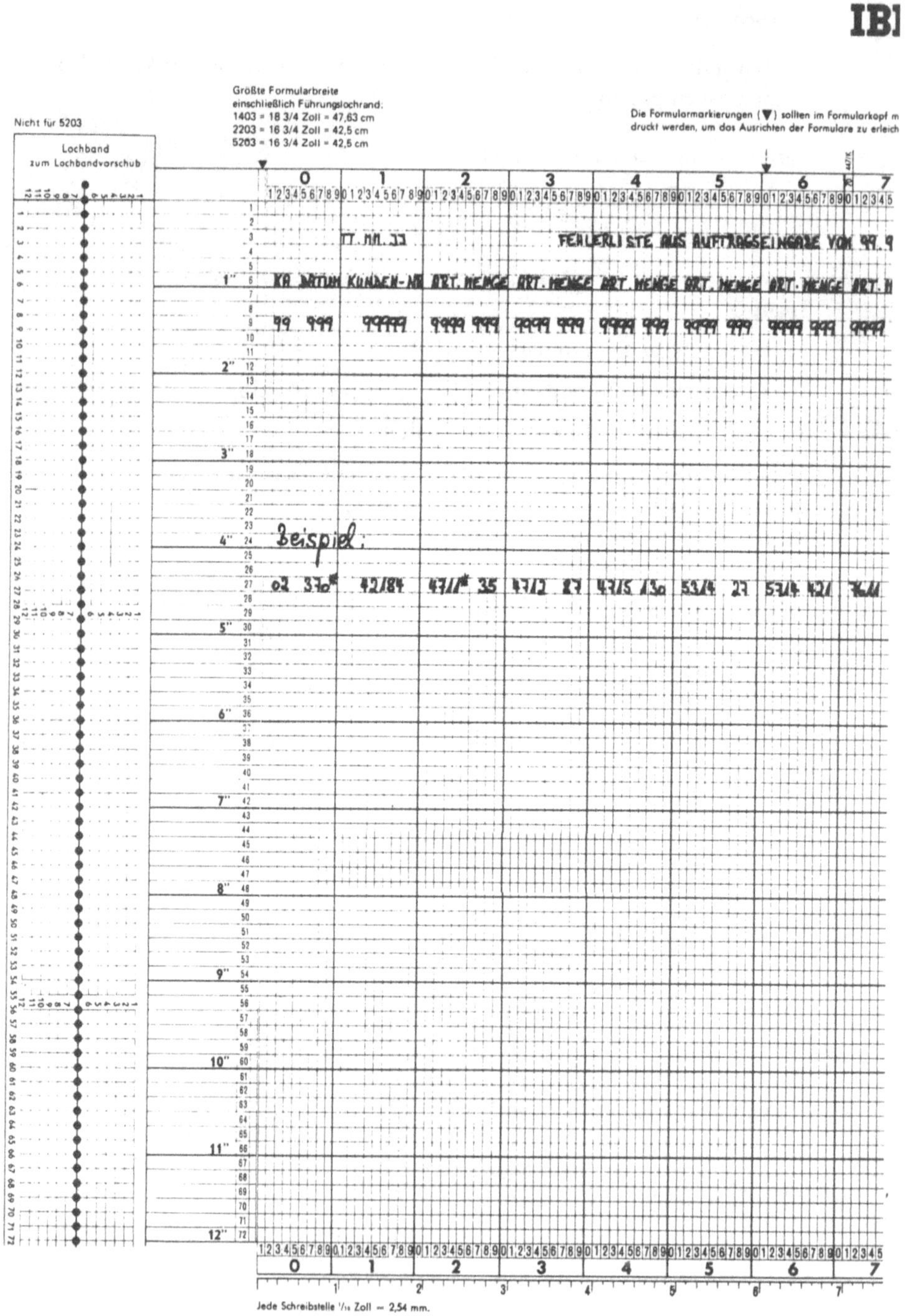

Bild 63: Fehlerliste „Auftragsbearbeitung"

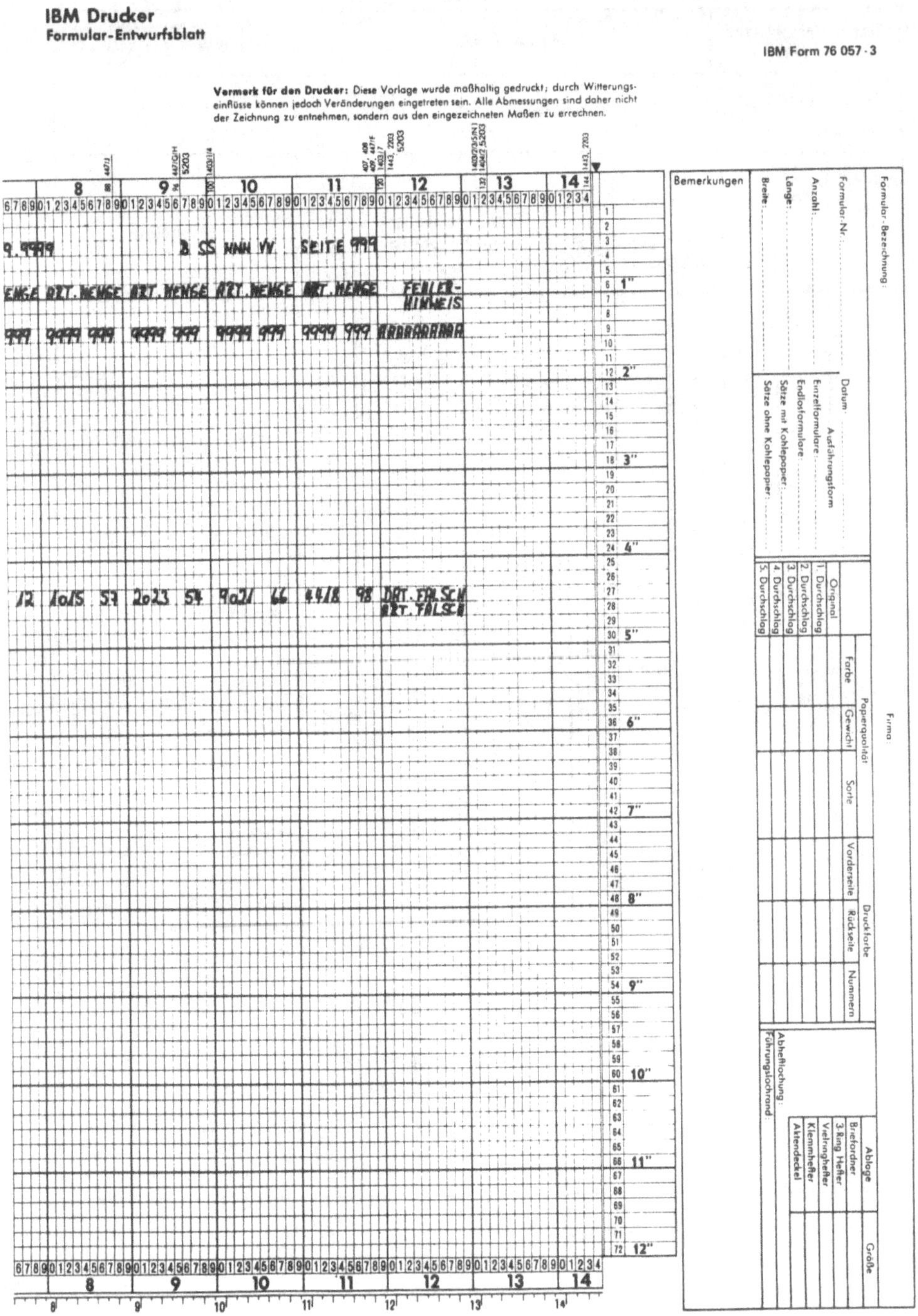

IBM Drucker
Formular-Entwurfsblatt

IBM Form 76 057-3

Vermerk für den Drucker: Diese Vorlage wurde maßhaltig gedruckt; durch Witterungseinflüsse können jedoch Veränderungen eingetreten sein. Alle Abmessungen sind daher nicht der Zeichnung zu entnehmen, sondern aus den eingezeichneten Maßen zu errechnen.

9.9999 B SS NNN VV SEITE 999

ENGE ART. MENGE ART. MENGE ART. MENGE ART. MENGE ART. MENGE FEHLER-HINWEIS

999 9999 999 9999 999 9999 999 9999 999 AAAAAAAAAA

12 1015 57 2023 54 4021 66 4418 98 ART. FALSCH ART. FALSCH

Bemerkungen

Formular-Bezeichnung:
Formular-Nr.:
Anzahl:
Länge:
Breite:
Datum:
Ausführungsform
Einzelformulare:
Endlosformulare:
Sätze mit Kohlepapier:
Sätze ohne Kohlepapier:
Original
1. Durchschlag
2. Durchschlag
3. Durchschlag
4. Durchschlag
5. Durchschlag
Papierqualität: Farbe, Gewicht, Sorte
Druckfarbe: Vorderseite, Rückseite
Nummern
Firma:
Abheftlochung:
Führungslochrand
Ablage: Briefordner, 3-Ring Hefter, Vielringhefter, Klemmhefter, Aktendeckel
Größe

EDV-Unternehmensberatung Futh	SATZAUFBAU

Satzbezeichnung: Kunden-Stammsatz Satzlänge: 200 Bytes, index-sequ. Satzformat: fest

Satzname: KUNSTA Datei-Nr.: P1

Fortlfd. Feld-Nr.	Position von	Position bis	Format ungepackt	Format gepackt	Format binär	Alpha	Vorzeichen	Dezimal-Stellen	Anzahl Bytes	Erläuterungen
01	1	2	x			-	+		2	Satzart
02	3	7	x			-	+		5	Kunden-Nr.
03	8	11	x			-	+		4	Postleitzahl
04	12	37	x			x			26	Kunden-Name
05	39	69	x			x			31	Kunden-Ort
06	71	96	x			x			26	Kunden-Straße
07	97	100	x			-	+		4	Kreditlimit
08	101	106	x			-	+		6	Mahnkennzeichen
09	107	111	x			-	+		5	Umsatz Januar
10	112	116	x			-	+		5	Umsatz Februar
11	117	121	x			-	+		5	Umsatz März
12	122	126	x			-	+		5	Umsatz April
13	127	131	x			-	+		5	Umsatz Mai
14	132	136	x			-	+		5	Umsatz Juni
15	137	141	x			-	+		5	Umsatz Juli
16	142	146	x			-	+		5	Umsatz August
17	147	151	x			-	+		5	Umsatz September
18	152	156	x			-	+		5	Umsatz Oktober
19	157	161	x			-	+		5	Umsatz November
20	162	166	x			-	+		5	Umsatz Dezember
21	167	168	x			-	+		2	Rabattsatz
22	169	173	x			-	+		5	Rabattsumme
23	174	177	x			-	+		4	Skonto-Summe
24	178	181	x			-	+		4	Fracht
25	182	188	x			-	+		7	letzter Rechnungsbetrag
26	189	196	x			-	+		8	Saldo
27	197	200								frei

Bild 64: Satzaufbau Kunden-Stammsatz

EDV-Unternehmensberatung Futh — SATZAUFBAU

Satzbezeichnung: Artikel-Stammsatz Satzlänge: 200 Bytes, gestreut direkte Adressierung Satzformat: fest

Satzname: ARTSTA Datei-Nr.: P1

Fortlfd. Feld-Nr.	Position von	Position bis	Format ungepackt	Format gepackt	Format binär	Alpha	Vorzeichen	Dezimal-Stellen		Anzahl Bytes	Erläuterungen
01	1	2	x			-	+			2	Satzart
02	3	6	x			-	+			4	Artikel-Nr.
03	7	48	x			x				42	Artikel-Bezeichnung
04	49	52	x			-	+			4	Lager-Ort
05	53	57	x			-	+			5	Zugang alter Monat
06	58	62	x			-	+			5	Zugang laufender Monat
07	63	68	x			-	+			6	Zugang seit Jahresbeginn
08	69	73	x			-	+			5	Abgang alter Monat
09	74	78	x			-	+			5	Abgang laufender Monat
10	79	83	x			-	+			5	Abgang 1. Quartal
11	84	88	x			-	+			5	Abgang 2. Quartal
12	89	93	x			-	+			5	Abgang 3. Quartal
13	94	98	x			-	+			5	Abgang 4. Quartal
14	99	103	x			-	+			5	Buchbestand
15	104	108	x			-	+			5	Mindestbestand
16	109	113	x			-	+			5	Datum letzter Abgang
17	114	118	x			-	+			5	Inventurbestand
18	119	123	x			-	+			5	Datum Inventur
19	124	126	x			-	+			3	Lagerreichweite
20	127	132	x			-	+	4	2	6	Verkaufspreis
21	133	134	x			-	+			2	Bestell-Nr.
22	135	139	x			-	+			5	Bestellungen
23	140	144	x			-	+			5	Lieferanten-Nr.
24	145	148	x			-	+			4	Postleitzahl
25	149	168	x			x				20	Lieferanten-Name
26	169	187	x			x				18	Lieferanten-Ort
27	189	200	x			x				12	Lieferanten-Straße

Bild 65: Satzaufbau Artikel-Stammsatz

EDV-Unternehmens-beratung Futh	SATZAUFBAU

Satzbezeichnung: Bestellsatz (Ausgabesatz) Satzlänge: max. 360 Bytes Satzformat: variabel

Satzname: BESTEL Datei-Nr.: BD 01

Fortlfd. Feld-Nr.	Position		ungepackt	gepackt	binär	Alpha	Vorzeichen	Dezimal-Stellen	Anzahl Bytes	Erläuterungen
	von	bis								
01	1	2	x			-	+		2	Satzart
02	3	5	x			-	+		3	Tag-Kennzeichen
03	6	10	x			-	+		5	Kunden-Nr.
04	11	14	x			-	+		4	Artikel-Nr.
05	15	17	x			-	+		3	Menge
06	18	21	x			-	+		4	Artikel-Nr.
										usw.
										Wiederholung von Artikel-Nr. und Menge bis max 360 Bytes

Bild 66: Satzaufbau Bestellsatz

2.5 Übernahme auf die DV-Anlage

2.51 *Umstellungsverfahren*

Rechtzeitig und parallel mit den Organisations- und Programmierungsarbeiten muß die Übernahme der neuen Arbeitsabläufe auf die EDV geplant und vorbereitet werden. Ziel dieser Maßnahmen ist es, das betreffende Arbeitsgebiet möglichst reibungslos vom alten auf das neue Verfahren umzustellen. Hierbei ist anzustreben, dieses Ziel innerhalb einer kurzen Übergangszeit bei geringem Personaleinsatz und möglichst niedrigen Umstellungskosten zu erreichen. Es muß ferner sichergestellt werden, daß der bestehende Verwaltungsablauf während der Übernahmearbeiten nicht gestört und beeinträchtigt wird.

Zunächst ist festzulegen, ob das geplante Arbeitsgebiet auf einmal oder in mehreren Stufen umgestellt werden soll. Die *komplette Übernahme* zu *einem* Termin hat den Vorteil, daß keine Übergangsstellen bis zur vollständigen Übernahme des Arbeitsgebietes gebildet werden müssen. Ihr Nachteil ist jedoch, daß ein zu großes Gebiet auf einmal umgestellt wird und sich dadurch Fehler und Schwierigkeiten häufen können. Aus diesem Grunde wird man die stufenlose Übernahme nur bei einfacheren Arbeitsgebieten mit verhältnismäßig geringem Datenvolumen vorziehen.

Die *stufenweise Übernahme* vermeidet den Nachteil größerer Schwierigkeiten, muß dabei aber auf den Vorteil klarer Übergangsstellen verzichten. Hinzu kommt, daß das Nebeneinander von altem und neuem Verfahren in verschiedenen Teilen eines Arbeitsgebietes andere Fehlermöglichkeiten und Abstimmungsschwierigkeiten enthält. Diese Probleme kann man aber teilweise durch eine geschickte Aufteilung der Umstellungsstufen umgehen, indem man eine stufenweise Übernahme nach Nummernkreisen vornimmt. Auch empfiehlt es sich, umfangreiche Stammdateien schon vor der Umstellung des Arbeitsgebietes auf die Anlage zu übernehmen und eine Zeitlang parallel zu führen.

Vom Umfang und Schwierigkeitsgrad eines Arbeitsgebietes hängt es ab, ob direkt auf das neue Verfahren umgestellt wird oder aber das alte und neue Verfahren eine Zeitlang parallel laufen. Bei der Methode der *Direktumstellung* endet das alte Verfahren zum Zeitpunkt der Einführung des neuen Verfahrens. Der Vorteil der direkten Übernahme liegt in der organisatorischen Einfachheit und in den geringen Kosten. Voraussetzung ist jedoch, daß der Organisationsablauf funktioniert und die neuen Programme richtig und sicher arbeiten. Da eine solche Annahme nur in wenigen Fällen voll zutrifft, kann die Methode der Direktübernahme nur bei nicht gebundenen Terminarbeiten angewandt werden. Tauchen dann Schwierigkeiten auf, besteht genügend Zeit für die Korrektur der aufgetretenen Fehler.

Handelt es sich dagegen um streng termingebundene Abläufe oder um Arbeiten, die dem Geschäftsverkehr mit außerbetrieblichen Stellen dienen, so ist die Methode der Direktübernahme im allgemeinen ungeeignet. An ihre Stelle tritt der *Parallel-*

lauf, bei dem das alte und neue Verfahren eine kurze Zeit nebeneinander laufen. Vorteile des Parallellaufs sind die hohe Sicherheit und die guten Kontrollmöglichkeiten. Tauchen innerhalb des neuen Verfahrens Fehler auf, so kann auf die Ergebnisse der Bearbeitung nach dem alten Verfahren zurückgegriffen werden. Nachteilig wirkt sich dagegen aus, daß der Parallellauf einen großen organisatorischen Aufwand erfordert und hohe Kosten bedingt. Diese getrennte, Kontrollzwecken dienende, Abrechnung bedingt stets, daß zusätzliches Personal und gesonderte Räume für den Zeitraum des Parallellaufs bereitstehen.

Bei der Einführung einer komplexen integrierten Datenverarbeitung läßt sich die Methode des Parallellaufs jedoch nur selten anwenden. Da mit einer solchen Umstellung im allgemeinen auch eine Änderung des organisatorisch-betriebswirtschaftlichen Systems verbunden ist, läßt sich der Parallellauf meist nicht durchführen. Systemänderung bedeutet, daß nicht nur die Durchführung der Arbeit selbst geändert wird, sondern teilweise auch der sachliche Inhalt des Arbeitsgebietes wandelt. Beispiel hierfür sind der Fortfall wöchentlicher Abschlagzahlungen beim Lohn, der Übergang zur bargeldlosen Lohnzahlung, einzelne Änderungen in der Lohnfindung, die Einführung eines modernen Rechnungswesens oder der Aufbau eines neuen Informationssystems. Bei den genannten Beispielen sind entweder parallellaufende Arbeiten gar nicht vorhanden, oder aber die Ergebnisse des bisherigen Verfahrens können nicht mit den Ergebnissen aus dem neuen Verfahren verglichen werden, weil es sich um unterschiedliche Zeiträume bzw. Werte handelt.

Obwohl gerade bei der Umstellung einer integrierten Datenverarbeitung ein hoher Sicherheitsgrad erforderlich ist, muß aus den genannten Gründen die Methode der direkten Umstellung angewandt werden. Um dennoch die erforderliche Sicherheit zu erzielen, werden eine Reihe zusätzlicher Maßnahmen getroffen. Hierzu gehören:

Die Durchführung weiterer umfangreicher Programmtestläufe

Die Durchführung von Praxis-Simulationsläufen

Der Einbau zusätzlicher Sicherheitsmaßnahmen

Die Ausarbeitung von Notmaßnahmen (Katastrophenplänen), die die eingeschränkte Fortführung der Arbeiten unter Einsatz anderer Organisationsmittel für den Fall der Nicht-Durchführbarkeit des neuen Systems ermöglichen sollen.

2.52 *Durchführung der Systemteste*

Systematische und sorgfältig durchgeführte Programmteste verringern das Umstellungsrisiko. Ihre Bedeutung steigt vor allem dort, wo größere Komplexe in Direktumstellung auf DV-Anlagen übernommen werden. In der Praxis unterscheidet man

Technische Programmteste

Praxisteste

Systemteste

Die *technischen Programmteste* dienen zur Überprüfung des eigentlichen Programmablaufs. Hierzu entwickelt der Programmierer eine Anzahl von Testdaten, die ihm das Austesten des Programms oder der Programmteile am Schreibtisch oder an der Maschine erleichtern. Die Testdaten müssen so aufgebaut sein, daß sie den Test der Gesamtlogik, der Nebenzweige und der eingebauten Kontrollen und Prüfungen ermöglichen. Die Vorbereitung, Durchführung und Auswertung der technischen Programmteste ist allein Sache des Programmierers und gehört deshalb nicht zum Gegenstand und Inhalt dieser Arbeit.

Gänzlich anders verhält es sich, wie bereits an anderer Stelle hingewiesen, mit der Durchführung der *Praxisteste*. Hier geht es nicht in erster Linie um die Überprüfung des Programmablaufs selbst, sondern um die Kontrolle, ob das Programm der Vorgabe entsprechend erstellt wurde. Gleichzeitig können Organisator und Fachabteilung noch einmal ihre ursprüngliche Konzeption überprüfen. Die Vorbereitung der Testbeispiele, die Überwachung der Praxisteste und die Auswertung der Testergebnisse gehört deshalb zu den Aufgaben des EDV-Organisators, in Verbindung mit der betreffenden Fachabteilung. Damit der Test praxisnah verläuft, sollen möglichst echte Betriebsdaten verwendet werden. Diese Daten sind durch selten vorkommende Datenkombinationen zu ergänzen, damit beim Programmtest auch diese Möglichkeiten geprüft werden. Zu den Testdaten hat der Organisator eine Aufstellung über die Ergebnisse bei einwandfreier Funktion der Programme zu liefern. Mit Hilfe der Praxisteste wird nicht nur das einwandfreie und sichere Funktionieren einzelner Programmteile und Programme geprüft, diese Teste dienen auch dazu, größere Programmkomplexe auf ihre Verkettung und den richtigen Datenfluß hin zu überprüfen; aus diesem Grunde werden die Praxisteste vielfach auch als Kett-Teste bezeichnet.

Sind alle Teste, einschließlich der Praxis- oder Kett-Teste, positiv verlaufen, werden die Vorbereitungen für die abschließenden *Systemteste* getroffen. Bei den Systemtesten, die eine Art Generalprobe darstellen, werden auch die der EDV vor- und nachgelagerten Arbeiten in die Testläufe einbezogen. Zu den Systemtesten gehören also nicht nur umfangreiche Maschinenläufe, sondern auch das Ausfüllen der Ablochbelege, das Lochen und Prüfen sowie die Weiterbearbeitung der von der DV-Anlage gelieferten Arbeitsergebnisse. Die Systemteste werden in der Regel bereits mit umfangreichem Praxismaterial über mehrere Arbeitsperioden hinweg durchgeführt. Wie für alle Teste, so gilt auch hier, daß die Systemteste nur dann voll wirksam sein können, wenn die Testergebnisse anschließend sorgfältig ausgewertet werden. Stellt der EDV-Organisator übereinstimmende Ergebnisse mit den ausgewählten, vorberechneten Werten fest, so gibt er die Testunterlagen an die betreffende Fachabteilung, die die Ausgaben auf richtige Anordnung der Daten, rechnerische Richtigkeit usw. prüft. Die korrekten Testergebnisse sollten von der Fachabteilung mit einem Prüfvermerk anerkannt und zur EDV-Organisation zurückgeleitet werden, die diese Testergebnisse der Dokumentation hinzufügt. Gleichzeitig erhalten Datenerfassung, Arbeitsvorbereitung und Rechenzentrum Meldungen über die Freigabe der Arbeiten und Programme zum vorgegebenen Termin.

2.53 *Ausarbeitung der Arbeitsanweisungen*

Um die Übernahme reibungslos abzuwickeln, ist es notwendig, allen Mitarbeitern, die mit der Übernahme betraut sind, genaue Informationen zu geben und Anweisungen zu erteilen. Zu diesem Zweck sollten schriftliche Arbeitsanweisungen, zusammen mit Musterbeispielen, ausgearbeitet werden. Außerdem muß gewährleistet sein, daß sich die Übernahme nach den Weisungen des mit der Umstellung beauftragten Projektleiters vollzieht. Ziel aller dieser Maßnahmen ist es, vom Übernahmebeginn an so wenig wie möglich zu improvisieren und statt dessen bereits nach festen organisatorischen Regeln zu arbeiten.

Die Arbeitsanweisungen sind eine Beschreibung des nach dem neuen Verfahren abgewickelten Arbeitsgebietes einschließlich des Datenflusses zwischen den Fachabteilungen und dem Rechenzentrum. Sie enthalten die von den einzelnen Stellen auszuübenden Tätigkeiten und gliedern sich nach:

Arbeitsanweisungen für die Fachabteilungen

Arbeitsanweisungen für die zentrale Datenerfassung

Arbeitsanweisungen für die Kontroll- und Abstimmgruppe

Arbeitsanweisungen für die Arbeitsvorbereitung

Arbeitsanweisungen für das Rechenzentrum.

Die Arbeitsanweisungen für die Fachabteilungen umfassen die Anweisungen zur Belegaufbereitung, zur terminlichen Abstimmung und zur Behandlung der EDV-Ergebnisse. Zur Belegaufbereitung gehören die Belege für die Stammdatenerfassung und -änderung und die Belege für die Erfassung der Bewegungsdaten. Im allgemeinen besteht diese Anweisung aus einem Muster des Ablochbeleges, in dem die auszufüllenden Datenfelder gekennzeichnet und numeriert sind, sowie in einer verbalen Beschreibung für die Ausfüllung der Belege.

Die Arbeitsanweisungen für die Datenerfassung sollten jeweils aus drei Teilen bestehen, nämlich

den Loch- und Prüfanweisungen

zwei Mustern des Ablochbeleges

einer Musterkarte, wenn besondere Kartenvordrucke verwendet werden.

Die Feldnumerierung auf dem Musterbeleg ist so vorzunehmen, daß nach Fertigstellung der Lochanweisungen die Feldnumerierung und die Spaltenangabe eine aufsteigende Reihenfolge aufweisen.

Für jedes Programm, zu dem ein Datentransport zwischen den Fachabteilungen und dem Rechenzentrum stattfindet, muß eine Arbeitsanweisung für die Kontroll- und Abstimmgruppe erstellt werden. Sie enthält die erforderlichen Prüfanweisungen für Vollständigkeit, Korrektheit und Ablochfähigkeit der anzuliefernden Daten, Vorschriften für die Sammlung, Zwischenlagerung und Weitergabe der Belege und Datenträger sowie Anweisungen für die Ablieferung der Verarbeitungsergebnisse einschließlich Fehlerkorrektur, Abstimmung der Ergebnisse und Vollständigkeitskontrolle. Die Anweisungen werden ergänzt um Terminangaben zur An- und Ablieferung der Belege und Datenträger und um Vorschriften für Maßnahmen bei Terminverzögerungen.

Die Arbeitsanweisungen für die Arbeitsvorbereitung bestehen im wesentlichen aus Teilen der Dokumentation. Sie zeigen der Arbeitsvorbereitung, welche Datenträger und Ausgabelisten bzw. Formulare bereitzustellen sind, wieviele Magnetbänder und Magnetplatten für ein Arbeitsgebiet benötigt werden und welche Datensicherung vorgesehen werden muß. Auch Angaben über die Bereitstellung von Steuerkarten für jedes Programm gehören zu den Infomationen für die Arbeitsvorbereitung. Das Rechenzentrum erhält schließlich eine Übersicht über Programmfolge und Datenfluß eines Arbeitsgebietes einschließlich der Bedienungsanleitungen für jedes Programm bzw. jeden Programmkomplex.

2.54 *Schulung der Mitarbeiter*

Einige Zeit vor dem Umstellungsbeginn sind alle am neuen Arbeitsablauf beteiligten Personen zu schulen und mit dem neuen Ablauf vertraut zu machen. Zu diesem Personenkreis gehören nicht nur die Locherinnen und Prüferinnen und die Maschinenbediener, sondern auch die Sachbearbeiter in den Fachabteilungen und in der Kontroll- und Abstimmgruppe. Die Schulung sollte in einem Umfang erfolgen, der ausreicht, um alle Arbeitskräfte mit dem neuen Ablauf und seinen Einzelheiten bekannt zu machen. Mit allem Nachdruck muß noch einmal auf die Notwendigkeit der systematischen und intensiven Schulung aller an der Umstellung Beteiligten hingewiesen werden. Nicht selten können Mißerfolge in der Umstellung allein auf den Tatbestand zurückgeführt werden, daß das Personal nicht in der Lage war, von heute auf morgen nach neuen Verfahren zu arbeiten und mit dem neuen System umzugehen.

2.55 *Beginn der Praxisläufe*

Nach Beendigung der Systemteste und nach Abschluß aller Planungs- und Vorbereitungsarbeiten sowie Übergabe sämtlicher Unterlagen an die Datenerfassung, die Kontroll- und Abstimmgruppe, die Arbeitsvorbereitung und das Rechenzentrum können die Praxisläufe zum vorgesehenen Termin beginnen. Die betreffenden EDV-Organisatoren, Programmierer und Mitarbeiter der Fachabteilungen überwachen den Ablauf des neuen Verfahrens und kontrollieren, ob die Arbeiten dem Plan und den Anweisungen gemäß ausgeführt werden. Erst wenn der Projektleiter sich davon überzeugt hat, daß das neue Verfahren reibungslos und den Anweisungen entsprechend abläuft, wird die Arbeit dem betreffenden Leiter der Fachabteilung und dem Leiter des Rechenzentrums übergeben.

Alle Mitarbeiter des Projektteams müssen während der ersten zwei oder drei Praxisläufe anwesend, zumindest jedoch kurzfristig verfügbar sein. Diese Maßnahme dient dazu, daß bei auftretenden Schwierigkeiten, Fehlern oder Mißverständnissen sofort eingegriffen werden kann. Tauchen Fehler oder Schwierigkeiten während der Praxisläufe auf, die nicht sofort oder kurzfristig zu beseitigen sind, so muß zu den vorbereiteten Notmaßnahmen gegriffen werden. Wichtig ist vor allem, daß die Mitarbeiter des Umstellungsteams niemals die Übersicht über die Zusammenhänge des neuen Ablaufes verlieren und das gesamte Konzept des Arbeitsgebietes unter Beachtung der einzelnen Engpässe jederzeit in der Hand behalten. In der Praxis hat sich oft genug gezeigt, daß bei aufkommender Unsicherheit die Leiter der betreffenden Fachabteilungen schnell den Abbruch des neuen Ablaufs veranlassen und zum alten Verfahren zurückkehren. Viel schlimmer als die zu wiederholende Umstellung ist hier der verlorene Vertrauenskredit.

2.6 Abschlußarbeiten

2.61 *Zusammenstellung und Übergabe der Dokumentation*

Sofort nach Abschluß der Umstellungsarbeiten muß die Ausarbeitung und Zusammenstellung der Dokumentation erfolgen. Die Dokumentation dient der Sicherstellung aller Unterlagen und Programme. Sie soll gewährleisten, daß Datenflußpläne, Programmablaufpläne und andere Unterlagen jederzeit verfügbar sind, wodurch auch Programmänderungen vereinfacht und beschleunigt werden. Aufbauend auf den Organisationsunterlagen und Programmvorgaben stellen EDV-Organisatoren und Programmierer die Dokumentation zusammen. Sie bringen die bereits vorhandenen Unterlagen auf den neuesten Stand und ergänzen sie um fehlende Angaben.

Die für jedes umgestellte Arbeitsgebiet anzufertigende Dokumentationsmappe sollte folgende Unterlagen enthalten:

- Das Deckblatt (mit Angabe des Teilsystems, des Arbeitsgebietes, des Projektleiters und des Datums, zu dem diese Dokumentation fertiggestellt wurde)
- Das Änderungsblatt (für die Aufzeichnung späterer Änderungen, mit Datum und Grund der Änderung, auslösender Abteilung, Genehmigungs- und Ausführungsvermerk sowie Zeitpunkt des Arbeitsbeginns für die geänderte Version)
- Soll-Konzeption mit Datenflußplan und verbaler Beschreibung des umgestellten Arbeitsgebietes
- Schlüsseltabelle
- Entwurfsformulare der Ein- und Ausgabesätze sowie der Ablochbelege und Druckformulare
- Dateibeschreibungen und Satzaufbauten

Verarbeitungsregeln

Kontrollen und Datensicherung

Programmablaufpläne

Umwandlungslisten

Auszüge der Testergebnisse

Die symbolischen Programmkarten

Arbeitsanweisungen und Bedienungsanleitungen

Das Übergabeprotokoll (als Niederschrift für die Freigabe des Arbeitsgebietes mit Aufzählung der übergebenen Unterlagen).

Alle anderen Unterlagen der Projektabwicklung, wie Projektantrag, Unterlagen über die Aufgaben- und Personalplanung, Darstellung des Ist-Zustandes usw., werden für die Projektdokumentation nicht benötigt und können an anderer Stelle aufbewahrt werden. Die Projektmappen werden nach Projektnummern abgelegt, die gleichfalls zum Projekt gehörenden symbolischen Programmkarten in einem separaten Kartenschrank aufbewahrt. Jede Dokumentation hat aber nur dann einen Sinn, wenn alle Programmänderungen und Ergänzungen ebenfalls dokumentiert werden.

Die Dokumentation wird an alle Stellen des Unternehmens verteilt, die mit dem neuen System arbeiten müssen oder die Unterlagen für eine Archivierung benötigen. Diese Stellen sind im allgemeinen:

der Leiter der EDV-Abteilung

der betreffende Projektleiter

die betreffenden Fachabteilungen

die Datenerfassung, Kontrolle und Abstimmung, Arbeitsvorbereitung und das Rechenzentrum

das zentrale Dokumentationsarchiv.

Es versteht sich von selbst, daß nicht alle genannten Stellen einen vollständigen Dokumentationssatz erhalten. Im allgemeinen gilt es als ausreichend, wenn zwei vollständige Sätze (einer davon aus Sicherheitsgründen ausgelagert) archiviert werden, während alle anderen Stellen nur die sie interessierenden Dokumentationsteile erhalten. Diese Teile sind vor allem Belegmuster, Datenflußpläne sowie Arbeits- und Bedienungsanweisungen.

2.62 *Überprüfung der Projektplanung*

Neben der Dokumentation gehört auch die Überprüfung der im Projektantrag enthaltenen Angaben zu den Abschlußarbeiten. Diese Maßnahme dient dazu festzustellen, ob die damals aufgestellten Plandaten und Zielsetzungen ereicht wurden.

Auch sind die Kenntnisse aus Soll/Ist-Vergleichen zwischen Projektplanung und -realisierung für künftige EDV-Projekte von großer Bedeutung.

Um bei Abschluß eines Projektes einen Soll/Ist-Vergleich durchführen zu können, müssen während der gesamten Projektdauer alle Projektkosten erfaßt werden. Ausgangspunkt für die Sollwerte bildet einmal der Projektantrag (Bild 7), und zum zweiten die Vorgabe für Organisation und Programmierung (Bild 10 und 11). In die zuletzt genannten Formulare haben Organisator und Programmierer den tatsächlich benötigten Zeitaufwand in Mann-Wochen einzutragen. Bei Abschluß der Umstellungsarbeiten sind dann die tatsächlichen Mann-Wochen für die Einführung des Projekts leicht zu ermitteln und können dem geplanten Zeit- und Kostenaufwand gegenübergestellt werden. Sollen die Projektkosten auf andere Kostenstellen umgeschlüsselt werden, so können diese Aufzeichnungen gleichzeitig hierzu dienen.

Die Überprüfung der Ausgangsplanung bezieht sich jedoch nicht allein auf einen Vergleich der geschätzten und tatsächlich angefallenen Zeiten und Kosten. Es muß auch geprüft werden, ob die im Projektantrag formulierten Zielsetzungen mit dem neuen Verfahren tatsächlich erreicht wurden. Als Leitfaden für einen solchen Rückblick können beispielsweise die folgenden Fragen dienen:

Wurde das Ziel des Organisationsauftrages erreicht?

Wurde das Ziel mit vertretbarem Aufwand erreicht?

Wurde der Plan in allen Punkten eingehalten?

Welche Planänderungen gab es und aus welchen Gründen?

Wie können solche Planänderungen in Zukunft vermieden werden?

Wie war die Zusammenarbeit zwischen EDV-Abteilung und Fachabteilungen?

Wo traten Parallelarbeiten und Überschneidungen auf?

Wo reichten die Hilfsmittel bei der Einführung des EDV-Systems nicht aus?

Wie sollten die Hilfsmittel für die nächste Ausführung eines Organisationsauftrages geändert werden?

Waren alle an der Einführung des EDV-Systems beteiligten Personen ihrer Aufgabe gewachsen?

Wie können in Zukunft mehr Informationen vermittelt und eine bessere Schulung durchgeführt werden?

Wo und warum stießen bestimmte Vorschläge auf Widerstand?

Gab es vermeidbare Änderungen nach Ausarbeitung der Detailorganisation und der Fertigstellung der Programme?

Die Beantwortung dieser und anderer Fragen ist für die zukünftige Planung und Durchführung von EDV-Projekten von großer Bedeutung. Positive und konstruktive Kritik wird die Mitglieder des Projektteams anspornen, beim nächsten Projekt noch sicherer, zielbewußter, systematischer und mit geringerem Aufwand zu arbeiten.

Anhang

Begriffserklärungen

Ablochbeleg	Formular, von dem Daten einer Informationseinheit in Datenträger (Lochkarte, Lochstreifen, Magnetband) übertragen werden
Abschlußarbeiten	Arbeiten nach der Übernahme eines Arbeitsgebietes auf die EDV-Anlage: Zusammenstellung und Übergabe der Dokumentation, Überprüfung der Projektplanung
Abschlußtest	siehe Praxislauf
Adressierung	fortlaufende, vom Hersteller festgelegte, Numerierung eines Speichermittels
Adress-Index	mehrstufiges Adressverzeichnis zur Übersetzung von Schlüsselbegriff in Plattenspeicheradresse
Archiv-Nummer	fortlaufende Numerierung der im Archiv aufbewahrten Speichermittel
Adressverkettung	Verfahren, um auf weitere, zusammengehörende Datensätze derselben oder einer anderen Datei ohne Suchvorgang zurückgreifen zu können
akustisches Ausgabegerät	Telefongerät zur Abfrage von Speicherplätzen in der EDV-Anlage
Alphalocher	Lochkartenlocher zur Übertragung numerischer und alphabetischer Zeichen
Arbeitsgebiet	hier: Unterteilung eines EDV-Teilsystems in Arbeitsgebiete, die dann wieder in einzelne Programme aufgelöst werden
Arbeitsspeicher	interner Speicher einer EDV-Anlage, in der Regel Magnetkern- oder Magnetdrahtspeicher
Arbeitsvorbereitung	Teil der EDV-Abteilung, dem Rechenzentrum vorgeschaltet: in der Arbeitsvorbereitung werden die Programmkomplexe zweckmäßig zu-

	sammengestellt und die Speichermittel und Datenträger für die Ein- und Ausgabe vorbereitet
Aufgabenplanung	Terminplanung für die Umstellung einer Aufgabe (Programm, Arbeitsgebiet und Teilsystem) auf die EDV-Anlage
Ausgabe	hier: Datenausgabe in gedruckter, akustischer oder optischer Form bei EDV-Anlagen
Bandkennsatz	besonderer Datensatz, der kennzeichnende Angaben vor oder nach einem Datenblock auf Magnetband und Magnetplatte enthält
Bandnachsatz	Kennsatz hinter dem letzten Datenblock
Bandvorsatz	Kennsatz vor dem ersten Datenblock
Bearbeitung	hier: Verarbeitung von Daten in der EDV-Anlage
Bedienungsanweisung	Arbeitsanweisung an die Locherin und Prüferin bzw. den Operator zu Bedienung der Loch- und Prüfgeräte bzw. der EDV-Anlage
Belegart	Kennzeichnung unterschiedlicher Belege zum Zwecke der Unterscheidung bei der Datenverarbeitung
beleglose Direkteingabe	Dateneingabe, meist mit Datenfernübertragung verbunden, direkt in das EDV-System, ohne Einschaltung eines Datenträgers
Bestandsdatei	Speicherdatei mit meist periodischer Änderung durch Fortschreibung, Beispiel: Lagerbestandsdatei
Bewegungsdatei	Speicherdatei für neue Geschäftsvorfälle, die nur eine Zeitlang zwischengespeichert werden
Bildschirmgerät	Ausgabegerät bei EDV-Anlagen, einem Fernsehschirm ähnlich
Blankopapier	Endlospapier beim Schnelldrucker, das nicht mit einem Vordruck versehen ist
Blockungsfaktor	eine Zahl, die angibt, wieviel Datensätze jeweils zu einem Datenblock zusammengefaßt sind
Blockung	das Zusammenfassen von Datensätzen zu Datenblöcken

Blocklänge	Anzahl der Stellen oder Bytes je Datenblock
Byte	kleinste adressierbare Speichereinheit bei EDV-Anlagen für die Aufnahme von 8 Datenbits und einem Prüfbit; Speicherung eines Buchstabens, eines Sonderzeichens oder von zwei Ziffern
Datei	Bezeichnung eines zusammenhängenden Datenbestandes; Beispiel: Daten einer Stückliste, Lagerbestandsdaten, Kundendaten, Personaldaten u.a.
Dateiart	Aussage, ob es sich bei einer bestimmten Datei um eine Bewegungs-, Bestands- oder Stammdatei handelt
Dateibeschreibung	Beschreibung einer Datei nach Form und Inhalt
Dateinummer	Kennzeichnung einer Datei
Dateirekonstruktion	Möglichkeit der Wiederherstellung einer Datei nach ihrer Zerstörung
Dateiumfang	Größe einer Datei, ausgedrückt durch die Anzahl der Datenblöcke und die Blocklänge
Daten	in Form von Buchstaben, Sonderzeichen und Ziffern ausgedrückte Geschäftsvorfälle jeder Art: Eingabe-, Verarbeitungs- und Ausgabedaten
Datenbank-Technik	Verfahren zur Führung, Verwaltung und Änderung von Datenbänken
Datenbank	System einer meist größeren Anzahl von Dateien eines Unternehmens, die miteinander in wechselseitigen Beziehungen stehen
Datenblock	physische Zusammenfassung mehrerer Datensätze, die gemeinsam und ohne Zwischenraum gespeichert werden
Dateneingabe	Eingabe von Daten in die EDV-Anlage über Lochkarten, Lochstreifen, Magnetband, direkt lesbare Belege oder durch Direkteingabe
Datenerfassung	Erfassung der von äußeren oder inneren Stellen eingehenden Daten und ihre Übertragung in Datenträger (Lochkarten, Lochstreifen u.a.)

Datenfeld	Zusammenfassung mehrerer Spalten oder Speicherstellen für die Aufnahme eines Begriffes, z.B. einer Mengenangabe, eines Betrages, einer Anschrift usw.
Datenflußplan	Mittel zur Darstellung eines Arbeitsablaufs in schaubildlicher Form
Datensatz	Zusammenhängende Gruppe von Daten für einen Geschäftsvorfall, z.B. die Daten eines Lohnbeleges, einer Materialentnahme, einer Bestellung u.a.
Datensicherung	Aufbewahrung von duplizierten Datenbeständen auf externen Speichern, um zerstörte Daten wieder ersetzen zu können
Datenspeicher	Aufbewahrung von Daten in Speichermitteln, um sie später sicher und schnell wieder abrufen zu können
Datenstelle	Teil des Datenfeldes: Eine Datenstelle dient für die Aufnahme eines Zeichens
Datenträger	Mittel für die Aufnahme von Ein-/Ausgabedaten bei elektronischer Datenverarbeitung
Detailorganisation	Begriff für die Zusammenfassung von Tätigkeiten aller organisatorischen Einzelarbeiten vor der Programmierung
Detailplanung	Hier: Terminplanung für einzelne Tätigkeiten bei der Organisation und Programmierung
dezentrale Datenerfassung	Erfassung der Daten und ihre Übertragung auf Datenträger bzw. Direkteingabe in die EDV-Anlage am Ort ihres Anfalls
direkte Adressierung	Herstellung einer unmittelbaren Beziehung zwischen dem Schlüsselbegriff eines Datensatzes und der dazugehörigen Satzadresse
direkte Beleglesung	Sammelausdruck für die optische und magnetische Beleglesung sowie für das Verfahren der Verarbeitung von Markierungsbelegen; die Urbelege selbst können von der EDV-Anlage direkt verarbeitet werden, eine Übertragung in Datenträger ist nicht notwendig
direkte Magnetbanderfassung	Übertragung von Daten aus dem Urbeleg direkt auf Magnetband

Direktumstellung	Umstellungsverfahren, bei dem zu einem bestimmten Stichtag das alte Verfahren ausläuft und das neue Verfahren über die EDV-Anlage abgewickelt wird
Dokumentation	Ausarbeitung und Sicherstellung von Unterlagen umgestellter Arbeitsgebiete
Dokumentationsarchiv	Zentralstelle für die Aufbewahrung und Sicherstellung aller Umstellungsunterlagen
3-Generationen-System	Sicherheitssystem bei der Magnetbandverarbeitung, wobei jeweils 2 weitere Bestandsbänder der vorhergehenden Perioden aus Sicherheitsgründen aufzubewahren sind
Druckfeld	vorgesehenes Feld auf der Lochkarte zu Aufnahme von Stempel- und sonstigem Druck
Duplizierfeld	Feld auf der Lochkarte zur Aufnahme duplizierter Begriffe
Eingabe	siehe Dateneingabe
Entscheidungstabellen-Technik	Verfahren zur Beschreibung von Entscheidungssituationen in Form von Tabellen
Erfassungsbeleg	siehe Ablochbeleg
externer Speicher	im Gegensatz zum internen Hauptspeicher oder Arbeitsspeicher zusätzlicher Speicher, wie Magnetband-, Magnetplatten- oder Magnettrommelspeicher
Fein-Datenflußplan	Datenflußplan mit Darstellung aller Einzelheiten eines Arbeitsablaufes
Fein-Programmablaufplan	Programmablaufplan mit Darstellung aller einzelnen Programmschritte
Feldbezeichnung	Bezeichnung eines Datenfeldes
Feldlänge	Länge eines Datenfeldes, in Anzahl Stellen oder Anzahl Bytes ausgedrückt
Feldanordnung	Reihenfolge der Felder innerhalb eines Datensatzes
feste Daten	im Gegensatz zu variablen Daten, Angaben, die für eine gewisse Zeit nicht geändert werden
feste Satzlänge	alle Datensätze einer Datei haben die gleiche Satzlänge

Folgekontrolle	Kontrollverfahren für die Prüfung, ob ein Datensatz mit gleichem Schlüssel zweimal vorkommt, für jeden Schlüsselbegriff überhaupt ein Datensatz vorhanden ist oder alle Datensätze einer Datei eine bestimmte Sortierordnung aufweisen
Folgebereich	Reservebereich bei der Plattenspeicherorganisation zur Aufnahme von Datensätzen, für die im Datenbereich kein Platz mehr ist
Formularformat	Größe und Normung eines Druckformulars
Formular-Entwurfsblatt	standardisiertes Formular für die Aufnahme eines Formularentwurfs
Fußzeile	hinweisende Textzeile am Ende eines Formulars
geblockt	Ausdruck für die Zusammenfassung mehrerer Datensätze in einem Datenblock
gekettete Datei	Verknüpfung von Datensätzen bzw. Dateien mit Hilfe übergeordneter Schlüsselbegriffe
Generationen-Prinzip	Sicherung bei der Magnetbandverarbeitung durch Aufbewahrung von jeweils 2 Magnetbändern aus vorangegangenen Perioden; siehe auch 3-Generationen-System
gepackt	Ausdruck für die Zusammenfassung von zwei Ziffern innerhalb eines Bytes
Gesamtsystem	hier: Gesamtkonzept einer Datenverarbeitung im Gegensatz zum Teilsystem
Gesamtkonzeption	siehe Gesamtsystem
Gesamtzeile	Ausdruck für die Schlußsummenzeile bei standardisierter Formularaufteilung
geschlossene Kette	Kettung in zwei Richtungen, so daß von einem geketteten Satz wieder auf den Vorsatz zurückgegriffen werden kann
gestreute Speicherung und wahlfreie Verarbeitung	höchste Form der Speicherung und Verarbeitung bei Magnetplatten
geteilte Papierbahn	meist zusätzliche Ausrüstung beim Schnelldrucker, mit der zwei unterschiedliche Endlosformulare nebeneinander und mit gesondertem Vorschub gedruckt werden können

Grenzkontrolle	programmiertes Kontrollverfahren, bei dem ermittelt wird, ob eingegebene oder errechnete Werte innerhalb bestimmter Grenzen liegen
Grob-Datenflußplan	Datenflußplan, der mehr die Zusammenhänge als alle Einzelheiten eines Datenflußes darstellt
Grob-Programmablaufplan	Programmablaufplan, der mehr die Zusammenhänge als die Einzelheiten eines Programmablaufs darstellt
Gruppierungsdaten	Angaben in einem Datensatz, die der Gruppierung und Zuordnung von Daten dienen
Hardware-Kontrollen	in die EDV-Anlage festeingebaute Kontrollen
Haupt-Index	höchste Stufe der Index-Tabelle mit Angabe des Schlüsselbegriffes als höchste Eintragung des Zylinder-Indexes
Hinweisdaten	hinweisende Angaben in einem Datensatz, die nicht zur Gruppierung und nicht zum Rechnen dienen, z.B. Textangaben
identifizierender Schlüssel	Schlüsselbegriff mit fortlaufender Numerierung ohne Gruppeneinteilung
index sequential access method	engl.: logisch fortlaufende Speicherung und Verarbeitung
Index-Tabelle	mehrstufiges Adressenverzeichnis für die Übersetzung zwischen Schlüsselbegriff und Satzadresse
indirekte Adressierung	Adressierungsmethode bei der gestreuten Speicherung und wahlfreien Verarbeitung, bei der die Beziehung zwischen Schlüsselbegriff und Satzadresse mit Hilfe eines Umrechnungsverfahrens hergestellt wird
informationsverarbeitendes System	Ausdruck für die systematische Verarbeitung von Daten und Informationen
Kartenart	Kennzeichnung einer Lochkarte, in Form von Lochungen ausgedrückt
Kett-Test	das Testen von Programmen, bei dem vor allem die Verknüpfung von Programmteilen und Programmen geprüft werden soll

Kennsatzprüfung	Prüfung des Vor- und Nachsatzes bei der Speicherung auf externen Speichern; in den Kennsätzen werden besondere Kennzeichen zur Bezeichnung eines Datenbestandes untergebracht, die dann beim Einlesen geprüft werden
klassifizierender Schlüssel	im Gegensatz zum identifizierenden Schlüssel handelt es sich um einen Schlüsselbegriff, der ganz oder in Teilen nach verschiedenen Merkmalen gruppiert ist
Kluft	siehe Satzzwischenraum
konstante Daten	Daten, die für einen gewissen Zeitraum nicht geändert werden
Kontrollpunktverfahren	Kontrollverfahren für die abschnittweise Prüfung auf richtige Verarbeitung
Kontrollsummenbildung	Kontrollverfahren zur Bildung und Abstimmung von Kontrollsummen aus Betrags- oder Mengeangaben
Kontroll- und Abstimmgruppe	Gruppe oder Abteilung der Datenverarbeitung zur Abstimmung der ein- und ausgehenden Daten und Belege
Kopfzeile	Ausdruck für die Standardisierung von bezeichnenden Texthinweisen bei Druckformularen
Laden einer Datei	Übertragen und Aufbauen einer Datei auf externe Speicher
Lochanweisung	standardisierte Anweisung zum Lochen oder Prüfen von Lochkarten
Lochfeld	zusammenhängende Lochstellen für die Aufnahme eines Begriffes
Lochkarten-Verfahren	maschinelles Verfahren zur Verarbeitung von in Lochkarten gespeicherten Daten
Lochschriftübersetzer	oder Lochkartenbeschrifter: Maschine für die Übertragung von Lochungen in Klarschrift
Lochspalte	Zusammenfassung aller senkrechten Lochstellen für die Aufnahme eines alphanumerischen Zeichens in der Lochkarte
Lochstreifen-Verfahren	Eingabe und Verarbeitung von Daten in Lochstreifen

logisch fortlaufende Speicherung und Verarbeitung	Speicherungs- und Verarbeitungsmethode bei Magnetplatten, die sowohl eine sequentielle Verarbeitung als auch den wahlfreien Zugriff zu den gespeicherten Daten ermöglicht
Magnetband	Kunststoffband für die verschlüsselte Aufnahme und maschinelle Verarbeitung von Daten in Form von Magnetpunkten
Magnetkarte	Speichermittel, bei dem die Daten auf verstärkten und vergrößerten Magnetbandabschnitten gespeichert werden
Magnetkernspeicher	der am meisten verbreitete Typ des internen Arbeitsspeichers
Magnetplatte	hochpolierte Metallscheibe, auf deren beiden Flächen Daten in konzentrischen Spuren gespeichert werden
Magnetschriftbeleg	Datenträger für die Aufnahme von Daten in Magnetschrift
Magnetstreifen	siehe Magnetkarte
Magnettrommel	Speichermittel, bei dem die Daten auf der magnetisierbaren Oberfläche eines Zylinders gespeichert werden
Markierungsbeleg	Datenträger, bei dem die Daten von Hand in Form von Strichmarkierungen aufgebracht werden
maschinell lesbarer Beleg	Datenträger, der von Maschinen gelesen werden kann
Mehrfachbelegung	die Umrechnung von Schlüsselbegriffen in Satzadressen, wobei verschiedene Schlüsselbegriffe zu ein und derselben Satzadresse führen können
Normallochkarten-Verfahren	Datenerfassung und -verarbeitung über Lochkarten, die vom Ablochbeleg mit Hilfe des Loch-/Prüfverfahrens gewonnen werden
Nullkontrolle	programmierte Kontrolle, bei der bei richtiger Verbuchung die Differenz zweier Werte Null ergeben muß
numerischer Locher	Kartenlocher, mit dem nur Ziffern gelocht werden können

offene Kette	die Verknüpfung von Datensätzen in nur eine Richtung; bei einer offenen Kette kann nicht von einem Folgesatz auf den vorhergehenden Satz zurückgegriffen werden
optisches Ausgabegerät	Bildschirmgerät für die Ausgabe einzelner Informationen und Daten
optisch - lesbarer Beleg	oder Klarschriftbeleg: Datenträger für die Aufnahme optisch lesbarer Schriftzeichen
Paralleldruck	der gleichzeitige Druck von zwei gleichen oder unterschiedlichen Formularen nebeneinander
Parallellauf	Umstellungsverfahren, bei dem altes und neues Verfahren eine Zeit lang parallel ablaufen
Personalplanung	hier: Einsatzplanung von EDV-Personal bei der Umstellung auf maschinelle Datenverarbeitung
Praxislauf	Testaluf, bei dem die erstellten Programme noch einmal mit Praxisdaten überprüft werden
Praxis-Simulationslauf	Programmtest für die Programmüberprüfung mit simulierten Praxisdaten
Praxistest	siehe Praxislauf
Programmablaufplan	graphische Darstellung eines Programmablaufs mit Hilfe genormter Symbole
programmierte Kontrollen	im Gegensatz zu Hardware-Kontrollen, Kontrollverfahren mit Hilfe gesonderter Prüfprogramme bzw. Prüfunterprogramme
Programm-Nummer	systematische Bezeichnung aller Programme und Unterprogramme für ein Arbeitsgebiet
Programmschritt	die Ausführung eines maschinellen Befehls
Programmvorgabe	Darstellung aller Maßnahmen und Angaben für die Ausarbeitung eines Programms
progressive Terminplanung	Terminplanung, bei der, ausgehend vom Starttermin, der Endtermin errechnet wird
Projektantrag	Unterlage, aus der alle Angaben für die Umstellung eines EDV-Projektes hervorgehen
Projektplanung	Ausdruck für die Planung und Vorbereitung eines EDV-Umstellungsprojektes
Projektteam	Mannschaft für die Umstellung eines EDV-Projektes

Prüfanweisung	standardisierte Arbeitsanweisung für das Prüfen von Lochkarten
Prüfziffernverfahren	Absicherung von Schlüsselbegriffen mit Hilfe besonderer Rechenverfahren
Querprüfung	programmierte Kontrolle zur Prüfung von längs- und queraddierten Summen
random access	engl.: wahlfreier Zugriff
random access method	engl.: gestreute Speicherung und wahlfreie Verarbeitung
Rechendaten	Daten eines Datensatzes, die mit Hilfe von Rechenoperationen verarbeitet werden
relative Adressierung	Adressierungsverfahren bei Magnetplattenspeichern, das anstelle der Plattenspeicheradressen relative Satzadressen benutzt
relative Satzadresse	Adressenkennzeichnung eines Datensatzes innerhalb seiner Datei
Reservespeicherplatz	zusätzlicher Speicherplatz bei der logisch fortlaufenden Speicherung und Verarbeitung, um in den Normalspuren nicht mehr untergebrachte Datensätze aufnehmen zu lassen
retrograde Terminplanung	Terminplanung, bei der, von einem festgelegten Termin zurückrechnend, Einzeltermine und Personeneinsatz geplant werden
Satzadresse	Nummer des Speicherplatzes, in dem der betreffende Satz gespeichert ist
Satzart	Kennzeichnung von Datensätzen, zu einer Datei gehörend; der Kartenart vergleichbar
Satzaufbau	Ausdruck für die bestimmte Anordnung der einzelnen Begriffe innerhalb eines Datensatzes
Satzeinteilung	Unterteilung eines Datensatzes in Satzfelder für die Aufnahme der zu speichernden Begriffe
Satzform	Angabe, ob die Lange eines Datensatzes fest oder variabel ist
Satzformat	Kennzeichnung eines Datensatzes, ob die Daten ungepackt, gepackt oder binär gespeichert sind
Satznummer	Kennzeichnung eines Datensatzes

Satzzwischenraum	auch Kluft genannt; nicht beschriebener Raum zwischen zwei Sätzen oder Blöcken auf Magnetband. Der Satzzwischenraum dient zum Starten und Stoppen bei der Verarbeitung der auf Magnetband gespeicherten Datensätze
Schlüsselbegriff	oder Schlüssel; Ordnungsmerkmal eines Datensatzes, völlig unabhängig von der Satzadresse
Schlüsselbelegung	innerhalb einer Datei bereits vergebene Schlüsselnummern
Schlüsselkapazität	höchstmögliche Aufnahmefähigkeit eines Schlüssels
Schlüsselkombination	kombiniertes Schlüsselsystem mit identifizierenden und klassifizierenden Schlüsselbestandteilen
Schlüsselsystem	systematischer Aufbau eines Schlüssels zur wirtschaftlichen und eindeutigen Kennzeichnung eines Begriffes oder Datensatzes
Schlüsselverzeichnis	Darstellung aller im Unternehmen für die EDV benutzten Schlüssel mit allen benötigten Angaben
Schnelldrucker	Teilgerät einer EDV-Anlage zum Drucken der Verarbeitungsergebnisse in Klarschrift
Schreibfeld	Platz auf der Lochkarte zur Aufnahme handschriftlicher Eintragungen
Schreiblocher	numerischer oder alphanumerischer Locher mit Schreibeinrichtung
selbstprüfender Schlüssel	siehe Prüfziffernverfahren
sequential access method	engl.: logisch fortlaufende Speicherung und Verarbeitung
sequentielle Verarbeitung	Verarbeitung von Datensätzen in der Reihenfolge ihrer Speicherung
serielle Speicherung	Speicherung von Datensätzen nach der Ordnung ihrer Schlüsselbegriffe
Signierfeld	Platz auf der Lochkarte zur Anbringung von Signierungen
Software-Kontrollen	siehe programmierte Kontrollen
Speicherdichte	Angabe der Anzahl Bits oder Zeichen, die je Zoll bzw. cm auf dem Magnetband gespeichert werden

Speichermittel	Unterteilung der externen Speicher nach Magnetband, Magnetplatte, Magnettrommel, Magnetkarte und Magnetstreifen
Speicherorganisation	Verfahren zur Speicherung und Verarbeitung bei externen Speichern
Speicherung	Ausdruck für die Übertragung von Daten auf Speicher
Sprungfeld	Feld auf der Lochkarte, das nicht gelocht, sondern übersprungen wird
Spur-Index	Teil der Index-Tabelle, wobei der Spur-Index die jeweils höchsten Schlüsselbegriffe einer jeden Spur im betreffenden Zylinder enthält
Spurkapazität	Anzahl der Datensätze, die in einer Spur gespeichert werden können
Spurnummer	fortlaufende Kennzeichnung der Spuren eines Magnetplattenspeichers
Stammdatei	Datei mit Datensätzen, die meist eine gewisse Zeit konstant bleiben und nicht fortgeschrieben werden
Standard-Misch-Sortierprogramm	Standardprogramm zum Sortieren von Datensätzen auf Magnetband
Stanzer	Stanzgerät, an der EDV-Anlage angeschlossen, zum Stanzen von Lochkarten oder Lochstreifen
starr fortlaufende Speicherung und Verarbeitung	einzige Speicherorganisation beim Magnetband, bei der die Datensätze in der Reihenfolge ihres Ordnungsmerkmales gespeichert sind und verarbeitet werden
Start-/Stoppzeit	Zeit zum Anlaufen bzw. Anhalten des Magnetbandgerätes beim Schreiben oder Lesen eines Datensatzes
synchrone Lochkartengewinnung	gleichzeitige Lochkartengewinnung beim Schreiben oder Rechnen
Synchronlocher	Lochgerät, an eine Schreib-, Addier- oder Buchungsmaschine angeschlossen, zur synchronen Lochkartengewinnung
teilkonstante Daten	Begriff aus der Lochkartentechnik; bestimmte Daten werden nicht in alle Karten eines Lochkartenstapels, sondern nur in Karten einer bestimmten Gruppe übernommen

Teilsystem	größerer Komplex zusammenhängender Arbeitsgebiete, der in der Regel in *einer* Stufe auf die EDV umgestellt wird
Testbeispiele	Zusammenstellung von Daten zum Austesten von Programmen oder Programmteilen
Überschriftszeile	hier: standardisierte Zeile zur Kennzeichnung eines Formulars oder einer Liste auf Blankopapier
Übertragszeile	hier: standardisierte Zeile mit Angaben, die auf das folgende Formular hinweisen
Umrechnungsverfahren	Verfahren zur Umrechnung von Schlüsselbegriffen in Satzadressen bei der indirekten Adressierung
Umstellungsteam	siehe Projektteam
Umstellungsverfahren	Methode zur Umstellung von konventionellen auf maschinelle Verfahren
ungeblockt	getrennte Speicherung von Datensätzen, die nicht zu einem Datenblock zusammengefaßt sind
ungepackt	Einzelspeicherung von Ziffern, wobei darauf verzichtet wird, zwei Ziffern innerhalb eines Bytes zu speichern
Unterprogramm	selbständiger Teil eines Programms
Ursprungsdaten	Daten eines neuen Geschäftsvorfalls
variable Daten	neue Geschäftsvorfälle
variable Satzlänge	Form der Speicherung, bei der die gespeicherten Sätze innerhalb einer Datei verschiedene Längen haben
Verarbeitungsregeln	Teil der Programmvorgabe, in dem genau angegeben wird, nach welchen Regeln und Formeln die eingegebenen Daten zu verarbeiten sind
Verbundlochkarten-Verfahren	im Gegensatz zur Normallochkarte ist die Verbundlochkarte mit dem kaufmännischen Urbeleg identisch, da die Daten auf der Verbundlochkarte handschriftlich eingetragen sind
Verschlüsselung	Übertragung von Daten in eine besondere, für Maschinen lesbare, Zeichendarstellung

Vordruck	im Gegensatz zum Blankopapier tragen die zu beschriftenden Formulare oder Listen einen Aufdruck
wahlfreier Zugriff	die Möglichkeit, die gespeicherten Daten in beliebiger Reihenfolge ansprechen zu können
Zeilenbreite	Anzahl der Zeichen, die beim Schnelldrucker je Zeile gedruckt werden können
zentrale Datenerfassung	die Daten werden nicht dezentral, am Ort ihres Anfalls, sondern zentral (Lochraum) in Datenträger übertragen
Zugriffsart	Unterscheidung nach Reihenfolgezugriff und wahlfreiem Zugriff
Zugriffsgeschwindigkeit	Angabe der Zeit (in Millisekunden) bei externen Speichern, die mindestens, durchschnittlich oder höchstens zum Aufrufen eines beliebigen Datensatzes benötigt wird
Zuordnungskonrolle	programmierte Kontrolle, um die richtige Zuordnung von Datensätzen zu einer Datei zu prüfen
zweifacher Papiervorschub	meist zusätzliche Einrichtung beim Schnelldrucker, mit der zwei getrennte Papierbahnen gleichzeitig bedruckt werden können
Zwischensummenzeile	standardisierte Zeile auf Blankopapier für den Druck von Summen je Datengruppe
Zylinder	hier: zylinderförmige Speicherung bei Magnetplatten, wobei die Daten nicht hintereinander auf den Spuren einer einzigen Plattenoberfläche, sondern jeweils untereinander in den gleichen Spuren verschiedener Plattenflächen gespeichert werden
Zylinder-Index	Teil der Index-Tabelle bei der logisch fortlaufenden Speicherung und Verarbeitung; der Zylinder-Index enthält die jeweils höchsten Ordnungsbegriffe der Datensätze der einzelnen Zylinder innerhalb einer Speichereinheit

Sachregister

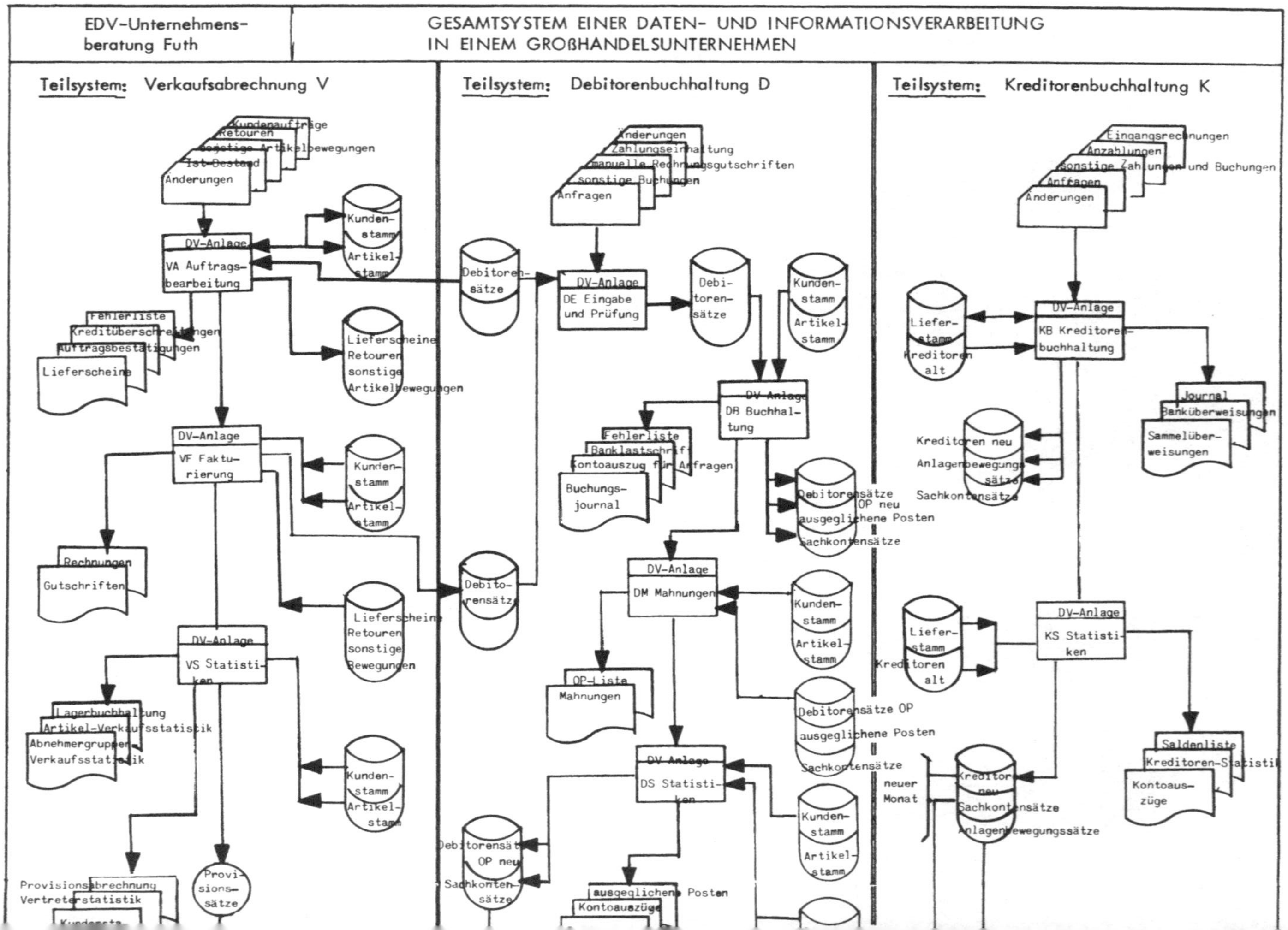

EDV-Unternehmens-
beratung Futh
GESAMTSYSTEM EINER DATEN- UND INFORMATIONSVERARBEITUNG
IN EINEM GROßHANDELSUNTERNEHMEN
Teilsystem: Verkaufsabrechnung V
Teilsystem: Debitorenbuchhaltung D
Teilsystem: Kreditorenbuchhaltung K
Kundenaufträge
Retouren
sonstige Artikelbewegungen
Ist-Bestand
Änderungen
DV-Anlage
VA Auftrags-
bearbeitung
Kunden-
stamm
Artikel-
stamm
Fehlerliste
Kreditüberschreitungen
Auftragsbestätigungen
Lieferscheine
Lieferscheine
Retouren
sonstige
Artikelbewegungen
DV-Anlage
VF Faktu-
rierung
Rechnungen
Gutschriften
Lieferscheine
Retouren
sonstige
Bewegungen
DV-Anlage
VS Statisti-
ken
Lagerbuchhaltung
Artikel-Verkaufsstatistik
Abnehmergruppen-
Verkaufsstatistik
Provisionsabrechnung
Vertreterstatistik
Provi-
sions-
sätze
Debitoren-
sätze
Debito-
rensätze
Änderungen
Zahlungseinhaltung
manuelle Rechnungsgutschriften
sonstige Buchungen
Anfragen
DV-Anlage
DE Eingabe
und Prüfung
Debi-
toren-
sätze
DV-Anlage
DB Buchhal-
tung
Fehlerliste
Banklastschrift
Kontoauszug für Anfragen
Buchungs-
journal
Debitorensätze
OP neu
ausgeglichene Posten
Sachkontensätze
DV-Anlage
DM Mahnungen
OP-Liste
Mahnungen
Debitorensätze OP
ausgeglichene Posten
Sachkontensätze
DV-Anlage
DS Statisti-
ken
Debitorensätze
OP neu
Sachkonten-
sätze
ausgeglichene Posten
Kontoauszüge
Eingangsrechnungen
Anzahlungen
sonstige Zahlungen und Buchungen
Anfragen
Änderungen
DV-Anlage
KB Kreditoren-
buchhaltung
Liefer-
stamm
Kreditoren
alt
Journal
Banküberweisungen
Sammelüber-
weisungen
Kreditoren neu
Anlagenbewegungs-
sätze
Sachkontensätze
DV-Anlage
KS Statisti-
ken
Saldenliste
Kreditoren-Statistik
Kontoaus-
züge
neuer
Monat
Kreditoren
neu
Sachkontensätze
Anlagenbewegungssätze

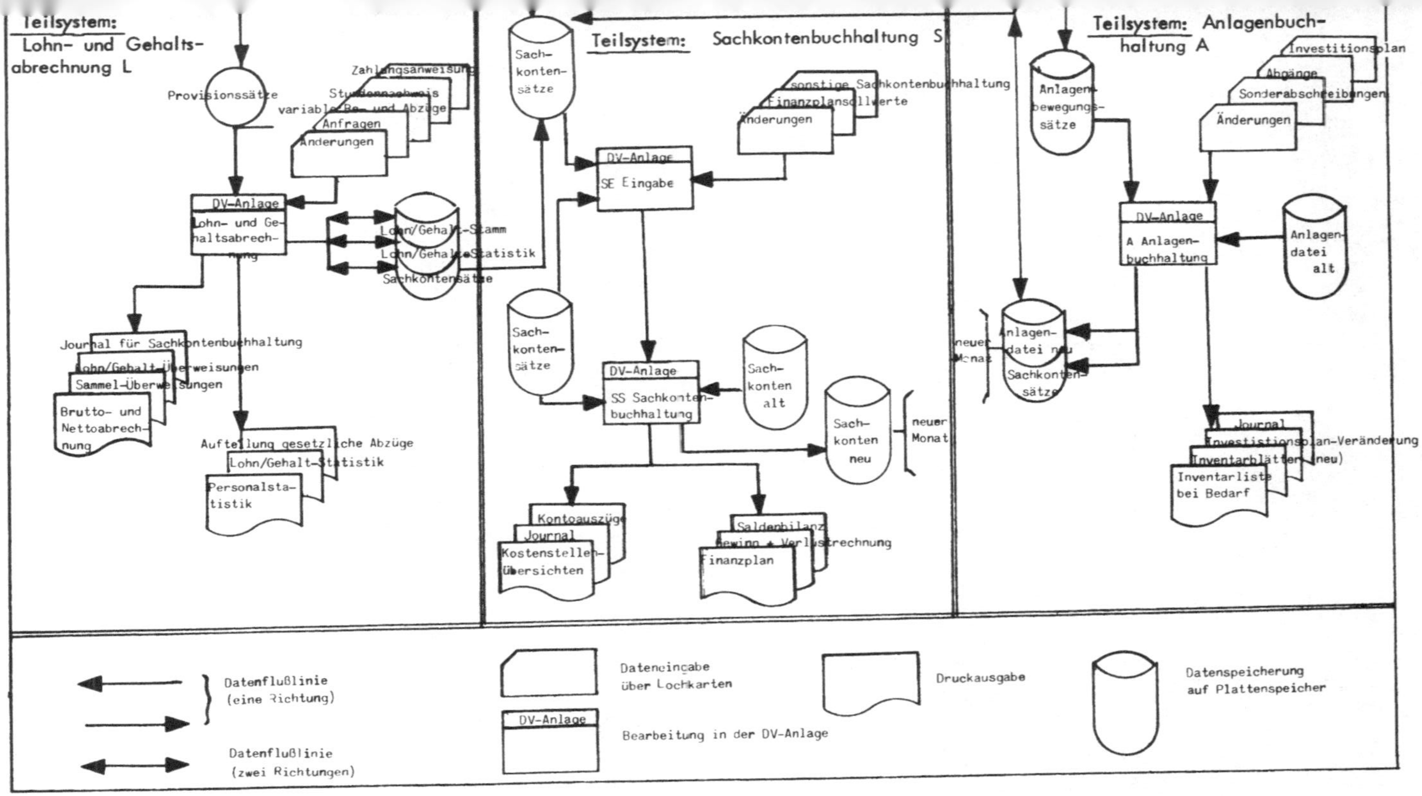

Bild 1: Gesamtsystem einer Daten- und Informationsverarbeitung in einem Großhandelsunternehmen

Papier | Fördert gute Waldnutzung
FSC® C083411

Zeitfracht Medien GmbH
Ferdinand-Jühlke-Straße 7
99095 Erfurt, Deutschland
produktsicherheit@kolibri360.de